Robert-Michael Kaplan

Die Integrative Sehtherapie

Robert-Michael Kaplan

Die Integrative Sehtherapie

Entdecken Sie die heilende Kraft hinter Ihren Augen

arbor

Arbor Verlag
Freiamt im Schwarzwald

Anmerkung für den Leser: Dieses Buch dient der Information. Die Heilmittel, Methoden und Techniken, die hier beschrieben werden, sind als Ergänzung und nicht als Ersatz für ärztliche Betreuung und medizinische Behandlung gemeint. Sie sollten bei ernsten Erkrankungen nur in Absprache mit dem Arzt eingesetzt werden.

Die Informationen in diesem Buch sind zu pädagogischen Zwecken gedacht – und weder zur Diagnose noch als Verschreibung einer Sehtherapie zur Behandlung von Augenkrankheiten oder einer anderen Erkrankung. Diese Informationen sollten als Ergänzung einer ärztlichen Behandlung eingesetzt werden. Der Autor und der Verlag sind nicht für die Verwendung oder den Mißbrauch des Inhaltes des Buches verantwortlich. Die Fallstudien sind authentisch, jedoch sind die Namen und bestimmte Details verändert worden, um die Identität dieser Personen zu schützen.

Die Originalausgabe erschien unter dem Titel:
The Power Behind Your Eyes
im Verlag Healing Arts Press, One Park Street,
Rochester, Vermont 05767

Übersetzung aus dem amerikanischen Englisch: Gabriela Kaplan

Bearbeitung und Gestaltung: Dirk Henn
Lektorat: Dirk Henn
Titelfoto: Art Photo Archiv Klaus Ender
Druck und Verarbeitung: Kösel, Krugzell

Dieses Buch wurde auf 100% Altpapier gedruckt
und ist alterungsbeständig.
Weitere Informationen über unser Umweltengagement
finden Sie unter www.arbor-verlag.de/umwelt.

3. Auflage 2009

www.arbor-verlag.de

ISBN 3-924195-36-6

Inhaltsverzeichnis

Vorwort

Dr. Kaplan hat ein faszinierendes und herausforderndes Buch für den Laien geschrieben, in dem er detailliert beschreibt, wie sich Sehtherapie, Ernährung, Lebensstil und Einstellungsveränderungen nutzen lassen, um die Sehkraft zu verbessern. Er hat, wie viele von uns, die die Menschen dabei unterstützen ihr Sehvermögen zu verbessern, herausgefunden, daß ein wechselseitiger Prozeß zwischen Einsicht und Sehkraft besteht. Neue Einsichten sind das Resultat besseren Sehens, und das wiederum, verbessert die Sehkraft weiter. Diese Ideen sind nicht so unglaublich, wie sie auf den ersten Blick erscheinen. Es wird in medizinischen Kreisen zunehmend klar, daß Gewohnheiten, Stressniveaus, Ernährungssünden und die emotionalen Themen des einzelnen unentwirrbar mit seiner Gesundheit und seinen Zukunftsaussichten verbunden sind. Es gibt keinen Grund anzunehmen, daß die Augen anders als der Rest des Körpers funktionieren.

Obgleich manche Menschen mit Krankheiten, Augenkrankheiten eingeschlossen, geboren werden, sollte uns das nicht davon überzeugen, daß alle Probleme angeboren sind oder nichts getan werden kann, um Veränderungen zu erzielen. Auf jedem Gebiet überwinden Menschen erworbene und angeborene Einschränkungen mit der Hilfe von guten Heilern und Lehrern. Die Auflistung der Erfolge der Patienten in diesem Buch sollte den Leser ermutigen, die Kontrolle über sein Sehvermögen zu übernehmen, indem er das, was Dr. Kaplan „die Kraft hinter Ihren Augen" nennt, anzapft. Auch die Forschung unterstützt die Idee, daß Amblyopie (schwachsichtiges Auge), starker Strabismus (einwärts- oder auswärtsschielendes Auge) und Probleme beim Zusammenspiel der Augen ohne die Risiken einer Operation radikal korrigiert oder verbessert werden können. Myopie (Kurzsichtigkeit) kann ebenfalls mit Sehtraining korrigiert werden.

Als ich Dr. Kaplans Manuskript las, erinnerte ich mich an meine eigenen intensiven Erfahrungen, die ich über einen Zeitraum von einigen Jahren Ende der 70er, Anfang der 80er Jahre machte, als ich mit Hilfe von zwei *Verhaltensoptometristen* (verhaltensorientierte Augenärzte, die auf die Diagnose von Sehstörungen spezialisiert sind) in Chicago und Washington D.C. fast meine ganze Kurzsichtigkeit aufgab. Die Resultate waren so sensationell, daß ich Optometristin wurde. Meine starke Brille (-3.75, ich konnte nur das große E auf der Augentest-Tafel erkennen), die mir so notwendig erschien, bevor ich mich überhaupt aus dem Bett wagte, reduzierte sich auf die Stärke von -0.25. Den Großteil der Linsenstärke konnte ich durch den einfachen Vorgang von allmählicher Reduktion der Linsen aufheben, indem ich pflichtgetreu eine Lesebrille trug, die schwächer als die Brille für die Entfernung war, im Freien in die Ferne schaute, gutes Vollspektrumlicht verwendete, mich optimal ernährte, meine Haltung verbesserte, einem ruhigen Lebensstil nachging, Meditationen und Übungen machte – alles Dinge, die in das Programm von Dr. Kaplan eingeschlossen sind. Jetzt, in meiner eigenen Praxis, sehe ich regelmäßig Patienten, die ein ähnliches Heilprogramm für „andere Gesundheitsprobleme" befolgt haben und dabei entdeckten, daß „ihre Augen schmerzen" oder sie „Kopfschmerzen bekommen", wenn sie ihre alten Brillen tragen, die zu stark geworden sind. Wir können sofort eine schwächere Brille verschreiben, die sie offensichtlich brauchten, um 20/20 (100%) zu sehen– noch bevor die Patienten anfingen, sich für die Gesundheit und ihre persönliche Entwicklung zu interessieren. Wenn mehr Patienten, Augenärzte und Optiker darum wüßten, daß Brillenrezepte in der gleichen Art erhöht wie sie auch reduziert werden können würden die Veränderungen alltäglicher sein. Die Menschen müssen die Verantwortung für ihr Sehvermögen übernehmen, schwächere Brillenrezepte verlangen, Entspannungstechniken vor der Untersuchung anwenden, so wie Dr. Kaplan empfiehlt. Man sollte sich keine Termine gleich im Anschluß an die Schule, nach langer Computerarbeit oder nach einer Krankheit geben lassen. Das Sehvermögen kann allmählich besser werden, genauso wie es sich einst verschlechtert hat, wenn man sich damit auseinandersetzt.

Um aber schnelle Veränderungen herbeizuführen, braucht man normalerweise konkrete Sehübungen oder „Sehspiele", wie Dr. Kaplan sie nennt, und die Hilfe eines Verhaltensoptometristen oder Sehtherapeuten. Wenn allerdings die Verschreibung eines Patienten bis auf die Stärke seiner ersten Brille reduziert wurde, könnten weitere Veränderungen schwieriger werden. Der Prozeß ruft ein „Nach-innen-schauen" hervor, zurück zu den Stressmustern, die zu jener Zeit entstanden als das Sehen verschwommen wurde. Viele von uns wurden kurzsichtig als sie zu jung waren, um ihre persönlichen Stressthemen zu analysieren. Wir mußten aber immerhin gelegentlich in die Ferne schauen, also ließ man uns eine Brille anfertigen, die uns oft eine teleskopische 20/15 oder 20/10 Sicht gab, die wir mit gutem Sehvermögen verwechselten. Wir konnten die Dias von ganz hinten im Zuschauerraum sehen, ohne zu erkennen, daß etwas verkehrt war, das auf tieferer Ebene in Ordnung zu bringen wäre. Tatsächlich wurde uns mitgeteilt, daß unser Sehvermögen vererbt wäre, und daß sowieso nichts gemacht werden könne.

Wenn wir dann auch noch mit den Brillen lasen, erhöhten wir den Stress auf unser System, was dazu führte, daß es schlechter wurde. Die Brillengläser selbst verschlimmerten das Problem. Aber die zugrundeliegenden Faktoren wie Ernährung, Schlafmangel, Imbalancen im Lebensstil, exzessive Verwendung des Computers, Unkenntnis unserer Bedürfnisse sowie emotionale Themen, die uns unsere Kraft entzogen – sie alle blieben unbehandelt. Da gab es wahrscheinlich auch noch einige familiäre Faktoren des Wahrnehmungsstils, der Intensität, der Fähigkeit zu fokussieren und des Temperamentes. Die Brillen ersetzten das Bedürfnis, unsere einzigartigen Probleme und inneren Absichten zu verstehen.

Ich kann mich erinnern, daß ich 1983 in mein Tagebuch schrieb, daß „Kurzsichtigkeit nicht einfach vom Himmel fällt oder bebrillt auf der Doppelhelix unserer Gene sitzt. Sie ist eine getroffene Wahl, ein gewohntes Muster, eine geistige Haltung, ich sehe das jetzt." Für viele Menschen ist eine Reduktion der Brillenstärke so „unpsychologisch" wie meine ersten zweieinhalb Dioptrien, um die ich meine Brille abschwächte. Ich kenne aber keinen Erwachsenen, der annähernd so viele Dioptrien der Kurzsichtigkeit verloren hat, ohne zu einigen größeren Einsichten über sich selbst in der Jugend oder Kindheit zu gelangen oder etwas Zorn oder Traurigkeit über getroffene Entscheidungen und die folgenden Jahre mit schlechtem Sehvermögen zu verspüren. Man realisiert, wie Dr. Kaplan meint, daß man „seine Kraft weggegeben hat". Wie auch immer, es kann behoben werden.

Nach einem sanft ansteigenden Programm, um meine Brillenstärke auf -1.50 zu reduzieren, begann ich ein intensives Training für das periphere Sehen, das mit Körperhaltung, Balance, Gewahrsein und Verständnis eng verbunden ist, um das Wahrnehmungssystem für die Umgebung aufzuwecken. (Dr. Kaplan nennt dies das Sehen mit der Netzhaut im Gegensatz zum zentralen oder „Makulasehen".) Bald benötigte ich weniger Dioptrien als mein erstes Paar Gläser hatte. Ich fühlte mich mehr „in der Welt", mehr „von Angesicht zu Angesicht". Hinter den starken Brillen hatte ich mich hinter einer Barriere befunden. Mit meinen schwachen Kontaktlinsen ist die Welt liebenswerter, und ich bin entspannt. Jetzt sehe ich bei meinen eigenen Patienten, daß sich die Menschen wohler fühlen, mehr mit der Welt und mit sich selbst in Berührung kommen, wenn wir die Linsenstärke reduzieren. Alle – sowohl Augenärzte und Optiker als auch Patienten – sollten wissen, daß Linsen, mit denen man 20/15 oder sogar sehr scharfe 20/20 sieht, in einem dunklen Untersuchungsraum nicht die beste Voraussetzung für gutes Gesamtsehen sein können.

„Bei starken Linsen gehen die Phaseninformation, das Volumen und die Komplexität verloren", sagte eine Ärztin aus Harvard an jenem magischen Tag zu mir, als sie 20/20 ohne Brillen sehen konnte. Ein Jahr zuvor hatte sie -2.75er benötigt.

Mit starken Minuslinsen verspürt man oft andauernde Muskelspannungen im Nacken und um die Augen herum. Ich glaube, das ist das direkte Resultat, wenn man ein überscharfes zentrales Bild auf die Fovea plaziert („gesteigertes Makulasehen") und das auf Kosten der peripheren

Netzhaut („Netzhautsehen"). Peripheres Sehen, gewinnt man es wieder, verleiht ein erstaunliches Gefühl von Sicherheit im Raum, bessere Körperhaltung und entspanntere Bewegungen.

Es ist für diejenigen von uns, die kurzsichtig wurden, klar, daß es ein unbewußter Prozeß ist, gegen den wir wie verrückt kämpfen und den wir nicht stoppen können. Wir hätten die Hilfe informierter und gut ausgebildeter Optometristen gebraucht, um uns zu lehren zu fokussieren, uns zu entspannen und unsere Augen zu koordinieren. Statt dessen bekamen wir, was das Retinoskop, das Phoropter und der Autorefraktometer und unsere auf Unkenntnis beruhende Wahl („Was ist besser, eins oder zwei?") entschieden, daß es das Beste für uns sei. Die kurzsichtige Anpassung war auf kurze Sicht gesehen nützlich. Sie gestattete uns, unser Sehvermögen in der Nähe zu oft zu verwenden und unsere Welt der Aufmerksamkeit bei Stress einzuengen, so daß wir einfach weitermachen konnten – ohne bedeutende Veränderungen. Sie ermöglichte, Kontrolle über einen kleineren Bereich unseres Lebens zu haben – die Arbeit, die wir in der Nähe verrichteten oder unser Studium – auch wenn wir nicht an die Wurzeln unseres Stresses gelangten. Wir mußten weder unsere Ernährungs- oder Lebensgewohnheiten überdenken, noch darauf achten, warum wir uns auf etwas fixieren und anderes beiseite lassen und warum wir keine Energie hatten, flexibel zu bleiben.

Dr. Kaplan beschreibt im Detail die Konzepte die ich erwähnte und hat zusätzlich eine einzigartige Theorie darüber entwickelt, wodurch gutes Sehvermögen gestört wird. Er hatte außerdem den Mut, die mysteriöse spirituelle Verbindung aufzudecken, die mit dem Sehvermögen in engem Zusammenhang steht, über psychologisches Verständnis hinausgeht und das „Fenster zur Seele" öffnet. 1982 schrieb ich in meinem Sehtraining-Tagebuch – wenn jeder die Schönheit der Welt so sähe, wie ich sie sah, als ich das erste Mal die Tiefe und das Detail, das Volumen und die intensiven Farben wahrnahm, die meine „alten, starken, kalten Brillen" ausblendeten, würde „Frieden auf Erden herrschen, da jeder zu glücklich zum Kämpfen wäre". Hätte ich nicht darüber und über andere Wahrnehmungen geschrieben, vielleicht hätte ich mir über Dr. Kaplans Aussage Kopfzerbrechen bereitet, daß „mit dem Herzen sehen bedeutet, die Kleinlichkeit des ‚sie und wir'-Bewußtseins abzulegen". Aber es ist eine Tatsache, daß, – wenn Sie die Kontrolle über Ihr Sehvermögen übernehmen, beide Augen gleichzeitig verwenden, die Brillenstärke reduzieren, die Sicht verbreitern – Sie vom Hinter-der-Brille-sein wegkommen, zurück in die Welt, von Angesicht zu Angesicht, einzigartig in Ihrer Absicht, aber mit allem verbunden und Sie wissen das in Ihrem Herzen.

Dr. Antonia Orfield,
Boston, Masschussetts

Meinen tiefempfundenen Dank an Euch alle, die Ihr seit Jahren zu der Geburt dieses Buches beigetragen habt. Lise, meine Lebenspartnerin, deren liebende Anwesenheit, Fertigkeiten am Computer und ständige Ermutigung haben die gemeinsame Erschaffung dieser Arbeit unterstützt. Symon, dein Lächeln öffnet mein Herz in der Früh, Julia, danke, daß es dich gibt. Christopher, dein donnerhaftes und mitfühlendes Wesen inspiriert meine Weisheit. Inner Traditions, daß Ihr an mich geglaubt habt.
Möge die Integrative Sehtherapie alle jene würdigen Seelen erreichen.

Einleitung

Wenn du die Kraft deines Bewußtseins erkennst, die hinter deinen Augen ist, und die, wie man sagt, mehr Kraft hat als vor den Augen erscheint, verändert sich deine innere und äußere Wahrnehmung.
Gary Zukav

Wie Millionen anderer Menschen, fühlen Sie sich unerfüllt und innerlich frustriert. Es mag sein, daß Personalcomputer, Mobiltelefone, Faxgeräte und elektronische Küchenausstattung vielleicht Ihr Leben erleichtern, doch obwohl Sie denken, daß Sie alles haben, scheint dennoch etwas zu fehlen.

Die Kraft hinter Ihren Augen läßt sie jenen Bereich in Ihnen wieder entdecken, den Sie vergessen haben während Sie mit Ihrer Karriere beschäftigt waren und Familie und Heim gründeten. Dieses Buch fokussiert auf den Bereich in und um Ihren Kopf und Körper, der sich an Ihre Kindheit erinnert, jene Zeit als das Leben einfach erschien und Sie sich sorglos fühlten, als Ihnen die Tage lang vorkamen und jede Erfahrung aufregend war. Ob Sie hinunter zum Fluß gerannt sind, Blumen gepflückt, im Schnee gespielt oder Nachbars Kirschen gestohlen haben, Ihre Impressionen waren erfüllt von multidimensionalen Farben. Immerwährende prickelnde Lebensfreude erfüllte Ihren Körper.

Dieses Buch kann in Ihnen die Kraft und Freiheit eines natürlichen und vollkommen drogenfreien Hochgefühls wecken. Die Kraft in Ihren Augen taucht tief in Ihre Selbstwahrnehmungen und Art und Weise, das Leben wahrzunehmen. Ihre Augen sind Ihre Hauptverbindung zum Leben. Ihre Wahrnehmungen bestimmen wie Sie reagieren, Entscheidungen treffen und Ihr Leben führen. Indem Sie sich Ihrer gegenwärtigen Wahrnehmungen bewußter werden, können Sie die filternde Panzerung, die Ihr authentisches Wesen beschützt, entfernen und die natürliche Weisheit, derer Sie sich als Kind erfreut haben, wiedererlangen.

Kraft haben bedeutet, daß sie genau so sind wie Sie sind und daß Sie Ihren angeborenen kreativen Kräften zu fließen erlauben. Wenn Sie diese Kraft nutzen, werden Sie automatisch, basierend auf neuen und bewiesenen Wahrnehmungen Karriere machen, Beziehungen eingehen und Lebensentscheidungen treffen.

Oberflächlich mag dieses Buch als eines von vielen esoterischen Büchern erscheinen, das sich auf irgendeinen philosophischen Humbug stützt. Doch es ist so, daß *Die Integrative Sehtherapie* einen Lebensstil aktivieren kann, der durch verantwortliches Leben das Erlebnis der Selbstheilung hervorruft. Wenn Sie das Wahrnehmungsfiltersystem Ihrer Augen verändern, fangen Sie an, die Wahrheit über das Wahrgenommene zu erzählen.

Das Auge ist die „Satellitenschüssel" Ihres wahrnehmenden Bewußtseins. Die Netzhaut des Auges empfängt das Licht auf zwei Arten. Ein gebündelter Lichtstrahl fällt auf einen speziellen Teil der Netzhaut, die Fovea. Hier ergibt sich klare 20/20 Sehkraft. Ich nenne die Mechanik der Sicht „hinschauen".

Andererseits, wenn breitgestreutes ungebündeltes Licht wie mit einem Pinsel gemalt auf die schüsselförmige Netzhaut im Hintergrund des Auges auftrifft, entsteht Verschwommenheit. Das ist „sehen". Auf das Leben zu schauen erfordert einen klaren, logischen und analytischen Vorgang, während das Leben zu sehen bedeutet, Ihre Emotionen zu fühlen und auf intuitive Weise die unbekannte Verschwommenheit zu erforschen.

Die Integrative Sehtherapie nutzt den pragmatischen Mechanismus Ihrer Augen, um Zugang zu Gehirn und Geist zu erlangen. Mit speziellen Augenübungen ist es möglich, verbundene Gehirnfunktionen umzuschulen und effektivere Wege des Schauens und Sehens zu kultivieren. Frühere Methoden für ein besseres Sehvermögen waren allzu einfach und allein körperlich orientiert.

Um 1920 meinte William Bates, ein New Yorker Augenarzt, daß viele Sehprobleme von einer Überbeanspruchung der Muskeln herrühren, die die Augen umgeben. Sein Heilmittel waren eine Reihe physischer Übungen, wie die Augen mit den Händen abzudecken oder in die Sonne zu schauen. Bates glaubte, daß das die Augen entspannen und zu besserer Sehkraft führen würde.

Diese Bates-Methode hat die Zeit überdauert. Einige Lehrer nutzen diese Methode aus einer einfacheren Zeit noch immer, und in manchen Fällen ist sie, trotz der komplexen Weise, wie wir heute unsere Augen verwenden, wirksam. Moderne Sehfitneß-Ansätze hingegen erkennen die komplizierten Verbindungen aller Teile unseres Seins. Mit unserem tieferen Verständnis über die Funktionsweise des Gehirns, sollten wir ein breiteres Feld von Techniken mit einbeziehen, um unser Sehvermögen zu erhalten und zu verbessern; die physische Arbeit mit der physiologischen Arbeit kombinieren. Dieses Verfahren integriert die emotionalen Aspekte und wird von den spirituellen Aspekten unseres innersten Wesens beeinflußt. Die Integrative Sehtherapie akzeptiert diese wichtige ganzheitliche Verbindung. Die Techniken und Übungen werden die Zusammenarbeit Ihres Gehirns, Ihres Geistes und Ihrer Augen unterstützen. Das Bates- System war ein wichtiger Beginn. *Die Kraft hinter Ihren Augen* ist der nächste Schritt.

Als *Optometristen* (Augenärzte, die auf die Diagnose von Sehstörungen spezialisiert sind) „Probleme“ diagnostizierten und ein Programm von Übungen initiierten, konnten ihre Patienten sowohl besser lesen als auch besser durch ihre Augen schauen. *Sehtherapie-Optometristen* (ein Arzt, der Brillen von einem konservativen und einem therapeutischen Standpunkt aus verschreibt und der spezielle Übungen anbietet, um das Sehvermögen zu verbessern) bezogen infolgedessen psychologische und Verhaltensaspekte mit ein. Durch diese neuen Techniken verbesserten die „Patienten“ ihr Selbstvertrauen, Kinder lernten effektiver, und angestrengte Augen konnten besser kontrolliert werden.

Seit mehr als 20 Jahren existiert eine Wissenschaft, die als *Verhaltens-Sehtherapie* bekannt ist und mittlerweile eine ausgereifte Gesundheitsdisziplin darstellt. Sie betrachtet das Sehvermögen von einem ganzheitlichen Standpunkt aus, der den Menschen als Ganzes miteinbezieht (In vielen Teilen der USA wurde die Sehtherapie zum Großteil von der Krankenkasse übernommen – bis zu 80 Prozent der Kosten). Verhaltens-Sehtherapie wurde verwendet, um sowohl die Wahrnehmung als auch das Verhalten zu verändern, um dadurch eine dynamische Bedeutung von „mehr bewußt zu sein“ zu erlangen. Der neueste Beitrag umfaßte die Idee, viele der Medizin verwandten Disziplinen zu integrieren und dadurch die Effektivität der Sehtherapie in Form eines ganzheitlichen Heilsystems zu steigern. Wissenschaftliche Forschung bestätigt die klinischen Entdeckungen der Integrativen Sehtherapie. Ihre Prämisse lautet, daß wir durch die Augen unser physisches Wohlergehen sowie die Art und Weise wie wir uns verhalten verändern können. Unser Verhalten kann entweder von einem Ego-getriebenen Zustand herrühren– „hinschauen“ was wir sozusagen für unsere angeborene Zusammensetzung halten, unsere Persönlichkeit– oder mehr mit dem Herzen verbunden zu sein, wodurch wir Aspekte unserer Seele auszudrücken vermögen. Das Leben bietet damit eine Möglichkeit, die Balance und Harmonie zwischen Körper, Geist und dem Zustand der Augen zu entdecken.

„Die Augen sind das Fenster der Seele“ , sagte Shakespeare. Diejenigen unter uns, denen mitgeteilt wurde, daß sie Brillen benötigen, um sehr gut sehen zu können, können entdecken, was unsere Augen und unser Geist zu offenbaren versuchen. Unsere Brillen-Verschreibung beinhaltet alle Anhaltspunkte, die wir dazu brauchen.

Wie die meisten Augenärzte glaubte ich einst, daß die Probleme meiner Patienten dadurch gelöst würden, kompensierende Brillen zu tragen. Ich erinnere mich genau, zu welchem Zeitpunkt sich meine Betrachtungsweise der Sehprobleme meiner Patienten änderte. Ich saß gerade in meinem schuhschachtelgroßen Büro in Durban, Südafrika. In diesem dunklen Raum, in dem ich meine Patienten kaum sehen konnte, da zuwenig Licht vorhanden war, verbrachte einen typischen Tag. Ich sagte: „Ist es besser mit Linse eins oder Linse zwei? Und jetzt, ist es besser mit Nummer eins oder Nummer zwei?“

Eines Tages lehnte ich mich in meinem Bürosessel zurück, schob diese eigenartige Maschine zur Seite, die wir Augenärzte vor unseren Augen verwenden und die uns davon abhält, eine wirkliche Verbindung herzustellen (diesen Teil lernte ich erst später) und sah meiner Patientin in die Augen. Es war das erste Mal, daß ich dem menschlichen Wesen, das hier bei mir saß, wirklich begegnete. Ich spürte, wie ein Schauder der Freude mein Herz durchflutete. Sanft berührte ich die Hand meiner Patientin und sagte: „Ich möchte Ihnen wirklich helfen zu sehen, und ich möchte nicht, daß sie von dieser Brille abhängig werden.“ Als ich sprach, schossen Tränen in ihre Augen.

Einen Moment lang neigte ich mich in meinem Sessel zurück. Viele Gedanken peitschten durch meinen Kopf. War ich gewillt, den Rest meines Lebens zu fragen: „Ist es besser mit Nummer eins oder zwei?“, dreiundneunzig Mal am Tag, fünf Tage in der Woche, neunundvierzig Wochen im Jahr und das die nächsten vierzig Jahre? Sicher gab es da etwas viel Bestärkenderes, das ich meinen Patienten mitgeben konnte.

Ich studierte das gerade ermittelte Rezept meiner Patientin – Weitsichtigkeit mit Astigmatismus – und erinnerte mich daran, daß wir in der Schule für Optometrie gelernt hatten, ein Diagramm von diesem Rezept zu machen. Schnell zeichnete ich ein neues Diagramm auf ein Stück Papier und stellte fest, daß in der vertikalen Ausrichtung des Astigmatismus mehr Verschwommenheit vorlag als in der horizontalen. Ich schaute auf die Patientin und erkannte, daß ihr Körper, genauso wie der Astigmatismus, eine gedachte vertikale (aufgerichteter Kopf bis zu den Zehen) und eine horizontale Komponente (von links nach rechts mit ausgestreckten Armen) umfaßt. Vielleicht, so besann ich mich, ist das gemessene optische Rezept eine räumliche Landkarte davon, wie ein Patient seinen visuellen und körperlichen Raum organisiert.

Ich war sehr begeistert von diesem Konzept und meine täglichen Fragen: „Eins oder zwei?“ erfuhren eine neue Bedeutung. Ich fing an, mehr mit meinen Patienten zu sprechen. Kurz nachdem ich diese Erfahrung gemacht hatte, schlug mir ein Optometriekollege vor, eine Sehtherapie mit mir zu machen. Ich sprang auf diesen Zug auf. Als ich die Techniken gemeistert hatte, begann ich die Sehspiele (wie ich sie nenne) zu lehren, in einem hell erleuchteten Raum, ohne „Eins oder zwei“.

Als die Patienten die neue Therapie integrierten, bemerkte ich ein eigenartiges Phänomen. Die vormals starren Messungen der Patienten differierten von nun an. Das verwirrte mich zuerst. Wenn ich meine Patienten fragte, wie sie sich in bezug auf ihr Sehvermögen fühlten, berichteten sie von mehr Flexibilität und Freiheit in der Wahrnehmung ihres Lebens. Ich begann zu schätzen, daß ich als Sehtherapeut über die Augen meiner Patienten Zugang zu deren Verstand finden und Veränderungen in der Wahrnehmung hervorrufen konnte. Ich fuhr fort, ihre Rezepte mehr und mehr abzuschwächen, so daß meine Patienten zunehmend herausgefordert waren, mit ihren visuellen Blockaden und eingeschränkten Wahrnehmungen umzugehen. Als sie begannen, ihre Kraft hinter ihren Augen immer mehr zu beanspruchen, begann sich ihr Selbstbild und ihre Lebensanschauung zu verändern.

Indem ich östliche Analysemethoden, Ayurvedische Medizin und meine eigenen Erfahrungen mit den Ritualen der Eingeborenen Südafrikas anwandte, begann ich, das linke Auge als den „weiblichen Kanal" zu betrachten und das rechte Auge als den „männlichen Kanal". Die Wahrnehmungsentsprechungen des „Hinschauens" – die rationalen, intellektuellen und analytischen charakteristischen Merkmale – paßten ganz gut zu der rechtsäugigen Wahrnehmung; die Wahrnehmungsentsprechungen des „Sehens" – die kreativen, intuitiven und nichtlinearen charakteristischen Merkmale – paßten zum linken Auge. Wie auch immer, ich bewahrte die Erkenntnis, daß sich die neurologischen Leitungen beider Augen zu den beiden Gehirnhälften vielfach überkreuzen.

Wie ein Fingerabdruck ist auch jedes Brillenrezept unterschiedlich. Der Grad der Weitsichtigkeit (schärfere Wahrnehmung in der Entfernung) oder Kurzsichtigkeit (schärfere Wahrnehmung in der Nähe) reflektiert, wie wir mit unserer Welt oder unserem persönlichen Raum umgehen. Kurzsichtigkeit ist eine Ansammlung geistig verengender Fehlwahrnehmungen. Ihr Geist hat Ihre Augen programmiert, die Welt näher zu sehen als sie tatsächlich ist. Diese Art des Sehens ist überfokussiert und nach innen gerichtet. Weitsichtigkeit ist eine mentale Verschlüsselung, die verlangt, daß Ihr Blick von der Welt ausgedehnt und weit ist. Durch Ihre unrichtige Wahrnehmung glauben Sie, daß die Welt weiter von Ihnen entfernt ist, als sie tatsächlich ist. Die weitsichtige Programmierung Ihrer Augen bedeutet, daß Sie lieber nach vorne schauen und sich eher mit der Zukunft beschäftigen als mit dem Jetzt.

Unter Astigmatismus versteht man eine ungleiche Krümmung oder Verwerfung der Hornhaut. Das ist ein äußerlicher Ausdruck von Starre in der Wahrnehmung. Diese Wahrnehmungsverzerrung ist die Reaktion auf das Fehlen eines oder mehrerer Teile des Lebens. Astigmatismus ist ein Wahrnehmungsmißklang zwischen Ihrer genetischen Realität und der Art, die Sie gewählt haben, Ihre gegenwärtigen Lebenserfahrungen zu sehen. Sie haben ein Glaubenssystem um diese Wahrnehmungen gebaut, in dem Sie sich fühlen, als ob Sie „nicht hineinpassen". Die häufigste Art des Astigmatismus bezieht sich auf eine Vermeidung, sich mit der Wahrheit der Seele zu verbinden. Durch diese Augenzustände oder durch die Botschaften von Augen/Gehirn können Sie feststellen, welche Bereiche Ihrer „Lebens“-Wahrnehmungen mehr verzerrt sind als andere.

Die Vorgehensweise, durch Sehspiele die Wahrnehmung zu öffnen, schien einfach. Aber durch gründlichere Untersuchungen wurde ich mir bewußt, wie stark die Gläserstärke des linken und des rechten Auges variieren können. Warum zeigen die Leute so unterschiedliche Wahrnehmungen?

Ob Sie eine Brille tragen müssen oder nicht: Die Art und Weise, wie Sie jedes Auge benutzen, erzählt eine bemerkenswerte Geschichte über Ihre Wahrnehmung in Beziehungen, im Beruf und in kreativen Unternehmungen. Die früheste Stimulierung und Entwicklung unserer Wahrnehmung geht auf die Art und Weise zurück, wie unsere Eltern mit uns umgegangen sind. Die Blaupause dieser Wahrnehmung wird bei der Empfängnis durch die Gene unserer Mutter und unseres Vaters gebildet. Ich zog Schlußfolgerungen aus dem Rayid-Modell der Irisinterpretation von Danny Johnson – und auch aus den Bereichen der Genforschung und Ahnenforschung, wodurch sich meine Überzeugung, daß die Wahrnehmung des rechten Auges dem DNS-Code der väterlichen Seite der Familie und die Wahrnehmung des linken Auges der Seite unserer Mutter entspricht, festigte. Die Entwicklung der Wahrnehmung, die durch die Gene festgelegt ist, wird in Folge von unseren Lebenserfahrungen beeinflußt. Wir könnten zum Beispiel von unserem Vater die vererbte Veranlagung zum Zorn in uns tragen, und wenn er uns dann, während unserer frühen Erfahrungen, ein Verhaltensmuster dieses Zorns zeigt, haben wir zwei klare Botschaften von Zorn erfahren: zum einen die unserer genetischen Veranlagung und zum anderen jene, die auf dem Verhalten unseres Vaters basiert. Nach dem Rayid-Modell können 40 solcher Einflüsse der letzten vier Generationen auf uns wirken. Diese genetischen Verhaltensprädispositionen beeinflussen unsere Wahrnehmungen, die Wahl unserer Visionen und die Anpassungen, die wir vornehmen.

In der japanischen Makrobiotik wird das Universum als eine geordnete Ying- und Yangform definiert. Diese Unterteilungen sind energetische Formen. Idealerweise interagieren die beiden gleich miteinander und stellen einen dynamischen und balancierten Energiezustand her. Die Ying-Energie ist expansiv, peripher, weiblich und beinhaltet Raum. Die Yang-Energie ist expressiv, zentral, männlich und auf die Zeit bezogen. Das rechte Auge ist gleichbedeutend mit der Yang-Energie – expressiv, männlich, äußerlich wahrnehmend. Das linke Auge, dem Ying entsprechend, ist empfänglich und weiblich für Wahrnehmungen, die nach innen gerichtet sind. Das Sehvermögen durch das rechte Auge offenbart Aspekte der Persönlichkeit und Verhaltensweisen, die mit der väterlichen Seite der

Familie assoziierbar sind. Ich nenne diese Wahrnehmung „Harry“. „Sally“ bezieht sich auf die Wahrnehmungen durch das linke Auge, Einflüsse und Faktoren die sich auf das Sehvermögen von der mütterlichen Seite der Familie her auswirken.

Mein erstes klinisches Sehtherapie-Experiment fand statt, als meine Patienten ein Auge abgedeckt hatten und über Gefühle, Erfahrungen und emotionalen Reaktionen sprachen. Ich bemerkte, daß die Kommunikation mehr rational, fokussiert und linear stattfand, wenn das linke Auge abgedeckt war. Wenn das rechte Auge abgedeckt war, war die Ausdrucksweise emotional, gefühlvoll und kreativ. Diese Verhaltensweisen bestätigten, was die Forschung über die Gehirnfunktionen herausgefunden hat; nämlich, daß die linke Gehirnhälfte mehr für das analytische Denken zuständig ist, während die rechte Gehirnhälfte für das intuitive und kreative Leben verantwortlich ist. Von einem energischen Standpunkt aus gesehen habe ich den Schluß gezogen, daß das rechte Auge als Äquivalent für die männliche/linke Gehirnhälfte gesehen werden kann und das linke Auge für die weibliche/rechte Gehirnhälfte. Die Rayid-Methode der Irisinterpretation bestätigte meine Diagnose, indem sie andeutet, daß die rechte Iris die genetischen Muster der väterlichen Seite der Familie trägt und die linke Iris die der mütterlichen Seite. Ich verglich diese Ergebnisse mit den Ying- und Yang-Beziehungen, wie sie in den makrobiotischen Prinzipien beschrieben werden. Meine Arbeit an der Sehtherapie entwikkelte sich weiter, jede Phase bildete die Grundlage für die nächste. Später haben meine Erforschungen der Spiritualität der Jüdischen Kabbalah und des Tibetischen Buddhismus die Beziehung des Geistes (im Gegensatz zu der des Gehirns) zum Sehen hervorgehoben. Die Idee, daß es sich um eine Fehlwahrnehmung der Welt handelt, wurde zu meinem Gebiet für klinische Forschungen. Mein intuitives afrikanisches Erbe, das auf einer Wahrnehmungsweise basiert, die Welt ganzheitlich und zusammenhängend zu sehen, half mir, viele Disziplinen und Erfahrungen zu integrieren und dadurch die Grundlage für das Modell der ganzheitlichen Integrativen Sehtherapie zu bilden. Meine Patienten, Zehntausende an der Zahl, halfen mir, diese Verbindungen zu erkennen, während mir mein fortdauerndes persönliches Experiment mit Doppelbildern unglaubliche Einsichten davon verlieh, was Sehvermögen tatsächlich ist.

Während wir uns entwickeln, integrieren wir beide, sowohl den empfänglichen als auch den expressiven Sehstil. Jedoch kann an jedem Punkt dieser Prozeß der Integration unterbrochen werden, und einer dieser wahrnehmenden Kanäle kann folglich unsere Sicht auf das Leben dominieren. Wenn ein Auge beim Sehen mehr dominiert als das andere und das zu einer vorherrschenden Art des Schauens führt, das heißt, daß man zuviel zentrales Fokus hat, kann das zu Kurzsichtigkeit oder Astigmatismus in diesem besonderen Auge führen. Auf der anderen Seite, wenn die Wahrnehmung durch das Auge zu offen ist, oder die Netzhaut zu stark stimuliert wird, kann das zu Weitsichtigkeit führen, die schließlich auch in diesem Auge festgestellt werden kann. Wenn wir entweder durch Harry oder durch Sally schauen, können wir eine unvollständige Wahrnehmungserfahrung in unser Bewußtsein einprogrammieren.

Ich bin überzeugt, daß, wenn die dominante Wahrnehmung durch das linke Auge stattfindet, die Sichtweise unseres Lebens mehr Ying sein wird – kreativer und emotionaler – entweder eingeschränkt oder offen, abhängig davon, welche Wahrnehmungen unsere Mutter uns vererbt hat. Das Gegenteil gilt für eine Dominanz des rechten Auges. Unsere Sicht im Leben ist dann rationaler und fokussierter und wird von den Glaubenssätzen und Wahrnehmungen beeinflußt, die wir von unserem Vater und seiner der Familie gelernt oder modelliert haben. Idealerweise integrieren sich die zwei Wahrnehmungsarten zu dem was Carl Jung die „Göttliche Hochzeit“ nennt.

Wenn der Zustand des linken und des rechten Auges ausbalanciert und integriert sind, können wir auf multidimensionale Weise sehen. In der konventionellen Sehtherapie wird dies als binokulares stereoskopisches Sehen bezeichnet. Nach Gary Zukav, Autor von *Die Spur der Seele*, reichen die Wahrnehmungen eines Menschen mit multisensorischer Wahrnehmung über die physische Realität hinaus, zu dem größeren dynamischen System, von dem unsere physische Realität ein Teil ist. Der multisensorische Mensch ist fähig, die Rolle, die unsere physische Realität in dem größeren Bild der Entwicklung spielt und die Dynamik, durch die unsere physische Realität erschaffen und aufrecht erhalten wird, wahrzunehmen und wertzuschätzen. Dieses Gebiet ist für einen Menschen, der nur seine fünf Sinne verwendet, unsichtbar.

Vom Standpunkt der Sehkraft und des Sehvermögens aus gesehen, schließt diese Dimension des Sehens jenseits der Sinne wahrscheinlich die Seele mit ein. Wenn wir unsere Wahrnehmungen nur auf die Sinne beschränken, fokussieren wir dann nicht durch die Augen der Persönlichkeit? Wenn das wahr ist, begrenzen wir unser Potential, während wir bevorzugt nur durch Harry und Sally schauen? Ich weiß sicher, daß wenn eine dieser Wahrnehmungen mehr Kontrolle als die andere hat, wir uns nicht in Balance befinden und uns unvollständig fühlen. In der Integrativen Sehtherapie schließt die Steigerung der Sehkraft mit ein, daß wir uns des Sehvermögens jenseits des physischen Sehsinnes bewußt werden – des Sehvermögens, das uns erlaubt, das Unsichtbare zu sehen. Durch diese Art des Sehens finden wir Zugang zur Kraft hinter unseren Augen.

Die Integrative Sehtherapie ist kein Buch, das beabsichtigt, Ihnen zu helfen, noch fleißiger zu werden und noch mehr Dinge in Ihrem Leben zu tun. Das Gewahrsein, das wir suchen, hat mit Sein zu tun. Die Augen sind nur das Tor zu Ihrem Sehvermögen. Bei der Bedeutung des Sehvermögens geht es um mehr als scharf sehen, es geht darum, wie Sie Ihr Selbstbild, Ihr Streben, Ihre Ängste und Ihre Familienbande erleben. Manchmal, ohne daß Sie es wissen, werden Ihre Entscheidungen, die Sie heute treffen, negativ von früheren Ereignissen in Ihrem oder dem Leben Ihrer Eltern oder Großeltern beeinflußt. Diese ererbten Einflüsse, so subtil sie auch sein mögen, lenken Sie von Ihrem eigenen wahren Lebenssinn ab. Wenn Sie Ihr Gewahrsein erhöhen, kann Ihnen *Die Integrative Sehtherapie* dabei helfen herauszufinden, warum Sie sich so verhalten wie Sie es tun; zudem bietet es Ihnen die Möglichkeit, Ihre Visionen zu leben und mit Klarheit und Bewußtsein neue Lebensentscheidungen zu treffen. Der Hauptzweck dieses Buches ist, Sie dazu zu inspirieren, diese Reise zur Entdeckung Ihres wahren Potential durch das Tor Ihrer Augen anzutreten.

Vor 20 Jahren begann ich, die Sehtherapie zu erforschen. Meine Anfangsuntersuchungen machte ich während meiner klinischen Praxis der Optometrie. Dann trat ich der Fakultät für Optometrie der Universität von Houston bei, wo ich Sehtherapie lehrte und klinische Studien über das Zusammenspiel der beiden Augen verfolgte. Während dieser Zeit wurde ich Vegetarier und bemerkte, wie meine eigenen Doppelbilder weniger vorherrschend schienen. Später begann ich die Brillenrezepte zu verändern und versuchte dadurch, meine Patienten davor zu bewahren, sich auf immer stärkere Brillen zu verlassen. Zur selben Zeit studierte ich Sehwissenschaft und arbeitete an meinem Abschluß auf dem Gebiet der physiologischen Optik und machte mich dort mit der Grundlagenforschung über visuelle Funktion vertraut. Diese Studie bildete die Basis für therapeutische Interventionen wie solche, ein Auge mit einer Augenklappe abzudecken, als eine Möglichkeit, Gehirnfunktionen umzuschulen. Bald war ich von der Grundlagenforschung gelangweilt, dehnte die Arbeit an meinem Master-Abschluß aus und bezog pädagogische und psychologische Studien mit ein. Damals lernte ich, wie Wahrnehmungen geformt werden und wie anpassungsfähig das Gehirn tatsächlich ist. Ich arbeitete mit Kindern, die sowohl körperlich behindert als auch visuell und/oder auditiv beeinträchtigt waren. Mit Geduld und therapeutischem Einfallsreichtum sah ich, wie Kinder mit schweren Entwicklungsstörungen begannen, Herrschaft über ihre Körper und Gehirnfunktionen zu erlangen. Die Integrative Sehtherapie erwuchs aus Experimenten, unterstützt durch meine intuitive afrikanisch-jüdische Herkunft.

Der Großteil der Informationen, die ich in diesem Buch mit Ihnen teile, reflektiert meine persönliche Reise und meine eigene Forschung über die Verbindung zwischen Geist, Gehirn, Körper und Augen.

Meine Präsentation dieser fortgeschrittenen Methode, die auf dem neuesten Stand der Technik ist, ist eher experimentell als einfach wissensorientiert. Ein wichtiges neues Modell für das Lernen ist eine nichtintellektuelle, auf Wissen basierende Methode, die in dem entspannten, kreativen Alphabereich der Gehirnwellen stattfindet. Statt zu „versuchen zu verstehen", können Sie die Information empfangen und sie in den höheren Gehirnbereichen durch das Gewahrsein verarbeiten. Dieses Modell können Sie sofort sehr sinnvoll in Ihrem täglichen Leben anwenden. Es sind praktische Übungen in diesem Buch enthalten, so daß Sie selbst experimentieren können.

Die Kraft hinter den Augen ist die innere Weisheit, die in jedem einzelnen von uns existiert. Indem wir die tarnenden Netze wegziehen, die versteckten Bereiche unserer Existenz bedecken, geben wir uns selbst die Möglichkeit, unsere Wahrnehmung zu befreien. Wir können unsere Augen öffnen, um das zu sehen, von dem wir wirklich fühlen, daß es für unser Leben wertvoll ist, statt zu denken, daß es wichtig ist.

Die Kraft hinter Ihren Augen bietet die Möglichkeit zur Einigung aller Teile Ihres Wesens. Die Botschaft ist ziemlich einfach. Da gibt es nichts, was Sie tun müssen, außer zu sein.

Was ist Sehvermögen?

Wenn ich Sie fragen sollte, was Sehvermögen bedeutet, könnten Sie sagen, daß es darum geht, wie genau Sie sehen, wie stark Ihre Sehkraft ist oder vielleicht wie gut Sie auf einer Augentest-Tafel perfekt 20/20 sehen können. Andere könnten unter Sehvermögen esoterische Einsichten des Geistes verstehen. Alle diese Informationen sind gültig.

Wir wurden programmiert zu glauben, daß das Auge wie eine Kamera ist, die ein Bild auf etwas Filmähnlichem, der Netzhaut, festhält. In Wirklichkeit jedoch tragen die Augen nur zum Sehvermögen bei: Sie sind das Tor zu Ihrem Geist. Sie empfangen und organisieren das Licht, um es danach zu verteilen. Das Licht setzt den Energiefluß zum Verstand in Bewegung, wo dann die Erfahrung dessen, was Sie wahrnehmen und sehen, konstruiert wird. Diese unglaublichen Organe sind Mikrokosmen unseres ganzen Körpers. Das Licht und das lebende Gewebe wirken aufeinander ein und die kombinierte Energie wird zum Gehirn geleitet, wo 90 Prozent des Prozesses, den wir Sehvermögen nennen, vor sich gehen. Immer noch bestimmen *Optometristen* (Augenärzte, die auf die Diagnose von Sehstörungen spezialisiert sind) und *Ophthalmologen* (Augenärzte, die auf Augenkrankheiten spezialisiert sind) die Qualität Ihres Sehvermögens, in dem sie nur Ihre Augen untersuchen. Ihr professioneller Fokus ist auf den Krankheitsverlauf gerichtet oder darauf, was an der Art wie Sie schauen falsch ist.

Die ungünstige Wirklichkeit ist, daß sich während einer Routine-Augenuntersuchung viele Beurteilungen nur darauf konzentrieren, die Gesundheit der Augen zu überprüfen statt die Effektivität Ihrer individuellen Fähigkeit, das hereinkommende Licht zu organisieren und zu verarbeiten. Warum berücksichtigen die meisten Augenärzte nicht die anderen Aspekte der Person?

Diese Art zu praktizieren wurde rund um ein medizinisches Versicherungswesen entwickelt, das Arztbesuche trägt, wenn ein physisches Problem entdeckt wird und aufgrund dessen das Auffinden solcher Probleme fördert. Jedoch verfolgen Patienten oft Fälle von falschen Diagnosen, und schließlich wurde das einträgliche Geschäft der Schadenersatzforderungen nach Kunstfehlern eine riesige Bedrohung für Gesundheitsspezialisten.

Augenspezialisten haben wie die meisten Ärzte auf diese Bedrohung so reagiert, daß sie immer mehr Tests an ihren Patienten durchführten, um ja jede Augenkrankheit zu identifizieren. Die ursprüngliche Idee der Prävention war gut, aber die Situation nahm Mitte der 80er Jahre paranoide Ausmaße an, als 80 bis 90 Prozent der Gesamtzeit für Untersuchung der Augen und des Sehvermögens für die Suche nach einer Augenkrankheit verschwendet wurden. Nur 10 bis 20 Prozent der Untersuchungszeit wurden darauf verwendet zu testen, wie gut die Augen arbeiteten und wie gut sie die Informationen dem Gehirn übermitteln konnten. Nur eine kleine Minderheit der Augenärzte, etwa 15 Prozent (meist fortschrittliche Sehtherapie- oder Verhaltensoptometristen), wagten, den Patienten als eine Person mit Augen zu sehen. Diese Augenärzte und Optiker, die auf dem Gebiet des Verhaltens ausgebildet sind, besitzen die Fähigkeit, Sehvermögen von einem funktionalen und einem fortgeschrittenen Standpunkt aus zu untersuchen. Aber schauen Sie mal in die Gelben Seiten und sehen Sie wie viele Augenärzte ihre Praxis auf die Netzhaut, die Hornhaut oder eine spezielle Mikrochirurgie beschränken.

Wenn Optiker ihre Dienste bewerben, scheinen sie oft vor allem ihre große Auswahl an Designerfassungen hervorzuheben. In den 80er Jahren erreichte das Konsumdenken in Nordamerika seinen Höhepunkt. Der Industriezweig der Augenheilkunde konzentrierte sich darauf, massenhaft Produkte für die Augen herzustellen, denn es schien, daß mit dem Verkauf von Brillen und Kontaktlinsen mehr Geld verdient werden konnte als mit präventiver Sehvorsorge. Einige der Kosmetik- und Pharmariesen nahmen Kontaktlinsen in ihr Programm auf. Hersteller von Designerbrillen traten auf den Plan und beuteten eitle Brillenträger aus.

Diese Überfokussierung auf Endprodukte hat die Bedeutung des Sehvermögens in den Schatten gestellt. Es wird weniger Geld in die Untersuchung des Sehvermögens investiert als in die Produkte des entsprechenden Industriezweiges (Brillen, Kontaktlinsen, Lösungen, Medikamente und ähnliches). Für uns Konsumenten wurde das Denken über das Sehvermögen darauf reduziert, unser Sehvermögen rein physisch auf 20/20 zurückzuregulieren. *Die Integrative Sehtherapie* schlägt demgegenüber einen frischen und bestärkenden Weg vor, auf dem man das eigene Sehvermögen betrachtet, sich um seine Augen kümmert und sie pflegt.

Sehen ist ein Prozeß, ein dynamischer Zustand des Tuns und des Seins. „Tun“ ist mit der rationalen und logischen Tag-für-Tag Existenz der Betriebsamkeit und des Aufgaben-Erledigens assoziiert. „Sein“ bedeutet, Pause zu machen, zu entspannen, loszulassen, uns zurückzuziehen von der Betriebsamkeit des Lebens. Idealerweise sind diese beiden

Verhaltensweisen miteinander verwoben, um einen physiologischen Tanz zu erzeugen, der unsere inneren Organe, Muskeln, und, was am wichtigsten ist, unser Nervensystem zu harmonisieren.

Für die meisten von uns ist dieser Tanz nicht ausgewogen. Für die Mehrheit der Menschen dominiert das „Tun“ die tägliche Existenz. Ein geschickter Sehtherapie-Optometrist kann Abweichungen von der Norm in Ihren Augen feststellen; er kann diese Messungen zueinander in Beziehung setzen und die Art, wie Sie Ihr Sehvermögen im Leben einsetzen, interpretieren.

Klinische Forschung lehrt uns, daß das Auge auf die meisten physiologischen Prozesse des Körpers reagiert. Das Nervensystem, daß Sie warnt, auf die Bremse Ihres Autos zu treten, führt durch die Augen; die Zuckerverdauung durch Ihre Bauchspeicheldrüse wirkt sich auf die Fokussierung aus; eine anregende Landschaft verändert die Größe Ihrer Pupillen. Eine größere Pupille reflektiert den Kampf- oder Fluchtzustand, und eine kleinere Pupille zeigt einen entspannten Zustand an. So viel wie möglich über die visuellen Funktionen zu lernen kann Ihnen dabei helfen, gesunde Lebensentscheidungen zu treffen und Ihre Kinder zu lehren, wie sie ein integriertes, starkes und klares Sehvermögen haben können, wenn sie älter werden.

Früher wurde ich zu 50 Prozent der Zeit, die ich wach war, von Doppelbildern beeinträchtigt. Trotz klarer Sehkraft und perfektem 20/20 Sehvermögen erschienen plötzlich zwei Bilder derselben Szene vor mir, wenn ich weit weg schauen oder lesen wollte. Haben Sie jemals versucht, mit zwei Paaren von Scheinwerfern, die auf der Autobahn auf Sie zurasen, fertig zu werden? (Ich erinnere mich an ein Erlebnis, als ich die *Interstate 5* südlich von Seattle entlang fuhr und meine Doppelbilder dazu beitrugen, daß ich mit meinem Wagen im mittleren Straßengraben landete.) Versuchen Sie etwas zu lesen, das einem vorkommt, als lese man zwei Bücher zur selben Zeit. Es war irritierend. (Kein Wunder, daß ich lieber zum Nichtleser wurde.)

Die Zeiten, in denen ich überhaupt nicht doppelt gesehen habe, waren entspannend. Meine Doppelbilder lehrten mich meine Aufmerksamkeit mehr zu fokussieren, um präsent zu sein und einfach zu sehen. Es war leicht für mich, geistig abzudriften. Meine Doppelbilder schienen sich mit der Zunahme des *Distress* (schädlicher Stress) zu verstärken, den ich erlebte, wenn ich stundenlang arbeitete. Außerdem nahmen sie zu, wenn ich *fast-food* und fette Nahrung zu mir nahm, wenn ich zu wenig schlief, zu wenig an der frischen Luft war und mir zu wenig Bewegung verschaffte. Diese Variablen wirkten sich auf meine Konzentrationsfähigkeit aus und förderten mein geistiges Abdriften. Als Kinder bekamen wir diese wichtigen Bestandteile eines gesunden Lebens eingehämmert, und wir wiederum predigen sie unseren Kindern. Aber manchmal vergessen wir sie. Als ich erkannte, daß zum Beispiel der Bewegungsmangel mein Sehvermögen und mein Wohlbefinden beeinträchtigte, wurde ich mir bewußt, daß es notwendig war, meinen ungesunden Lebensstil zu verändern.

Ich entdeckte auch eine emotionale Verbindung zu meinem Sehvermögen. Jedesmal, wenn mich mein Vater, der im Ausland lebte, besuchte, erlebte ich Perioden mit Doppelbildern. Unsere Beziehung war schon immer ziemlich turbulent, und jedesmal, wenn ich auf ihn reagierte, konnte ich dramatische Veränderungen in meinem Sehverhalten bemerken. Meine Patienten erzählten mir von ähnlichen Sehveränderungen; negative, ängstliche oder zornige Gedanken sowie einschränkende Überzeugung schienen die Verschwommenheit zu erhöhen. In seinem Buch *Das wiedergefundene Licht* erzählt Jacques Lusseyran von seiner Erblindung im Alter von acht Jahren und seinem folgenden Heilungsprozeß. Am Anfang konnte er die ganze Fülle des nichtreflektierten Lichtes in seinem Augapfel nur dann erfahren, wenn er seinen Geist von einschränkenden Gedanken, Selbstmitleid und anderen selbsterniedrigenden Wahrnehmungen freihalten konnte.

In meinem Fall, nachdem ich spezielle Sehtherapieübungen und -abläufe durchgemacht hatte, entwickelte ich die Fähigkeit, mein Gehirn einzusetzen und meine Augenmuskeln zu kontrollieren. Die Perioden der Doppelbilder wurden geringer, aber verschwanden nicht ganz, da ich noch nicht gelernt hatte, meine einschränkenden Gedanken und Ängste zu kontrollieren. Sicherlich halfen mir die Prismenlinsen meiner Brille dabei, eine einheitliche Sicht zu wahren, doch wenn ich die Brille abnahm, nahm meine Doppelsichtigkeit zu. Nur wenn ich das volle, vom Geist kontrollierte Sehvermögen einsetzte und durch beide Augen sah, verstand ich, daß die Muster meiner unbewußten Wahrnehmungen Verschwommenheit und Doppelbilder verursachten.

Die Anatomie des Auges

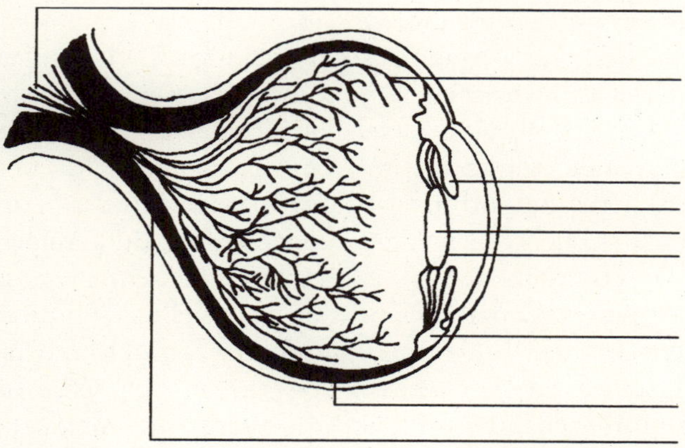

- Fast 50 Prozent der Kranialnerven, die aus dem Gehirn kommen und alle Körperfunktionen kontrollieren, sind speziell für die Augen zuständig.
- Einige Teile des Auges funktionieren ohne direkte Blutversorgung.
- Die innere Linse des Auges, die einer durchsichtigen Fensterscheibe ähnelt, hat ihr eigenes Stoffwechselsystem zur Zellregeneration.
- Die äußere Oberfläche des Auges (die vorderste Schicht der Hornhaut) kann sich selbst innerhalb von 24 Stunden regenerieren.

In der Netzhaut gibt es zwei verschiedene Strukturen, die Stäbchen und die Zapfen. Die Zapfen sind für das Sehen bei Tageslicht zuständig (die meisten Zapfen sind in dem Gebiet der Makula und der Fovea, dem Ort für 20/20 zentrales Sehen) und die Stäbchen für das Sehen bei Nacht da. Ein anderer Aspekt der Art und Weise, wie unsere Augen arbeiten und der von den meisten Augenärzten, die keine Sehtherapie betreiben, gar nicht wirklich bedacht wird, ist, daß die Fovea und die Netzhaut des einen Auges mit der Fovea und der Netzhaut des anderen Auges zusammenarbeiten müssen. Die Gedanken, Gefühle und Emotionen, die wir durch diese Augenteile erleben, beeinflussen unsere Wahrnehmung des Lebens und die meisten Entscheidungen, die wir treffen – genauso wie wir Sport betreiben und wie wir uns zu einem Beruf, Hobby oder Freunden hingezogen fühlen und wie wir unser Sehvermögen verwenden – werden von diesen inneren Wahrnehmungen beeinflußt.

Vielleicht sind Sie einer der Millionen von Menschen, die eine hervorragende 20/20 Sehkraft haben. Möglicherweise können Sie sich jedoch nicht gut länger als dreißig Minuten beim Lesen, beim Arbeiten am Computer oder beim Nähen konzentrieren, ohne daß Ihre Gedanken abwandern oder Sie vergessen, was Sie gerade gelesen haben oder Ihre Augen schmerzen. Wenn das der Fall ist, arbeiten die rechte Fovea und die Netzhaut nicht mit der linken Fovea und der Netzhaut zusammen. Sie kämpfen miteinander anstatt zu kooperieren.

Eine scharfe 20/20 Sehkraft wird durch die Fovea erreicht, die metaphorisch Klarheit, Fokus, Logik, Genauigkeit, Rationalität und Analyse repräsentiert. Die fovealen Qualitäten der Wahrnehmung werden kulturell mit dem Tun assoziiert. Die periphere Netzhaut bezieht sich auf das Sein und repräsentiert Gefühle, Emotionen, Kreativität, Spüren und Intuition. In meinem ersten Buch *Spielend besser sehen* nannte ich den fovealen oder Tun-Vorgang „hinschauen“ und die Arbeit der peripheren Netzhaut, den Vorgang des Seins „sehen“. Die Begriffe sind von dem großartigen Lehrer Frederick Franck geliehen, der im Buch *Zen in der Kunst des Sehens* eine innovative Art des Zeichnens lehrt.

Als meine Frau und ich bei Franck ein Wochenende lang lernten, mußten wir auf Blätter schauen. Dr. Franck ließ uns die strukturellen Details zeichnen – eine sehr herausfordernde visuelle Übung. Wir sollten uns an unseren Atem erinnern und mit unseren Augen jeden Zentimeter des Blattes abtasten, während unsere Finger den Stift über den Skizzenblock führten. Die Darstellung war erstaunlich. Aber ein Element fehlte: das Blatt zu sehen. Ohne die Erlaubnis, daß auch die Emotionen und Gefühle der Netzhaut beim Zeichnen dabeisein durften, wurde das Bild technisch zu perfekt und Wärme und Herzensverbindung fehlten.

Durch die Netzhaut fühlen und spüren wir Emotionen und öffnen eine andere Form des Gewahrseins, das durch Bewegung und Verschwommenheit hervorgerufen ist. Das könnte eine Überraschung sein. Mit der Netzhaut zu sehen heißt, doppelt und verschwommen zu sehen. Je mehr wir uns der Verschwommenheit oder des „Grundes“ um das Blatt herum bewußt bleiben konnten, desto mehr Leben konnten wir in die Zeichnung bringen.

Nachdem ich endlich den disziplinierten Modus des Hinschauens meiner herkömmlichen Erziehung aufgegeben hatte, konnte ich die Kombination des Hinschauens und Sehens als einen Prozeß beschreiben, den ich integriertes Sehvermögen nenne. Die Kraft hinter Ihren Augen ist eine Art, Ihre Augen zu benutzen, bei der Sie sich gleichzeitig bewußt sind, was vor und auch seitlich von Ihnen ist (peripheres Sehen). Meine Doppelbilder zum Beispiel, wurden tatsächlich in meinem Geist durch eine Kombination von ererbten Faktoren und Lebenserfahrung aktiviert.

Ohne direkt auf meinen Vater oder meine Mutter hinzuschauen, das heißt, auf eine weitsichtige Weise hinter ihnen fokussierend, sah ich sie nur, und das rief Doppelbilder hervor. Ich lernte, daß diese Art des Sehens physiologisch akzeptabel und emotional unterdrückt war. In Situationen, in denen ich verschwommen oder doppelt sah, konnte ich nun also meine neue Kraft einsetzen – nämlich meine Fähigkeit, in die Nähe oder nach innen zu fokussieren. Als ich mein Hinschauen und Sehen integrierte, waren meine Doppelbilder nicht einmal zu drei Prozent vorhanden. Innerhalb von drei Monaten brauchte ich keine Prismengläser mehr. Ich war befreit.

Jetzt bin ich Mitte vierzig und habe immer noch eine hervorragende Sehkraft zum Lesen, doch ich wurde wiederholt von meinen Kollegen gewarnt, daß ich wegen des verfluchten „Kurzer-Arm-Syndroms" unvermeidlich eine Lesebrille brauchen werde. Eines Tages, so sagen sie, wird mein Arm nicht mehr lang genug sein, um Dinge so weit weg zu halten, damit ich sie scharf sehen kann. Was ich ihnen aber nicht gesagt habe ist, daß ich meine Integrative Sehtherapie täglich praktiziere und auch die Absicht habe, das für immer zu tun, so wie ich mich frisiere oder Zahnseide benutze. Mein Sehvermögen ist mir die wenigen Extra-Minuten am Tag wert.

Als wir Kinder waren, hatten mein Bruder und ich eine Linse aus einem alten Projektor, mit der wir die Details unserer Markensammlung vergrößerten. Eines sonnigen Tages spielten wir im Freien. Zu unserer Freude fanden wir heraus, daß, wenn wir das Sonnenlicht durch die Linse auf ein Stück Papier fokussierten, das Papier zu brennen anfing. Ähnlich heftig fokussiert eine Brille oder Kontaktlinse das Licht auf die Fovea oder die Netzhaut im Hintergrund des Auges. Diese Explosion des Lichtes ruft eine Überreizung der fovealen Energie auf Kosten der Netzhautfunktion hervor. Das bedeutet, daß die meisten Brillenrezepte mehr Tun und Hinschauen in unserem Leben verursachen und weniger Sein oder Sehen. Ist es möglich, daß unsere Wahrnehmung davon beeinflußt wird, wie starke 20/20 Brillen oder Kontaktlinsen das Licht auf die Fovea fokussieren? Es ist schrecklich zu denken, daß durch die künstlichen Linsen, durch die wir schauen, zum Beispiel Arbeitssucht gefördert werden kann.

Alleine in den USA tragen 132 Millionen Menschen Augengläser oder Kontaktlinsen. 25 Prozent der Weltbevölkerung sind kurzsichtig. Wenn etwas mit unseren Augen nicht in Ordnung zu sein scheint, geben wir oft unsere Entscheidungskraft an einen Augenarzt ab, und mit einem Brillenrezept ersetzt dieser sie durch eine künstliche Kraft. Augengläser oder Kontaktlinsen ersetzen unsere natürliche Kraft (die Kraft hinter unseren Augen), und wir werden von einer äußeren Kraftquelle abhängig. Die äußere Kraftquelle wird zur Krücke.

Ich fühlte mich gezwungen, mit verschieden Linsenrezepte zu experimentieren, um zu sehen, ob sich das Verhalten tatsächlich verändert, wenn das Licht im Auge mehr über die Netzhaut gestreut als nur auf die Fovea konzentriert wird. Was ich schließlich nach 20 Jahren klinischer Untersuchungen beobachtete, schien meine Hypothese zu unterstützen: Schwächere Linsenverordnungen fördern zum einen nicht nur das Sehen mehr als das Hinschauen, sie erzeugen zum anderen auch einen perfekten Biofeedbackmechanismus, um Ihre Gedanken, Emotionen und Gefühle beobachten zu können. Dadurch können Sie Zeuge sein, daß sich die Verschwommenheit Ihres Sehens unter bestimmten Umständen verändern kann. Ich werde diesen Prozeß in Kürze genauer beschreiben.

Diese Verbindung zwischen Sehkraft und Emotionen ist die Zukunft der Sehvorsorge. Sie steht Ihnen jetzt zur Verfügung, wenn Sie bereit sind, sich zu verpflichten, aktiv an Ihrer Selbstheilung teilzunehmen.

Fokussieren und Klarheit

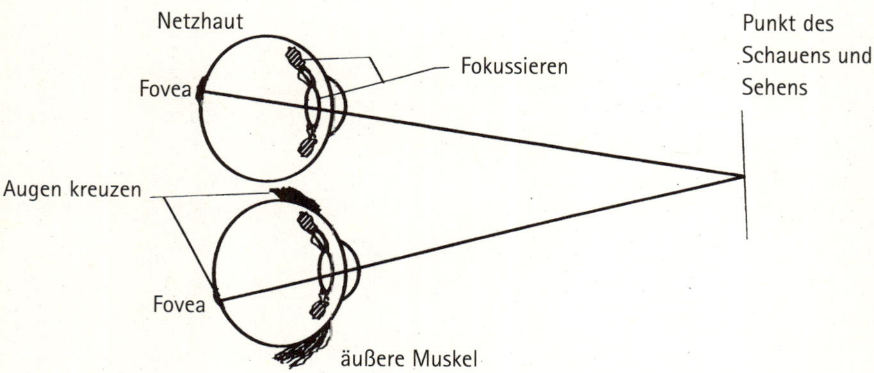

Fokussieren fragt: „Was ist das, was Sie sehen?"
(befaßt sich mit der Verschwommenheit.)

Die Augen einwärts richten fragt: „Wo ist das, was Sie sehen?"
(befaßt sich mit dem Sehen einzelner Bilder)

Kontrolle + Kraft = Klarheit

Kontrolle – Kraft = Überleben
(Das wird VERSCHWOMMENHEIT genannt.)

Fokussieren (Klarheit) + Augen einwärts richten = integrierte Zweiäugigkeit (multidimensionales Sehvermögen)

Augensymptome – Kein Problem

Mein Freund in Oregon fährt einen BMW – einen schnittigen und technisch ausgereiften Wagen. Als ich eines Tages mit ihm mitfuhr, bemerkte ich ein schwarzes Klebeband, das ein rot blinkendes Licht auf dem Armaturenbrett abdeckte. „Dick, was bedeutet dieses Lämpchen? Warum blinkt es?“, fragte ich. „Oh, das erinnert mich nur daran, daß ich wegen des Motors in die Werkstatt muß. Ich habe aber noch ungefähr 3.000 Kilometer, bevor ich wirklich etwas in der Richtung tun muß.“

Einen Moment lang dachte ich, wie eigenartig es war, daß er deutsche Technologie in Frage stellte. Das Licht leuchtete, weil etwas am Motor kontrolliert werden mußte, und er deckte das Lämpchen ab. Wie sehr leben wir in Verleugnung dessen, was wirklich mit uns passiert? Wie oft bedecken wir einfach unsere Symptome, die Verschwommenheit unseres Lebens? Wie oft versuchen wir, diese Symptome, die uns helfen könnten aufzuwachen und wahrzunehmen, abzudecken?

Das Beispiel des roten Lichtes machte mich neugierig. Ich begann meine eigenen Augen- und Körpersymptome und jede kleine Botschaft, die mir mein Körper übermittelte, zu beobachten. Ich erinnere mich an ein tiefsinniges Gespräch mit meiner Tochter und ich spürte einen unglaublichen Schmerz auf der rechten Seite meines Kopfes als sie mit mir über ihr Leben sprach. Als sie mir ihre Gefühle mitteilte, schien mein Schmerz zu schwanken. Bevor ich begonnen hatte, auf die Botschaften zu achten, die mir mein Körper sandte, hätte ich den Schmerz wahrscheinlich gar nicht erkannt – ich wäre nicht so aufmerksam gewesen. Aber in diesem Monat war ich darauf eingestellt. Ich fühlte wie sich meine Brust verengte. Ich begann abzuschalten und Zorn und Frustration zu fühlen. Ich nutzte den Augenblick und damit die Gelegenheit, mich mit meinen eigenen Ängsten, zurückgewiesen und nicht mehr geliebt zu werden, zu konfrontieren.

Mit einer ehrlichen Einschätzung unserer besonderen Bedürfnisse und Ängste sowie mit einem klarem Geist können wir anfangen zu verstehen, daß physische Symptome etwas sehr Wichtiges offenbaren. Ich begann, in den Gesprächen mit meinen Patienten das Verständnis zu entwickeln, daß durch ihre Augenkrankheiten wichtige Botschaften von ihrem Geist mitgeteilt wurden.

Ein Augenarzt oder Optiker hat normalerweise keine guten Neuigkeiten. Auf die projizierte Augentest-Tafel zu fokussieren, kann ängstliche Erinnerungen wachrufen. Daran daß Ihnen Ihr Doktor mitteilte, daß Sie Brillen, Kontaktlinsen, Medikamente oder eine Operation brauchen. Im großen und ganzen basiert unsere Beziehung zu Augenfachleuten auf der Annahme, daß unsere Augen versagen werden. Der erste Schritt, das Sehvermögen zu verändern ist jedoch, einschränkende Wahrnehmung zu verändern. Symptome wie Verschwommenheit, Doppelbilder, rote Augen, Schmerzen in den Augen, körnige oder sandige Gefühle und diagnostizierte Krankheiten wie grüner Star, grauer Star und Astigmatismus können als gute Neuigkeiten angesehen werden.

Für die meisten meiner Patienten (und für mich selbst) bedeutet diese veränderte Einstellung einen Quantensprung zu einer neuen Art des Denkens. Wie könnte eine Krankheit, die zur Erblindung führen kann und eine große Herausforderung an das Leben stellt, wie grüner Star, als Geschenk betrachtet werden? Nehmen wir den Computer als Beispiel: Wenn 90 Prozent des Sehvermögens vom Geist initiiert werden, ist es dann nicht möglich, daß das Auge wie ein Computerausdruck ist, der uns hilft, unser inneres Denken, die Wahrnehmung unseres Geistes zu verstehen? Ich schloß daraus, daß die Zustände, die ich feststellte, die Art des Hinschauens und Sehens durch Harry und Sally und auch die Art ihrer Interaktion, wie eine gefaxte Botschaft von unserem Wahrnehmungsbewußtsein sind. Tief in Ihrem Unterbewußtsein ruft Ihnen eine leise Stimme zu: „Dein Lebensstil ist nicht in Balance, es gibt zu viel ‚Tun‘ (oder ‚Sein‘)“. Ich werde dir eine Botschaft schicken, Augenbeschwerden wie Kurzsichtigkeit (oder grüner Star oder Astigmatismus), um dich wachzurütteln, damit du dieses Ungleichgewicht und diesen Mißbrauch bemerkst!“

Ihre Augen sind wie das rote Warnlämpchen im Auto meines Freundes. Sie haben die Wahl, den Weckruf zu ignorieren, aber irgendwann werden Sie mit den Konsequenzen, wie einer weiteren Verschlechterung der Sehkraft oder dem Verlust der Maximalleistung Ihrer Augen, umgehen müssen. Auf der anderen Seite können Sie das empfindliche Nachrichtensystem Ihrer Augen anerkennen und sagen: „Danke, meine wunderschönen Augen, daß ihr mich wissen laßt, daß ich hier etwas verändern muß.“

Als ich am College für Optometrie an der Universität in Portland, Oregon, Sehtherapie lehrte, teilte ich dieses innovative Konzept einer Patientin mit. Normalerweise erntete ich dann eigenartige Blicke, die Reaktion dieser jungen Frau zeigte mir jedoch, daß sie meine Argumente sofort verstand. „Sie meinen“, sagte sie, „daß mein Geist versucht, mir durch die Augen etwas mitzuteilen?“ Während der zwei folgenden Besuche in meinem Büro stellten wir fest, daß ihr Verlust von scharfem Sehvermögen in der Entfernung (Kurzsichtigkeit) damit zusammenhing, daß sie ein intensives Studium an der Universität begonnen hatte. Sie mußte ihr Sehen auf einen beständigen Fokus in der Nähe einstellen, um viele Bücher zu lesen. Ohne ein Entspannungsprogramm für ihre Augen und ihr Sehvermögen war intensives Lesen nicht sehr gut für ihre Augen, ihren Körper und ihren Geist.

Unsere Augen sind biologisch immer noch zum Jagen und für den Ackerbau konzipiert. Wenn wir lesen, konzentriert sich unser Geist darauf, Informationen aufzusagen, nach guten Noten zu streben oder unserer Berufsziele zu erreichen. Unser Geist sagt zu unseren Augen: „Bitte, bleibt fokussiert und schaut scharf auf die kleinen Wörter auf der Seite!“ Mit der Zeit macht diese starke, in der Nähe stattfindende Kommunikation der Augen mit der Seite den Fokusmuskel unflexibel und dadurch unfähig, sich beim Sehen in die Ferne zu entspannen. Es entsteht eine verschwommene Sehkraft.

Früher, wenn Sie dachten, daß mit Ihren Augen etwas nicht in Ordnung war, liefen Sie zum Augenarzt, um eine Lösung zu finden. Die schlechte Nachricht war, daß Sie eine Brille brauchten, um „dieses Problem zu korrigieren“. Das ist weiter von der Wahrheit entfernt als der nächste Stern von unserem Planeten. In meiner Forschung führt der lang andauernde Gebrauch von herkömmlichen, auf 20/20 korrigierenden Brillen zu einer weiteren Reduzierung der Sehkraft. Andere Faktoren, die dazu beitragen, daß das Sehvermögen noch verschwommener wird, sind exzessives Lesen, Schlafmangel oder der Verzehr von Nahrungsmitteln, die eine allergische Stoffwechselreaktion hervorrufen.

Ich begann, mit schwächeren Linsenrezepten für 20/40 zu experimentieren. Statt 20/20 zu verwenden – das heißt, statt die Verschwommenheit auf Null zu neutralisieren – ließ ich ungefähr 16 Prozent davon über, das resultierte in 84 Prozent Klarheit. Begleitet von Sehtherapie, gab diese Praxis meinen Patienten einen therapeutischen Vorteil. Wenn meine Patienten gewissenhaft die Hausaufgaben meines Programmes der Integrativen Sehtherapie befolgten, um die Sehfitneß in beiden Augen zu erhöhen und wenn sie lernten, diese Wahrnehmung zu integrieren, konnten sie schließlich noch schwächere Brillen tragen. Mit der Zeit wurden die 16 Prozent Verschwommenheit weniger. Das war eine Art, Linsen zu verschreiben, die wirklich korrigierend wirkten.

In den späten 70er und den frühen 80er Jahren wurde ich als klinischer Professor angespornt, Forschung zu betreiben. Ich war wirklich in einer glücklichen Position. Ich konnte mich in die Möglichkeiten von neuen Informationen vertiefen, die die Wissenschaft des Sehens weiter fördern würden. Ich nahm die Reaktion der klinischen Versuche auf Band auf und bemerkte, daß, wenn meine Patienten von ihren Augensymptomen sprachen, eine Geschichte zu Tage trat, die bestimmten Ereignissen in ihrem Leben mit ihren Augen und ihrem Sehvermögen entsprachen. Eine implizierte metaphorische Wahrheit begann aufzutauchen. Ich entdeckte auch, daß, so wie die Geschichten meiner Patienten, jeder Teil der Anatomie des Auges Stücke seiner eigenen Geschichte über das Sehvermögen erzählte und über spezielle Bedürfnisse des Geistes kommunizierte, Bedürfnisse, die Anerkennung und Aktionen verlangten.

Ich fand zum Beispiel heraus, daß ein Symptom und die nachfolgende Diagnose der Hornhaut – mit Folgen wie Schmerzen, Zusammenbruch der Intaktheit des Gewebes oder Entzündung – mit Aspekten eines Machtkampfes im Leben dieser Person in Verbindung stand. Die Hornhaut übernimmt mindestens 80 Prozent der Brechung des Lichtes, das schließlich die Fovea erreicht. Wenn Sie die Hornhaut im Querschnitt betrachten, sehen Sie eine bezaubernde Struktur, wunderschön geformt, total durchsichtig, wie eine klare Kuppel. Wenn das Unbewußte in unsere Wahrnehmung dringt, sind die natürlichen Funktionen der Teile des Auges von Verformung und Verzerrung bedroht. Die Hornhaut bedeckt die Iris, den farbigen Teil des Auges. Wenn die Kuppel verformt ist, sodaß die Brechkraft der Hornhaut an einer Stelle stärker ist als an einer andern Stelle, dann existiert ein Astigmatismus.

Schmerzen und Beschwerden bei problematischen Diagnosen anerkennen zu können und immer noch das Licht am Ende des Tunnels zu sehen, ist eine Herausforderung für jeden. Es erfordert, Ehrlichkeit tief in unserem wahren Wesen zu finden, um hinter diese Hürde sehen zu können. Diese Art des mächtigen Sehens kommt vom inneren Geist oder der Seele. Gary Zukav sagt in *Die Spur der Seele*: „Wenn wir durch Augen mit authentischer Kraft schauen, metaphorisch gesprochen, können wir besser ohne Behinderung sehen, besser Liebe und Weisheit leben, und wir haben mehr Fähigkeit und Sehnsucht, anderen dabei zu helfen, sich zur selben Liebe und demselben Licht zu entwickeln." Ich bin überzeugt, daß wir mit der Integrativen Sehtherapie diese Idee über die Metapher hinaus ausdehnen können. Die Kraft hinter Ihren Augen ist die Anerkennung einer Energie, die größer ist als nur die Anwesenheit unserer Augen. Das Wesentliche, unsere Seele, trägt dazu bei, daß wir klares Sehvermögen haben, was im Gegenzug unsere Augen anregt, gut zu funktionieren.

Stephen

Im Alter von 22 Jahren ließ sich Stephen aufgrund der ansprechenden Werbung zu einer Hornhaut-Laseroperation verführen, die seine Kurzsichtigkeit ein für allemal korrigieren sollte. Mit seiner Brille konnte er ohne Mühe sehen und hatte eine 100-prozentige Sehkraft. Die Verlockung der Operation lag jedoch darin, daß sie ihm die Befreiung von der Kurzsichtigkeit und von der Notwendigkeit, eine Brille zu tragen, versprach.

Er unternahm, wie er glaubte, notwendige, fundierte Nachforschungen über dieses experimentelle Verfahren. Ihm wurde mitgeteilt, daß nur eine geringe Anzahl von Nebenerscheinungen bei dieser Operation auftreten, die alle mit der Zeit abheilen würden. Er ließ die Laseroperation durchführen. Das erste Verfahren am rechten Auge war nur teilweise erfolgreich; es wurde später eine zweite Operation am selben Auge notwendig. Aber der Arzt war hocherfreut darüber, daß Stephen ohne Brille eine perfekte 20/20 Sehkraft hatte.

Zu Beginn machte ihn der Reiz des Neuen, ohne Brille scharf sehen zu können, blind für die geringfügige Beeinträchtigung der Symptome einer wolkigen Wahrnehmung. Als Wochen und Monate vergingen und er immer noch darauf wartete, daß die Hornhaut weiter heilen würde, wurde er depressiv. War er vorher ein junger Mann gewesen, der aus sich herausging, wurde er jetzt introvertierter, blieb Zuhause und zog zurück zu seiner Mutter. Sein erfolgversprechender Beruf schien sinnlos. Er wurde arbeitslos und verbrachte Stunden Zuhause, saß herum und war trübsinnig. Seine Freunde und seine Mutter verstanden nicht, was in ihm vorging.

Ungefähr zu dieser Zeit konsultierte er mich. Ich war verblüfft, als er mit gedämpfter Stimme seine größte Besorgnis äußerte. Ich zitiere: „Ich möchte nicht durch diese Augen schauen." Seine Entscheidung, sich dieser zerstörenden Operationsmethode zu unterziehen und diese heftige Aussage zeigten, wie weit Stephen sich selbst von seinen Augen getrennt hatte.

Stephen erwähnte, daß, obwohl seine Hornhäute geheilt waren, ein Mückensehen (ein Objekt im Glaskörper des Auges) ihn ärgerte. Obwohl Stephen ohne Brille klare 20/20 Sehkraft besaß, zerstörten die Anwesenheit des Mückensehens und sein bewölktes Sehen die Vorteile der Operation. Was war das für eine Botschaft von Stephens unbewußtem Geist? Warum waren diese Symptome für diesen Mann so schlechte Nachrichten? Konnte ich ihn dabei unterstützen, die guten Nachrichten bei einem vergleichsweise unumkehrbaren Leiden der Augen wie einer Glaskörpertrübung zu entdecken? War dieses Mückensehen immer schon dagewesen und hatte die Laseroperation der Hirnhaut diesen Zustand nur vergrößert zugänglich gemacht? War das Mückensehen ein Resultat eines operativen Traumas?

Ich konnte all diese Fragen nicht beantworten, aber ich konnte Stephen unterstützen, die Botschaft der Augen wahrzunehmen. Eine große, zugrundeliegende Frage spielte noch eine wichtige Rolle: War Stephen bereit, seine Opferrolle aufzugeben und anzufangen, die Verantwortung für seine Lebensvisionen zu übernehmen?

So wie das mit vielen meiner Patienten der Fall ist, machten wir schon in der ersten Stunde Fortschritte. Er entdeckte, wie seine Augen viele Aspekte seines Lebens beeinflussen konnten. Seine wichtigste Erkenntnis war, daß er Angst hatte, weitere medizinische Entscheidungen in bezug auf seine Augen zu treffen, falls wieder negative Konsequenzen auftreten würden. Er war nie fähig gewesen, mit dieser Angst umzugehen, die zum ersten Mal auftrat, als sein ursprünglicher Doktor seine Kurzsichtigkeit feststellte.

Stephen dachte ein Jahr lang über das Ergebnis unseres ersten Treffens nach – dann rief er unerwartet an. Er wußte, daß er tiefe Einsichten gewonnen hatte. Bei seiner zweiten Sitzung schien Stephens Haltung anders zu sein. Er schien mit der schlechten Nachricht seiner Zwangslage, obwohl die Symptome seiner Augen nur ganz wenig zurückgegangen waren, mehr im Reinen zu sein. Er sprach mit mehr Selbstsicherheit und hatte die Schwierigkeiten seiner Augen mehr zu seinen gemacht. Statt dem Erlebnis die Schuld zu geben, schien er die Verantwortung für seine Lebensumstände übernommen zu haben. Das ist bei einer Heilung, die von der Seele herrührt, nicht außergewöhnlich. Stephen mußte den Grund für seinen Zustand sehen und durch die Veränderung seines Lebensstils seine Absicht zu heilen entfachen.

Indem er die emotionalen Erfahrungen, die seine Augen ihm bereitet hatten, integrierte, begann Stephen überlegtere Lebensentscheidungen zu treffen. Das bereitete die Grundlage für folgende körperliche Behandlungen, um das Mückensehen und die Beschwerden, die er in den Augen hatte, zu heilen.

Fälle, wie die von Stephen, gibt es öfter. Wenn die Prämisse lautet, daß das Sehvermögen im Geist beginnt und daß die Augensymptome und Verzerrungen des Sehvermögens dazu da sind uns wachzurufen, dann muß vielleicht der Aufwachprozeß allmählich vonstatten gehen. Möglicherweise lautet die Botschaft in diesem Fall, daß wir das Leben als eine Reise sehen sollten, auf der es gilt, jeden Moment auszukosten, statt zu sehr auf das Ziel konzentriert zu sein. Ein Prozeß, wie eine Operation mithilfe der Hornhaut-Lasertechnik, wird sehr schnell vollzogen. Der Geist hat wenig Zeit, sich auf die Rückkehr solch scharfen Sehvermögens vorzubereiten. Die Symptome, die häufig einer Augenoperation folgen, könnten als ein Ruf des Geistes nach Aufmerksamkeit übersetzt werden. „Du hast die Botschaft beim ersten Mal nicht erhalten, dann muß ich sie diesmal also wirklich betonen!“

Ziemlich oft plagen Patienten bestimmte Augenleiden und sie versuchen, die Botschaft, die sie erhalten, zu tarnen. Das Leiden kann verschwinden, und in vielen Fällen bleibt es auch eine Weile weg. Und dann – Peng! – tritt ein zweites Symptom oder Leiden auf. Mit der allmählicheren Methode, immer schwächere Brillen zu verschreiben, gepaart mit spezieller Integrativer Sehtherapie scheinen das Gehirn und der Geist eine angemessenere Möglichkeit zu haben, für das neue Sehvermögen Platz zu schaffen.

Integrative Sehtherapie ähnelt dem Bau eines Hauses: Das Fundament muß stabil sein, um die anderen Strukturen unterstützen zu können. Sie sind auf einer Entdeckungsreise und jede Phase der Reise muß vollständig sein und in ihrer Zeit angenommen und akzeptiert werden. Sie haben den Überblick (wie wenn Sie ein Buch überfliegen) und bekommen ein Gefühl für den ganzen Prozeß, und dann beginnen Sie die Details einzufüllen. Meine Methode ist für jedes Augenleiden, jedes Symptom und jedes Bedürfnis eines Patienten leicht unterschiedlich. Der erste Schritt ist zu entdecken, was die Teile Ihrer Augen und die Ergebnisse der Messungen versuchen, Ihnen zu offenbaren.

In *What the Eye Reveals* behauptet Danny Johnson, daß die Iris – die leicht gesehen und mit Hilfe einer Lupe oder anhand von Fotos studiert werden kann – wie eine Landkarte gelesen werden kann. Johnsons wertvoller Beitrag auf dem Gebiet der Psychologie ist die Fähigkeit, die Iris von einem emotionalen sowie von einem Standpunkt der Persönlichkeit aus zu lesen.

Wenn Sie auf den Stumpf eines gefällten Baumes schauen, bemerken Sie feine Linien, konzentrische Kreise und andere Kennzeichen, die das Alter des Baumes, sein Wachstumsmuster und die Einflüsse der Umwelt anzeigen. Gleichermaßen erzählen die Färbung und die speichenförmigen Muster der Iris von familiären Einflüssen und Tendenzen. Die Anwesenheit oder das Fehlen von Fürsorge, Kreativität, Verpflichtung, Zorn und Ängsten kann durch kraterförmige (Blume) oder felsförmige (Juwel) Markierungen auf der Iris bestimmt werden. Zusätzlich werden der Grad des inneren Ausdrucks, die Erfüllung, die Berufung, Frieden und Harmonie und die Größe der Integration der beiden Gehirnhälften und der Verbindung zwischen unseren genetischen Erbschaften ebenfalls in der Iris offenbart.

Am Anfang schien Johnsons Form der Analyse zu metaphysisch für meinen wissenschaftlich gebildeten Verstand. Aber eine leise Stimme in mir sagte: „Versuch es! Versuch es!“ Ich fing an, klinische Versuche mit der Rayid-Methode durchzuführen (siehe Abbildung auf Seite 39). Nach der Rayid-Methode werden drei Grundmuster in der Iris dargestellt – emotional, kinesthetisch und mental. Das vierte, der Aufrüttler (Extremist) ist eine Kombination von zwei oder mehreren Grundmustern. Dieses Muster reflektieren die genealogischen Prägungen des Familienstammbaumes, die der Nachkommenschaft vererbt wurden. Wie eine Zeitbombe können sich diese Einflüsse zu jeder Zeit als Verhalten manifestieren. In der Rayid-Methode der Irisinterpretation vergleicht man das Irismuster des linken Auges mit dem des rechten Auges. Was ich in meiner klinischen Forschung gefunden hatte, fand auch Johnson, nämlich daß das rechte Auge die väterliche Seite der Familie repräsentiert und das linke Auge die mütterliche Seite. Wenn das Muster des rechten Auges zu dominieren scheint, das heißt, wenn mehr strukturelle Aktivitäten an bestimmten Plätzen stattfinden, enthüllt das eine Dominanz der linken Gehirnhälfte. In diesem Fall kann man spekulieren, daß der Vater (rechtes Auge) den größten Einfluß auf die Entwicklung der Persönlichkeit dieses Patienten gehabt haben könnte. Ich verglich diese Beobachtungen mit meinen eigenen Messungen der Linsenstärke: War diese Person kurz- oder weitsichtig, und gab es einen Astigmatismus? Waren die Messungen der beiden Augen verschieden? Wie entsprach das den Markierungen auf der Iris und den Ergebnissen der Gehirn- und Familiendominanz?

Meine klinische Forschung brachte die Rayid-Interpretationsmethode noch ein Stück weiter. Ich verwendete die Ergebnisse der Linsenverschreibungen und eine gründliche Fallgeschichte, kombiniert mit der Irisanalyse, um zu erklären, wie die Patienten ihre Sehwahrnehmungen im Geist verbogen. Die Iris gab mir den Hintergrund der genetischen Einflüsse, mit denen meine Patienten umgehen mußten, um in ihrer Familie oder der allgemeinen Umgebung zu überleben, was später die Augenstruktur in eine bestimmte Form brachte oder zu einem bestimmten optischen Grad führte. Konventionelle Augenärzte und Optiker behaupten vehement, daß Kurz- oder Weitsichtigkeit auf einen kurzen oder langen Augapfel oder eine schlechte Krümmung der Hornhaut zurückzuführen sind. In der Verhaltensoptometrie sehen wir die Verformung des Auges als das Endresultat der Fehlwahrnehmungen des Gehirns oder des Geistes an. Mein Beitrag zum Modell der Integrativen Sehtherapie ist, die Rolle der Einflüsse des Familienstammbaumes, wie man sie in der Iris sieht, als eine Möglichkeit, die Ätiologie der Sehprobleme weiter zu erforschen und zu studieren.

Der Grad der Genauigkeit zwischen den klinischen Zusammenhängen und den genetischen Einflüssen der Patienten erstaunte mich. Wenn ich die Wahrnehmungsanpassung des Brillenrezeptes oder die visuelle Verzerrung von Harry gegenüber Sally nicht erklären konnte, schaute ich eine Vergrößerung des Irisfotos an und entdeckte folgende Information:

Meine kurzsichtigen Patienten tendierten dazu, dominante, kontrollierende mentale/intellektuelle Einflüsse zu haben, die von der Mutterseite der Familie zu stammen schienen. Das bedeutet, daß bei Kurzsichtigkeit im linken Auge, dem Einfluß der Mutter, mehr Juwelen gesehen werden können. Die emotionalen oder mentalen (intellektuellen) Markierungen in den Iriden der kurzsichtigen Patienten zeigten ein Übergewicht an angstbesetzten Mustern; das zeigt an, daß Kurzsichtigkeit größtenteils auf Angst zurückzuführen ist, Angst vor Liebesverlust, Angst vor Zurückweisung oder Mißbrauch, und Angst vor herrischen oder strengen Eltern.

Wenn der Patient rechtshirndominant ist, enthüllt das linke Irismuster einen stärkeren „Willens"-Einfluß von der mütterlichen Seite. So ein Patient könnte sich mehr linkshirnig verhalten, wie analysieren, übermäßig gesprächig und übertrieben logisch zu sein, um ins Gleichgewicht zu kommen. Das mag sich in der Kontrolle über andere Menschen zeigen, abhängig von den Harry-Einflüssen, die sich auf der Iris zeigen.

EMOTIONALER TYP (Blume)
Er hat gebogene oder runde Öffnungen, wie Blütenblätter. Diese Menschen sind gefühlsmäßig ausgerichtet, sprechen in Bildern und lernen auditiv. Sie sind flexibel, spontan und unbeständig. Sie kommen in sozialen Situationen gut zurecht, sind lebhaft, ausdrucksvoll, erzeugen Begeisterung und stellen sich gerne zur Schau. Da sie für den Moment leben, kann ihr Enthusiasmus kurzlebig sein. Sie sind hervorragende Künstler, Musiker und Ingenieure. Sie brauchen Kontrolle, deshalb ziehen sie MENTALE TYPEN für langfristige Beziehungen an.

↑ Anziehung ↓

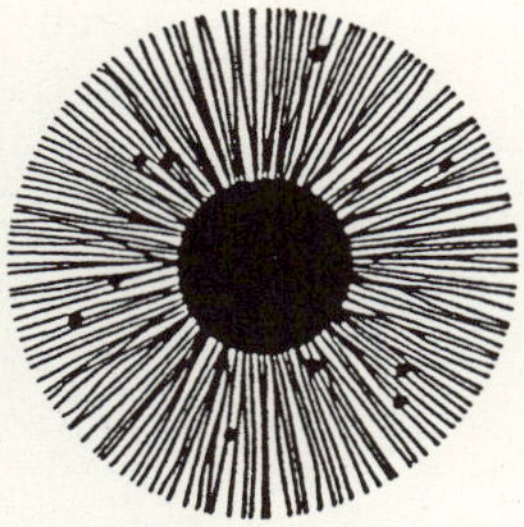

MENTALER TYP (Juwel)
Punktförmige Pigmente auf der Iris zeigen eine denkende, intellektuelle Person an, die dazu tendiert, sich selbst, Situationen und andere zu kontrollieren. Sie kommunizieren genau, zeigen wenig Emotionen und verwenden wenige Gesten. Sie sind oft intensive, bedächtige und ehrgeizige Menschen, die es genießen, ihre Ziele zu verfolgen. Sie kombinieren klar definierte Ansichten, besitzen Aufmerksamkeit fürs Detail und treten gebieterisch in Erscheinung. Sie sind hervorragende Führer, Lehrer und Wissenschaftler. Sie lernen visuell. Sie ziehen EMOTIONALE TYPEN für langfristige Beziehungen an, die ihnen helfen, sich zu öffnen, die Gefühle zulassen, sich hingeben und Gefühle erleben, anstatt zu analysieren.

KINESTHETISCHER TYP (Strom)
Einheitliche lang gestreckte Faserstruktur, die eine Tendenz offenbart, daß diese Menschen der Ansicht sind, ihr Körper wäre alles. Sie mögen Stabilität, sind unterstützend und erschaffen mit großer Einfühlung Gruppenzusammengehörigkeitsgefühl. Sie zeigen die Tendenz, anderen zu dienen und sie auszugleichen. Sie kommunizieren durch Körpersprache (Berührung und Bewegung) und sind Naturtalente in Athletik, beim Tanz, in Gesundheitsberufen und im öffentlichen Dienst. Sie lernen auditiv, visuell und durch Nachahmung. Da sie Offenheit schätzen, ziehen sie EXTREMISTEN (Aufrüttler) für langfristige Beziehungen an.

↑ Anziehung ↓

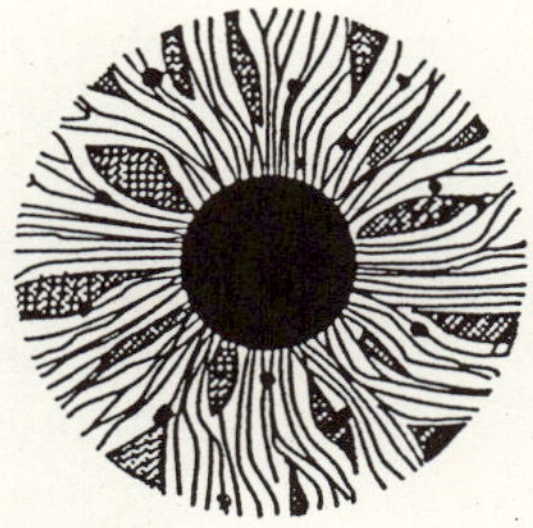

Der EXTREMIST (Aufrüttler)
Er hat sowohl punktähnliche Pigmente als auch runde Öffnungen. Sie vereinen mentale und emotionale Züge und Kommunikationsstile. Sie sind dynamisch, fortschrittlich und unkonventionell in ihren Gedanken und Handlungen, sie stehen bei Veränderungen und Lebensherausforderungen mit Hingabe und Unbekümmertheit an vorderster Front. Sie machen sich oft lächerlich. Sie sind ehrgeizig und doch ungeerdet, dadurch durchlaufen sie Zyklen von Erfolg und Versagen. Sie geben sich einer Sache und dem Abenteuer oft voll und ganz hin. Sie sind hervorragende Erneuerer, Motivatoren und Forscher. Sie lernen durch Berührung und Bewegung. Der Aufrüttler verlangt nach Unterstützung und Gleichgewicht und zieht deshalb KINESTHETISCHE TYPEN für langfristige Beziehungen an.

Bei weitsichtigen Menschen geht es im großen und ganzen um ungelösten Ärger aus dem Familienstammbaum. Vom Standpunkt der Rayid-Analyse her gesehen, kann Zorn so genetisch vererbt werden, daß er sich unbewußt in Tendenzen zu zornigem Verhalten zeigt. Die Person muß den Ärger nicht unbedingt zeigen, trägt aber in sich das Potential, zornig zu sein. Es wird vermutet, daß die Wahrscheinlichkeit, daß sich der Zorn manifestiert, mit jeder Generation, die diese genetischen Informationen trägt, ansteigt (Es ist wichtig, sich daran zu erinnern, daß diese Einflüsse über vier Generationen reichen und sich manchmal nicht in der unmittelbaren Eltern-Kind-Beziehung zeigen).

Astigmatismus kann ebenfalls mit bestimmten genetischen Einflüssen in Verbindung gebracht werden. Astigmatismus bedeutet, daß die Wahrnehmung des Augapfels speziell sein wird. Typischerweise sind die Meridiane oder Achsen der Augäpfel so wie die Markierungen auf dem Ziffernblatt einer Uhr angeordnet, und sowohl das linke als auch das rechte Auge haben ihre eigene Uhr. Es gibt zwei Hauptmeridiane, einen vertikalen (sechs Uhr) und einen horizontalen (Viertel vor drei) und auch schiefe Orientierungen (zehn vor vier und zehn nach acht). Astigmatismus tritt auf, wenn die Hornhaut eine steilere Krümmung in einer dieser Orientierungen annimmt. Indem man die Refraktionsbestimmung des Auges analysiert, kann man feststellen, in welcher Orientierung die klarste oder die verschwommenste Wahrnehmung auftritt. Wenn man die Irisstruktur in bezug auf diese Orientierungen der Hornhaut begutachtet, kann man die genetischen Einflüsse und die visuellen Wahrnehmungsanpassungen, die sich entwickelt haben, vergleichen. Wenn die Orientierung des verschwommensten Meridians vertikal ist, muß die Person lernen, Geduld und Vertrauen zu entwickeln und Kompromisse zu machen. Wenn die Verschwommenheit horizontal ist, ist es notwendig, durch Verpflichtung die innere Wahrheit auszusprechen. Bei einer schrägen Orientierung der Verschwommenheit geht es um den Willen und ein spirituelles Erwachen, um das Zuhören und darum, verborgene Leidenschaft ans Licht zu holen.

Studien der vertikalen Orientierung des Körpers, von welcher einige annehmen, daß sie die Orientierung des menschlichen Energiesystems ist (Chakrasystem), zeigen, daß die Auge-Gehirn-Verbindung das Sehen mit der Quelle unserer Seele auf eine kreative oder intuitive Weise verbindet. Um in Balance zu sein, müssen die verschiedenen Energiezentren oder Chakras entlang der vertikalen Achse miteinander verbunden sein. Das ist eine andere Komponente der Integration. Die Wissenschaft vom Sehen erkennt zwei Typen von Astigmatismus, einen mit der größten Verschwommenheit in der vertikalen Orientierung und einen mit der größten Verschwommenheit in der horizontalen Orientierung. Der am meisten verbreitete Astigmatismus ist der mit der vertikalen Verschwommenheit und tritt meist gleichzeitig mit Kurzsichtigkeit auf. Dieser wird „Gewöhnlicher Astigmatismus“ genannt. Die Anwesenheit des Astigmatismus zeigt an, daß grundlegende Wahrnehmungen Ihre Fähigkeit stören, Ihr Herz, Ihr Ego und Ihre Seele vollständig zu integrieren. Idealerweise sollte optimale Klarheit auf beiden Hauptachsen gefunden werden. Das Erstaunliche am Astigmatismus ist, daß Verhaltensoptometristen feststellen, daß die Messungen der Verzerrungen im Auge mit wechselnden Gedanken und Gefühlen schwanken können. Der Grad, mit dem die Messungen gleichbleiben, zeigt, wie tief die visuellen Gewohnheiten der Person verwurzelt sind, was natürlich im Zusammenhang mit der Persönlichkeit steht.

Je mehr Sie fähig sind, die Kraft hinter Ihren Augen durch flexibles Denken, durch einen Traum oder tief empfundene Eingebungen zu nutzen, desto schwacher zeigt sicher der Astigmatismus.

Die Informationen der Iris sind ein Schlüssel zu den unbewußten Variablen, die in der dunklen Höhle unseres visuellen Wahrnehmungs-Bewußtseins lauern. Diese kontrollierenden Kräfte unterminieren unsere Stärke, und wir erzeugen deshalb Glaubenssätze der Wahrnehmung, um unsere Selbstsicht zu rechtfertigen. Als Kinder glauben wir, was unsere Eltern uns erzählen, wer wir sind oder wer sie glauben, wer wir sind (gut oder schlecht, klug oder gescheit u.s.w.). Unsere DNS-Moleküle, die genetische Erbschaft unserer Eltern und Großeltern, beinhalten eine Wahrheit darüber, was wir glauben können, wer wir selbst sind. Zusätzlich zu dieser Prägung gibt es in unseren Gehirnzellen eine Videothek von unserem wahrgenommenen Selbst, das im Laufe der vielfältigen Lebenserfahrungen durch unsere Sinne geformt wurde. Unsere Augen sind es gewohnt, auf visuelle Weise zum Großteil der Videothek beizutragen, um die Genauigkeit unseres wahrgenommenen genetischen Selbst zu verifizieren. Das heißt, wenn unsere Lebenserfahrung dessen was wir sehen nicht zu unserer genetisch geprägten Überzeugung darüber wer wir sind paßt, formen wir unsere Wahrnehmung um, so daß wir die Umstände überleben können. Diese mentale Fehlwahrnehmung zeigt sich später biologisch als gemessenes Sehproblem in den Augen. Es existiert immer noch ein anderer Aspekt unseres Selbst, und das ist unser Wesen, unser Licht. Zukav nennt das die Seele. Die Seele mag der wichtigste Weg sein zu definieren, wer wir wirklich sind und worum es beim Sehen wirklich geht. Das Streben der zweiten Lebenshälfte nach unserem wahren Selbst erfordert, daß wir unsere einschränkenden Überzeugungen loslassen.

Jetzt haben wir die Möglichkeit, diese visuellen Anpassungen zu entziffern und einen Rehabilitationsprozeß der Integrativen Sehtherapie anzuwenden, der unser ganzes Bewußtsein betrifft.

Die Speicherung von Lebenserfahrungen

So wie eine Videokamera hat das Gehirngewebe die Fähigkeit, die Erinnerungen der Lebenserfahrungen zu speichern. Jeder Moment jedes Ereignisses wird sorgfältig in der Videothek unseres Geistes eingeordnet. Der Aufnahmeprozeß könnte schon früher als unser Leben selbst beginnen. Der Vorgang der Empfängnis bestimmt einen Großteil der zukünftigen Gesundheit und des Wohlbefindens des Babys. Ihre Eltern waren für die Bewußtseinslage, die zum Zeitpunkt Ihrer Zeugung sowohl für sie selbst als auch für Sie da war, verantwortlich. Idealerweise war es ein Milieu reich an Liebe. Da das Nervensystem eines Menschen empfindlich auf Energieschwankungen reagiert, kann das Sperma Ihres Vaters oder das Ei Ihrer Mutter von ihren jeweiligen Gedanken, Ängsten und anderen Faktoren, die zum Zeitpunkt Ihrer Zeugung vorherrschend waren, beeinflußt worden sein.

Junior

Irgendwo auf der Welt hatten einst ein Mann und eine Frau Geschlechtsverkehr. Als sein Sperma ihr Ei befruchtete, war ein neues Wesen erschaffen. Zum Zeitpunkt der Befruchtung vereinigten sich die Chromosomen von „Papa" mit den Chromosomen von „Mama", und zwei Generation von Stammbäumen verbanden sich, um „Junior" zu erschaffen. Vielleicht wollte der innere Geist von Junior auf der Erde sein und er konnte sich durch die Vereinigung dieses Paares manifestieren. Die genetische Grundlage und der Entwurf dieses neuen Wesens, die in diesem Augenblick angelegt wurden, dienten Junior, die äußeren Vorgänge im Leben seiner Eltern zu verifizieren. Zum Beispiel: Mama sprach unter bestimmten Umständen mit einer speziellen Stimme und verhielt sich Papa und anderen Familienmitgliedern gegenüber auf eine besondere Weise, wenn sie emotional unter negativem Stress *(Distress)* stand. Junior überprüfte die Informationen mit seiner genetischen Datenbank, und verglich sie mit seinen Aufzeichnungen von Mamas Verhalten. Jede Inkongruenz zwischen diesen beiden brachte Junior dazu, physiologische Strategien zu entwickeln, um mit seinen unausgewogenen Wahrheiten fertig zu werden. Der selbe Vorgang wurde mit Papa wiederholt (denken Sie daran, dies ist nur eine Geschichte). Während all dieser Erfahrungen in der Gebärmutter entwickelte der kleine Körper von Junior seinen Hör- und

Tastsinn, und mit fünf Monaten reagierte er auf Licht. Stellen Sie sich vor, daß die Fruchtblase als Echokammer diente und die Erfahrungen, die Junior durch Mama und Papa machte, noch verstärkte. Juniors Körper und seine Erfahrungen im Uterus wurden durch das Verhalten von Mama und Papa und dem Leben außerhalb der Gebärmutter geformt. Dann wurde Junior geboren. Abhängig von den Umständen, beendete ein Klaps auf den Hintern im Spital, ein sanfter Übergang in die Arme von Mama oder etwas Ähnliches Juniors vorgeburtliche Erfahrungen. Die Ereignisse vor und während der Geburt wurden ins Gehirngewebe geprägt und bildeten die Grundlage für die Entwicklung der Wahrnehmung und die daraus resultierenden Formen seines Körpers, die Struktur der Augen mit eingeschlossen. Diese Information würde Junior sein ganzes Leben lang begleitet. Junior wurde Shaun genannt. Die nächsten sechs Jahre setzte Shaun die beschleunigte Entwicklung seiner wahrgenommen Lebenserfahrungen fort, die ständig mit seinen genetisch geprägten Hinweisen verglichen wurden. Er lernte robben, krabbeln und gehen, wechselte von der Brust zu fester Nahrung und wuchs, so wie Mama und Papa sich persönlich entwickelten. Die Familie zog in ein neues Heim in einem anderen Teil des Landes. Papa und Mama hatten verschiedene Jobs. Vielleicht haben sich seine Eltern scheiden lassen oder sie sind gestorben. Shauns Anzahl gespeicherter Erfahrungen wuchs. Durch Sprechen und Körperbewegungen konnte er die Unstimmigkeiten zwischen seinem genetischen Code und den Lebenserfahrungen, die er durch die Sinne gewann, ausagieren. Wenn sein Geist nicht mit dem, was er sah, umgehen konnte, würde er das Gesehene verzerren um zu überleben. Mit der Zeit würde sich das als Verzerrung im Auge zeigen und zu Kurzsichtigkeit, Weitsichtigkeit oder Astigmatismus führen.

Die vorherige Geschichte mag surrealistisch erscheinen, doch präsentieren Ärzte wie Thomas Verny und John Kelley in *Das Seelenleben des Ungeborenen* überzeugende Daten über die Fülle der Erfahrungen im Mutterleib. Viele Leute, die unter Hypnose eine Altersrückführung machten, können sich an ihre Zeit vor und während der Geburt erinnern. Die Wirkung aller Lebenserfahrungen, einschließlich der vorgeburtlichen und jener während der Geburt, die sich nicht mit dem genetischen Entwurf vertragen, können in einem speziellen Erinnerungsbereich, der „Videothek", gespeichert und danach im Unterbewußtsein begraben werden. Die Klarheit eines gegenwärtigen Erlebnisses wird gefiltert durch die erfahrenen Nichtübereinstimmungen zwischen dem, wovon wir genetisch „wissen", daß es wahr ist und dem, was wir gerade erleben.

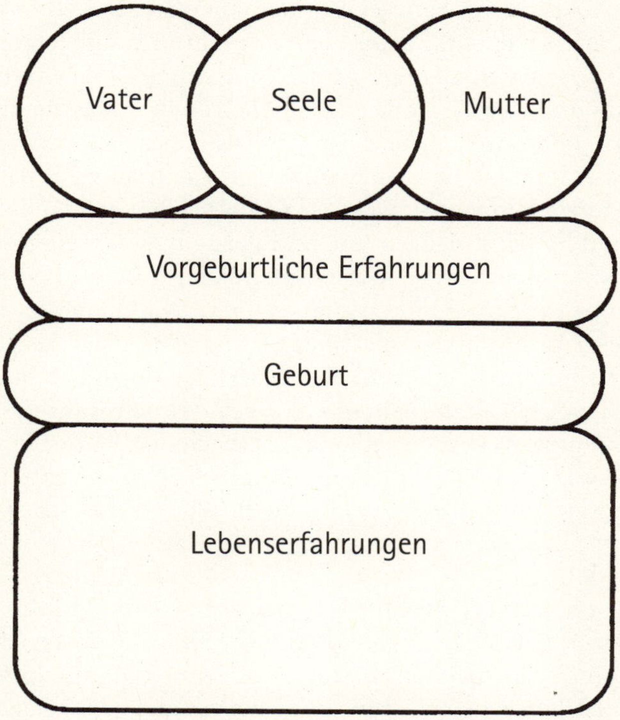

Anne

In Annes Fall war das genetische Gedächtnis ziemlich klar. Von ihren Genen her wußte sie, daß ihr Vater ein liebender und gefühlvoller Mann war; als er sich allerdings, als sie ein junger Teenager war, sexuell unangemessen verhielt, paßte ihre Wahrnehmung nicht mit dem zusammen, was sie innerlich auf genetischer Seelen-Ebene wußte. Sie tat was sie tun mußte, um zu überleben – eine Strategie, die eine Verzerrung ihres Sehens miteinschloß. Ein Aspekt dieser Überlebensstrategie zeigte sich schließlich im eingetretenen Astigmatismus (auf der körperlichen Ebene war die Hornhaut uneben geformt und ihre Wahrnehmung mit dem rechten Auge ungleichmäßig und doppelt). Ohne Annes Geschichte zu hören, konnte ich die genetische Veranlagung zu Schwierigkeiten mit Sexualität an Markierungen in speziellen Bereichen der Iris sehen. Indem ich klinisch mit ihr arbeitete, setzten wir den Astigmatismus und ihre sexuelle Geschichte miteinander in Beziehung. Das alleine bewirkte enorme Veränderungen in ihrer physischen Sehkraft.

George

George war ziemlich kurzsichtig als er die Kraft hinter seinen Augen entdeckte. Als Erwachsener hatte er Erinnerungen an seine Großmutter als eine „schrecklich häßliche“ Frau (sie hatte eine Krankheit, die als Elephantiasis bekannt ist). Georges Mutter war demgegenüber eine sehr attraktive Frau, und ihre Schönheit schuf eine verwirrende Dualität für den kleinen George. Während seiner ersten sechs Lebensjahre war er niemals sicher, ob seine schöne Mutter oder seine furchterregende Großmutter vor seinen Augen auftauchen würde. Diese visuelle Dualität warf ihn aus der Mitte und ließ ihn nicht gerade und genau sehen. George entdeckte, daß seine starke Kurzsichtigkeit wahrscheinlich mit seiner verzerrten Dualität in der Wahrnehmung von Frauen in Zusammenhang stand, eine Realität, die so stark war, daß sie seine Fähigkeit, eine tiefe, engagierte Beziehung mit einer Frau zu haben, beeinträchtigte. George meinte, daß er sich wegen dieser Dualität unfähig fühlte, seine Lebenswahrheit zu finden und geradewegs zu verfolgen. George hatte schon begonnen, an seinem Sehvermögen zu arbeiten, als er diese Entdeckungen machte. Sein Heilungsprozeß vertiefte sich, und er konnte die vielen Gründe für seine ernsten Augenprobleme besser verstehen.

Meine klinischen Interviews, die ich viele Jahre langte führte, zwangen mich zu glauben, daß bedeutende Ereignisse in unserem Leben in unserer Erinnerung zur späteren Wiedergutmachung gespeichert werden, wenn wir bewußter leben. Das gibt uns die Möglichkeit – falls wir dazu bereit sind – neue, gesunde Entscheidungen zu treffen. Denken Sie über die „Videobänder“ nach, die in Ihrem Geist abgespielt werden. Viele Menschen, die so wie George Erinnerungen an bestimmte Ereignisse ausgeschaltet haben, können anfangs keinen Zugang zu ihrer Videothek finden. Diese Blockaden führen zu Kurzschlüssen oder trennen uns von unserer Kraft. Wir bleiben in einem beschränktem Überlebensmodus, und wir sind nur darauf bedacht, mit unserem Leben fertig zu werden, statt es wirklich zu leben.

Die Geschichten, die traditionelle Menschen an ihre Kinder weitergeben, beinhalten eine wichtige Botschaft. Das Bewußtsein der Jugend wird von Stammesritualen geformt und erschafft eine kulturelle Art des Seins, die sie befähigt, ihre Kraft in ihnen zu nützen. Westliche Kinder werden von Rockmusik-Videos, Fernsehen, Einkaufszentren und Videospielen programmiert. Diese Einflüsse filtern und verzerren die Art, wie sie leben und erschaffen das Potential für weitere Störungen des „genetischen“ und des „Lebens“-Selbst. Unausgewogenheiten, die sich auf unsere innere Fähigkeit auswirken, stark zu sein, bringen uns dazu, uns wie Tiere im Kampf- oder Fluchtzustand zu benehmen. Diese Balance kann wiederhergestellt werden. Ihre Kraft kann wieder aktiviert werden.

Unser Energiefluß

Welcher Mechanismus kann uns mit unserer Kraft verbinden und die alten Videobänder abschalten, die uns die Kraft entzogen haben? Kraft wird aus Energie gewonnen. Unsere Haupttreibstoffe, um unser Wohlbefinden zu stimulieren sind Sonnenlicht, gesunde Ernährung, genügend Ruhe und ein liebendes Zuhause. Andere Bedürfnisse sind unsere Hobbys, Erholung, unser Beruf und Lebenssinn. Wie suchen Sie nach äußerer Nährung und Liebe?

Gesunde Methoden, eine harmonische Balance beizubehalten – zum Beispiel, daß sich die Familie zusammensetzt, um gemeinsam ein Essen zu genießen – scheinen von einem materialistischen, hektischen Lebensstil abgelöst worden zu sein. Besitz, Prestige und gutes Aussehen dominieren unsere Tage. Kulturell kann man dieses verdrehte Wertesystem so übersetzen: „Ich suche außerhalb von mir nach Nährung und Liebe." Äußere Stimuli bringen mehr Erfüllung als unser Innenleben.

Letztendlich wirkt sich die Art, wie wir unser Leben führen, auf unser Wohlbefinden und den Energiefluß in uns aus. Wir als menschliche Wesen *(beings)* werden zu Tuern *(doers)*. In unserem Überlebensmechanismus, in dem wir nach äußeren Stimuli suchen, greifen wir in Eile nach Fastfood, und schauen uns schlechte Nachrichten im Fernsehen an, bevor wir am Abend ins Bett gehen. Unser Kraftfluß wird überladen und erzeugt, nach dem Stressforscher Hans Selye, *Distress* (negativen Stress). Er behauptet, daß Stress in unserem Leben gut ist, aber daß Distress uns schadet. Selyes Forschung hat aufgezeigt, wie die lebenswichtigen Organe von Tieren schrumpfen, wenn sie zuviel Distress und Unausgewogenheiten ausgesetzt sind.

Um unsere innere Kraft auf einem überschaubaren Niveau zu halten, müssen wir mehr Balance in unserem Leben herstellen. Die Lebensfunktionen des Körpers werden vom Autonomen Nervensystem kontrolliert, das wie eine empfindliche Wippe fungiert. Dieser Teil des Nervensystems besteht aus vielen Nerven, die die lebenswichtigen Organe und die Körperfunktionen kontrollieren. Es ist wichtig, daß ein Gleichgewicht zwischen dem sympathischen und dem parasympathischen Nervensystem herrscht. Die Aktivitäten dieses Nervensystems werden vom Hypothalamus orchestriert, dem Hauptdirigenten des Körpers. So wie ein Dirigent seinem Orchesters anzeigt, wann jedes Instrument einsetzt oder wieder aussetzt und wie laut es spielen muß, dirigiert der Hypothalamus durch das Autonome Nervensystem die Frequenzen des Lichts, das durch die Augen empfangen wird. Das dient dazu, die Körperfunktionen in Balance zu halten.

Wenn wir überstimuliert sind (Kaffee, verstopfte Autobahnen, Abgabetermine im Beruf) übernimmt das sympathische Nervensystem. Behalten Sie diesen Lebensstil eine Weile bei, so werden sich Symptome wie chronische Müdigkeit, Kopfschmerzen, Nebenhöhlenentzündungen, Magenverstimmung, wenig Energie und schlechte Laune als Warnsignale zeigen. Wir haben gelernt, auf sie zu reagieren, indem wir einfach die Symptome loswerden. Greife zum Gegenmittel! Kopfschmerztabletten, Antacida für den Magen, Vitamine und Mineralstoffe werden das „Problem" schon in den Griff bekommen, dann können wir bis zum Erbrechen weitermachen und immer fleißig tun, statt zu sein. Bei einigen von uns übernimmt das parasympathische System und wir fühlen uns zu müde, um aus dem Bett zu kommen. Der Rücken schmerzt, die Brust krampft. Der Körper sagt laut und deutlich: „Du brauchst Ruhe."

Mihaly Csikszentmihalyi, ein Psychologe der Universität von Chicago, hat seinen Beruf dem Studium von Leuten gewidmet, die die Fähigkeit entwickelt haben, mit dem „Leben zu fließen". Dies definiert er als ein Lernen die Zeit zu transzendieren und buchstäblich zu dem zu werden, was man tut. Wir können das erreichen und unsere Energie steigern, indem wir Aktivitäten wählen, die wir wirklich mögen. Die Säfte der Kreativität werden, physiologisch gesprochen, stimuliert und das Distressniveau fällt. Diese Seinsweise und Lebensform erfordert die Verpflichtung, ganz wach zu sein.

Tony

Als Tony 18 Jahre alt war, kam er aus Italien nach Kanada – mit einem Koffer in der Hand und 50 Dollar in der Tasche. Mit großen Augen und voller Ambitionen war er aufgebrochen, um finanziell unabhängig zu werden und für seine Familie einen Notgroschen anzusparen. Als er vierzig war, war seine Workaholiker-Persönlichkeit (dominantes sympathisches Nervensystem) derart ausgeprägt, daß er seiner Familie immer weniger Zeit widmete und mehr und mehr Zeit brauchte, um neue Geschäfte „an Land zu ziehen". Seine finanzielle Rücklage von Millionen von Dollar und sein Streben, noch mehr Geld zu verdienen, überdeckten das Fehlen einer liebenden Beziehung mit seiner Frau, die schon lange sein Bett verlassen hatte. Wie ein Pendelzug raste Tony durch das Leben und ignorierte den offensichtlichen Zusammenbruch der Balance seines Lebens, bis zu dem Tag, an dem der Arzt ein *Glaukom* (grünen Star) in seinem rechten Auge diagnostizierte (bei einem Glaukom ist der Augendruck erhöht und das Kammerwasser kann nicht abfließen). Die Diagnose implizierte den Aufbau von innerem Druck in seinem Körper und den Verlust dessen, was Csikszentmihalyi *flow* nennt.

Wir könnten diese Metapher auf das Auge beschränken. Ich bevorzuge allerdings, ein Glaukom als eine Botschaft, das ganze Leben betreffend, zu betrachten. Durch den Druck, in der Finanzwelt Erfolg zu haben und den entsprechenden Ungleichgewichten des physiologischen Energieflusses in seinem Körper hatte Tony einen unausgewogenen Lebensstil für sich geschaffen. Zuerst war die Botschaft nicht deutlich genug und so verwendete Tony Augentropfen, während er sein hektisches Leben fortsetzte. Mit der Zeit wurden die Ärzte beunruhigt und konstatierten, daß er am rechten Auge erblinden würde. Schließlich wurde Tony die Botschaft des Körpers klar, und er entschloß sich, mehr Balance in sein Leben zu bringen. Die Tatsache, daß sein rechtes Auge mehr betroffen war als sein linkes, zeigte ihm, daß er seine arbeitswütige Einstellung ändern mußte. Tony mußte Sally, der Seite des linken Auges, mehr Aufmerksamkeit widmen, und den Teil in ihm, der mehr Liebe und Fürsorge nötig hatte, würdigen. Er begann mit dem Eingeständnis, daß seine Ehe nicht funktionierte. Als er Veränderungen in seinem Leben in die Wege leitete, die seine wahren Gefühle und Sehnsüchte reflektierten, konnte er die Medikamente für sein Glaukom reduzieren und die Kontrolle für seinen „flow" und seine Kraft übernehmen. Während er weiterhin Geld verdiente, entwickelte er auch eine neue liebende Beziehung zu seinen Kindern und einer neuen Freundin, im Gleichgewicht mit seinem fortdauernden Streben nach Erfolg.

Machen Sie sich auf die Reise, Ihre Balance zu finden und Ihre Kraft wieder aufzuladen. Ziehen Sie folgende Schritte in Betracht, um Bewußtsein zu erreichen und Ihr Leben zu einer Einheit zu machen. Vielleicht möchten Sie laufend ein Sehtagebuch führen, während Sie diese Lernschritte integrieren. Schreiben Sie Ihre Erkenntnisse und Gefühle auf.

1. Überprüfen Sie Ihre Lebensziele und Prioritäten.
2. Essen Sie gesünder.
3. Führen Sie Zuhause ein harmonisches und im Fluß befindliches Leben.
4. Identifizieren Sie Unvollständiges von früher.
5. Wenn Körpersymptome existieren, identifizieren Sie die Bedeutung dieser Kommunikation. Unternehmen Sie etwas zur Selbstheilung.
6. Kümmern Sie sich auf liebevolle Weise um Ihren Körper.
7. Fragen Sie sich, ob Sie wirklich in Ihrem Beruf oder ihrer Arbeit glücklich sind. Wenn Ihr Beruf Ihre erste und einzige Wahl war, würden Sie auch weiterarbeiten, wenn Sie kein Geld verdienen würden?
8. Wenn Sie verheiratet sind oder eine feste Beziehung haben, entscheiden Sie, ob Sie diese Beziehung zumindest zu 80 Prozent erfüllt und stärkt. Wandert Ihr Geist zu anderen potentiellen Partnern? Fördert diese Beziehung Ihr spirituelles Wachstum? Können Sie ehrlich sagen, daß diese Beziehung eine nährende Partnerschaft ist?

9. Denken Sie nach, ob Sie sich Zeit für Erholung nehmen und etwas unternehmen, was ganz anders ist als die Arbeit, mit der Sie Geld verdienen. Ein Computerprogrammierer kann zum Beispiel das Hobby haben zu malen, während ein Gärtner sich am Computer versuchen könnte. Ein Berater oder Therapeut könnte sich am Bergsteigen oder Windsurfen erfreuen. Diese gegensätzlichen Aktivitäten balancieren das Nervensystem und harmonisieren die beiden Gehirnhälften. Generell werden Sie sich nach diesen Ausgleichsaktivitäten erfrischt fühlen.

10. Versuchen Sie, in einer Umgebung zu leben, die Ihren Lebenszweck unterstützt. So viele von uns wählen den Wohnort eher danach aus, was bequem in bezug auf die Arbeit ist, statt einen Platz zu wählen, der unsere Seele nährt. Werden Sie von Umweltverschmutzung, Lärm, elektromagnetischen Feldern oder Verkehr belästigt? Wünschen Sie sich mehr Platz?

Gesündere Eßgewohnheiten

Bereiten Sie wenigstens eine Mahlzeit pro Tag selbst zu? Haben Sie bedacht, daß Gemüse und Obst chemische Rückstände enthalten können? Ziehen Sie in Betracht damit anzufangen, Obst und Getreide aus biologischem Landbau zu kaufen, auch wenn das bedeutet, daß Sie mehr Geld ausgeben müssen. Ist Ihnen Ihr Körper wertvoll genug, um ihn mit stärkender und gesunder Nahrung zu versorgen?

Fangen Sie an, jeden Tag einen frischen Salat und verschiedene frische Gemüse zu essen. Essen Sie weniger vorbereitete Produkte der Nahrungsmittelindustrie wie Kekse, Chips und Fast Food und dafür mehr komplexe Kohlenhydrate wie Reis, Gerste, Hirse und Buchweizen.

Die leichteste Art, Ihr Nervensystem ins Gleichgewicht zu bringen, ist mittels einer Ernährungsumstellung – zur Basis zurückzukehren, frische Früchte, Gemüse, Getreide und Hülsenfrüchte zu essen, ergänzt von tierischem Eiweiß (wenn Sie das wollen). Im Gegensatz zu einer Diät ist das Essen, das Sie zu sich nehmen, um Balance und Kraft zu erzielen, ein verjüngendes Ritual, bei dem die Küche als Kreativstudio gesehen werden kann. Die Nahrungszubereitung findet mit Liebe, Konzentration und Absicht statt. Wählen Sie Lebensmittel, die nähren und Ihre innere Energie aufbauen. Ihr Fokus kann auf dem Nährwert liegen, statt auf der Befriedigung. Machen Sie jeden Tag für wenigstens eine Mahlzeit pro Tag selbst einen gesunden Aufstrich, ohne Zusätze und Konservierungsmittel. Zünden Sie dann eine Kerze an und speisen Sie. Erfreuen Sie sich an dieser köstlichen Form des Selbstnährens, alleine oder mit Freunden.

Harmonisches und ruhiges Leben zu Hause

Erinnern Sie sich an Ihre Kindheit und an Ihr Zuhause. Nehmen Sie während dieser Reflexion Harmonie wahr? Haben Sie negative Gefühle über Ihr Leben Zuhause als Sie ein Kind waren? Wenn Sie diese Periode neu inszenieren könnten, wie würden Sie sie gestalten? Denken Sie jetzt an Ihr gegenwärtiges Zuhause und an die Menschen, mit denen Sie leben. Sehen Sie irgendwelche Wiederholungen oder Ähnlichkeiten mit Ihrem ersten Zuhause? Schauen Sie genau nach süchtig machenden oder disfunktionalen Mustern und wovon Sie abhängig sind. Wenn Ihr Partner oder andere Haushaltsmitglieder eines Tages nicht wiederkehren würden, würden Sie sich hilflos fühlen? Es ist wichtig, zu beobachten und zu identifizieren, wo Sie eventuell Ihre Kraft fortgeben.

Welche Faktoren müssen Sie berücksichtigen, um mehr Harmonie und Fluß in Ihre gegenwärtige Situation zu bringen? Wann haben Sie das letzte Mal alle Ihre Sachen ausgemistet? Wenn Sie einen Gegenstand ein Jahr lang nicht verwendet haben, überlegen Sie sich, ihn wegzugeben. Führen Sie ihn der Wiederverwertung zu, geben Sie ihn einem Freund oder verkaufen Sie ihn. Damit sind sowohl Kleidungsstücke und Haushaltsgeräte als auch alle persönlichen Dinge gemeint, die alte Energie haben, denn das könnte unbewußt Ihre Kraft beeinflussen. Diese alte Energie hält Ihren wahrnehmenden Geist unbewußt auf die Vergangenheit ausgerichtet. Der Effekt ist dem von starken Brillen ähnlich, die Sie zwingen, das Leben so zu sehen wie es war, als diese Brillen verschrieben wurden. In Wirklichkeit ist das Ihre alte Art, Dinge zu sehen. In Ihren vergangenen Wahrnehmungen zu bleiben, verdirbt Ihre gegenwärtige Wahrnehmung des Lebens. Die Kraft hinter Ihren Augen wiederzuerlangen bedeutet, die Dinge so zu sehen, wie sie jetzt sind, mit frischer Wahrnehmung, unbeeinträchtigt von der Vergangenheit. Geschenke, Kleidung, Fotos oder Besitz aus früheren Beziehungen können Sie in der Vergangenheit festhalten. Wenn Sie unbewußt an der Vergangenheit hängen, beeinträchtigt das Ihre Fähigkeit, den gegenwärtigen Moment zu erleben. Ihr Bewußtsein wird von der Vergangenheit bombardiert, und Sie könnten Schwierigkeiten haben, klar und stark zu sein. Anhaftungen jeglicher Art, wie an materielle Dinge und an Gedanken, halten Sie davon ab, vollständigen Zugang zu Ihrem riesigen Reservoir an Schöpferkraft zu haben. Entdecken Sie, ob Sie Anhaftungen haben, die Sie gerne loswerden wollen. Ihre Seele und Ihr Licht bleiben schwach, wenn der Teil in Ihnen, der die Sicherheit der Vergangenheit sucht, dominiert.

Unvollständiges identifizieren

Überprüfen Sie beim nächsten Mal, wenn Ihr Geist von vielen Gedanken oder quälenden kleinen Sorgen besetzt ist, wie Sie sich fühlen. Wenn Sie den denkenden Teil Ihres Geistes beanspruchen, werden Sie wahrscheinlich weniger sehen, was in der Welt außerhalb Ihrer Augen vor sich geht.

Unvollständiges stellt sich der natürlichen Fähigkeit, mit einer deutlich gefühlten Liebe im Herzen auf Ihr Leben zu schauen, in den Weg. Situationen wie vergessene Kommunikation mit Freunden oder Ihren Lieben, gebrochene Vereinbarungen, unfertige Projekte und unterdrückte Träume können sich auf das Sehvermögen auswirken. Identifizieren Sie alles Unvollständige mit Ihren Familienangehörigen, mit Menschen, mit denen Sie arbeiten und aus vergangenen Beziehungen oder Jobs, und schreiben Sie sie auf. Was würden Sie ihnen gerne sagen, um diesen Lebensabschnitt zu beenden? Sie werden wahrscheinlich gar keine anderen Schritte in bezug auf diese Kommunikation unternehmen müssen, die Sie entweder visualisieren oder schreiben, außer diese Übung für sich abzuschließen. Das bringt die notwendige Klärung in Gang, um Ihre Kraft zum klaren Sehen erneut zu aktivieren. Überlegen Sie, ob Sie für bestimmte und intensive Situationen, die Sie klären möchten, das, was Sie geschrieben haben, als eine Form oder ein Ritual der Befreiung verbrennen möchten.

Auf den Körper achten

Ihr Körper spricht ständig mit Ihnen. Jedes kleine Wehwehchen, jede Schleimabsonderung durch Schneuzen oder Husten, Kopfschmerzen, verschwommenes Sehen und viele andere Symptome sind die Methoden Ihres Körpers, Ihre Aufmerksamkeit zu erregen. Schreiben Sie alle Symptome, die Sie in den letzten sechs Monaten gehabt haben, auf, inklusive solcher Ereignisse wie Stürzen oder anderen Unfällen, blauen Flecken, Kopfschmerzen, Übelkeit, Magenverstimmung, Kater u.s.w.

Eine aufregende Art diese Übung zu machen ist, einen Monat lang ein Tagebuch zu führen und alles, was passiert, aufzuschreiben. Wenn Sie lesen, was Sie geschrieben haben, werden Sie erstaunt sein, wie sehr Ihre inneren Vorgänge der Art und Weise entsprechen, in der Ihr Leben jenen Lernschritt manifestiert, den Sie benötigen, um aufzuwachen. Es ist, als ob die Augen- und Körpersymptome der Weckruf sind, die Wahrheit so zu sehen, wie sie sich Ihnen im Moment zeigt – nicht gegründet auf alte, ungenaue Wahrnehmungen.

Eine Möglichkeit, Kraft hinter Ihren Augen zu erzeugen ist, Ihren Körper und Ihre Augen liebevoll zu nähren. Machen Sie eine Liste, wie Sie sich selbst Gutes tun wollen. Einige meiner Patienten haben am liebsten eine Ganzkörper- oder Fußmassage; nehmen Sie ein Schaumbad, gehen Sie in die Sauna, gehen Sie draußen in der Natur spazieren, bereiten Sie ein köstliches Mahl zu, hören Sie klassische Musik, gehen Sie zur Kosmetikerin, zur Maniküre oder zum Friseur oder verbringen Sie Zeit im Garten. Diese sanften Aktivitäten haben nichts mit Arbeit zu tun und stärken entweder die physische Kondition oder entspannen. Beginnen Sie jetzt, sich selbst zu nähren!

Eine andere Lösung auf Ihren Körper aufzupassen ist, Zugang zum

Nervensystem durch Körper-Geist Entspannungstechniken wie kontrolliertes Atmen zu schaffen.

Integriertes Atmen

Unter all den praktischen Dingen, die Sie als Teil der Integrativen

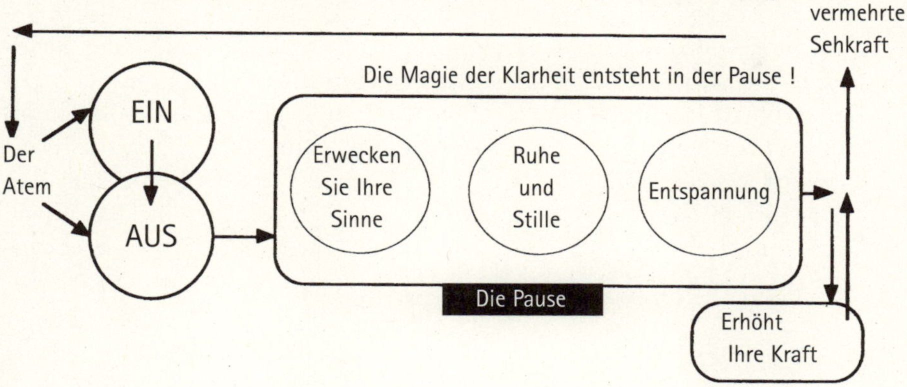

Sehtherapie anwenden können, ist das Atmen eines der fundamentalsten. Das Atmen ist so grundlegend für das Programm der Sehtherapie wie das Betonfundament für ein Haus. Eine wunderbare Art, wie Sie Verbindung mit Ihrem autonomen Nervensystem herstellen und ein physiologisches Gleichgewicht produzieren können, ist, damit anzufangen, jeden Tag integriertes Atmen anzuwenden und die Augen zu *palmieren.*

Bedecken Sie Ihre geschlossenen Augen mit Ihren Handflächen, während Sie vor einem offenen Fenster sitzen, langsam und tief atmen und das volle Spektrum des Lichtes hereinlassen. Während Sie fühlen, wie die Wärme Ihrer Handflächen in Ihre Augen eindringt, bemerken Sie, wie Sie immer entspannter werden. Lassen Sie all die Anstrengung und Spannung von Ihren Augen und Muskeln wegfließen. Machen Sie das 5 bis 20 Atemzüge lang, oder auch länger. Dann nehmen Sie langsam die Handflächen von den Augen, öffnen Sie sie und lassen das ganze Lichtspektrum herein.

Integriertes Atmen ist für viele der Übungen, die in diesem Buch empfohlen werden, von grundlegender Bedeutung. Beginnen Sie damit, sich fünf Minuten Zeit zu nehmen, in denen Sie nicht gestört werden. Finden Sie einen bequemen Platz, an dem Sie sitzen oder stehen. Schließen Sie jetzt Ihre Augen, damit Sie sich ohne Ablenkung auf Ihren Atem konzentrieren können. Fühlen Sie, wie die mit Sauerstoff angereicherte Luft von den Nasenlöchern bis zu Ihren Lungen fließt. Erforschen Sie, wie Sie durch das Atmen ganz weit werden. Üben Sie, die Dauer des Einatmens immer mehr und mehr auszudehnen. Bemerken Sie die Sperre am Ende des Ausatmens und atmen dann wieder ein. Während dieser Zeit der Beobachtung achten Sie auf Ihren Brustkorb, speziell rund um Ihr Herz. Fokussieren Sie Ihre ganze Aufmerksamkeit auf Ihr Herz und gehen Sie voller Absicht zum Zentrum des Herzens.

Jetzt wiederholen Sie den gesamten Ablauf mit offenen Augen. Verwenden Sie eine Blume, eine Kerze, ein vertrautes Objekt oder ein spezielles Foto als Punkt der visuellen Fixierung. Die neue Übung beinhaltet, das Gefühl beibehalten zu können, vom Herzen her zu schauen, auch wenn Sie visuell abgelenkt sind. Sie könnten bemerken, daß Sie dazu tendieren, nicht mehr aufmerksam zu sein, wenn Ihre Augen offen sind. Lassen Sie drei Atemzüge lang Töne aus Ihrer Kehle erklingen: „AAAAH". Machen Sie diese Übung täglich: Halten Sie Ihre Augen geschlossen, während Sie auf integrierte Weise atmen, und lauschen Sie den Tönen des Lebens rund um sich und in Ihrem Körper. Dann öffnen Sie Ihre Augen, und während Sie auf ein Objekt schauen, ohne Ihre Augen zu bewegen, setzen Sie das integrierte Atmen fort. Sie werden bald entdecken, daß Sie auf alles schauen können, auch auf ein emotional geladenes „Ding" wie zum Beispiel eine Person und dabei Liebe fühlen, die frei ist von Urteil, Kritik oder dem Bedürfnis sich zurückzuziehen oder zu attackieren. Das ist ein wunderbarer Weg, persönlich Ihr Nervensystem zu balancieren. Diese Übung verschafft Ihrem Körper gesunde Stimulierung und fördert die Fähigkeit, sich zu entspannen.

Einflüsse auf das Nervensystem wirken sich körperlich, emotional und mental aus. Die Wissenschaft beweist zunehmend, daß außerhalb und innerhalb des tatsächlichen physischen Körpers „Felder" von fließender Energie mit unseren emotionalen, mentalen und spirituellen Körpern verbunden sind, wie in einem ausgeklügelten Telekommunikationssystem. Unsere Augen, Ohren und kinesthetischen Sinne sind die Empfangsgeräte für diese Energiefelder. Wenn wir gesund und in Balance sind, funktionieren diese empfindlichen Systeme hervorragend – unser Sehvermögen ist scharf, und wir hören und fühlen mehr als „normal". Wir können buchstäblich Schwingungen von Menschen und anderen lebenden Dingen rund um uns fühlen.

Wir alle haben für Momente solch außergewöhnliche Zustände schon erlebt, in denen wir eine größere Kapazität zu sehen, hören oder fühlen haben: Wir wissen, daß das Telefon gleich läuten wird; wir träumen von einem Ereignis, bevor es tatsächlich passiert; unsere unangenehmen Gefühle über eine Person erweisen sich später als wahr. Stellen Sie sich vor, daß Sie diese Aspekte soweit kultivieren, daß Sie sie absichtlich aktivieren können. Unsere bewußten Entscheidungen diktieren diese Fähigkeit in unserem täglichen Leben. Die Art und Weise wie wir unsere Sinne gebrauchen und mißbrauchen, bestimmt die Menge an Reservekraft, die in unserem Gehirn und Geist zur Verfügung steht.

Für die meisten meiner Patienten ist die Vorstellung, daß sie ihr Nervensystem und Gehirn kontrollieren können, ein vollkommen neuer Ansatz. Anstatt gegenwärtig zu halten, daß wir wählen können, erlauben wir unserem Alltag, in roboterhaften Routinen zu versinken. Wir stehen in der Früh auf, gehen zur Arbeit, kommen nach Hause, essen zu Abend und fallen ins Bett; wir wiederholen diesen gewohnheitsmäßigen Zyklus ohne Ende, mit der möglichen Ausnahme, jedes Jahr einige Wochen Urlaub zu haben, in denen wir versuchen, uns zu entspannen. Indem wir lernen, unsere Aktivitäten zu variieren und negative, einseitige Formen des Seins zu vermeiden, können wir die natürliche Kraft hinter unseren Augen zurückerlangen. (Ich werde mehr darüber in Kapitel 8: *Erneuern Sie Ihr Sehvermögen* schreiben.)

Mary und John

Mary und John waren seit 15 Jahren verheiratet. Sie erledigte das Kochen, schlief auf der linken Seite des Bettes und stellte ihre Toilettenartikel auf einen ganz speziellen Platz im Badezimmer. John saß immer am selben Platz bei Tisch, wenn sie reisten, war er es, der das Familienauto lenkte und nach jeder Mahlzeit war er es, der das Geschirr abwusch. Das war ihre langweilige, starre Routine.

Nachdem sie mich konsultiert hatten, führten sie einige Veränderungen in ihrem täglichen Leben ein. Die einfachen kleinen Änderungen ihrer täglichen Routinen erzeugten Veränderungen in beider Wahrnehmung – ähnlich wie die Erfahrung, in den Urlaub zu fahren und bei der Rückkehr die Wohnung mit neuen Augen zu sehen oder jene Erfahrung, sich von einer geliebten Person für zwei Wochen zu trennen und bei ihrer Wiederkehr neue frische Gefühle für sie zu empfinden. Solche Veränderungen verlangen vom Gehirn die Nutzung anderer neurologischer Verbindungen und fördern eine tiefere Verflechtung solcher Aspekte des Selbst wie Kreativität, Intuition und Intellekt – was zu mehr Kraft für das Sehen, Fühlen und Hören führt.

Bei Mary war Kurzsichtigkeit diagnostiziert worden. Ihr größtes Vergnügen war das Lesen; sie konnte ein Buch an einem Abend verschlingen. Nachdem sie von ihrer Arbeit als Buchhalterin, die es mit sich brachte, daß sie sechs Stunden am Tag vor dem Computer sitzen mußte, heimkam, setzte sich Mary für gewöhnlich nieder und las für weitere vier Stunden. Meistens las sie in der Nacht bei normalem Licht oder bei Halogenlicht. (Anmerkung: Die Farbtemperatur dieser Lichtquellen führt in den meisten Fällen zu einer Überstimulierung des sympathischen Nervensystems und erzeugt in Ihnen den Kampf- oder Fluchtmechanismus, nicht Entspannung und Schlaf). Zu der Zeit als Mary schlafen gehen wollte, war ihr emotionaler und mentaler Zustand immer noch hyperaktiv. Als sie endlich doch in den Schlaf fiel, geschah das aus physischer Erschöpfung und nicht aus aktiver Wahl.

Mary neigte dazu, eine intellektuelle Person zu sein, die gewohnheitsmäßig Dinge hinterfragte und zwanghaft das Leben analysierte. Eine der ersten Aktivitäten, die ich ihr empfahl, war, Perioden der Stille zu erschaffen: ruhig auf der Couch zu sitzen, vor einer brennenden Kerze, ein langes heißes Bad zu nehmen oder Musik zu hören. Durch diese Entspannungstechniken begann Marys Gehirn neue Kommunikationssignale zu empfangen, die sagten: „Für diese Zeitspanne ist es o.k. loszulassen, es ist in Ordnung, nicht zu denken, zu analysieren und logisch zu sein." Mary entdeckte andere Möglichkeiten zu sein. Innerhalb von drei Monaten zeigte sich ihre Begabung für Fotografie wieder, und sie gewann die Kraft, Fotos zu vergrößern, was sie schon Jahre zuvor machen wollte. Die Bilder waren tatsächlich so gut, daß ihre Kollegen anfingen, sie zu kaufen.

John liebte es, fernzusehen. Er war Manager eines Teppichgeschäftes und entspannte sich am Abend durch Channel-Surfen und schaute Fußball, Baseball oder Filme an. Am Ende des Abends sah er die Nachrichten. John und Mary diskutierten über das Weltgeschehen bevor sie ins Bett gingen und programmierten auf diese Weise ihre Gehirne mit sensationell aufbereiteten negativen Nachrichten bevor sie einschliefen. Meine erste Verschreibung für John war, mindestens die letzte Stunde bevor er schlafen ging, nicht fernzusehen, zu lesen oder fleißig zu sein. Er begann damit, am Ende des Tages gesunde Nahrung für den nächsten Tag vorzubereiten, sich im Bad zu entspannen, in seinem Tagebuch zu schreiben (ein neu gefundenes Vergnügen) oder sein Traumheim zu planen, ein Projekt, das zu beginnen ihm vorher nicht möglich gewesen war.

Mary und John trafen sich jetzt mindestens 30 Minuten bevor sie ins Bett gingen, saßen still beieinander, um ihren Tag zu besprechen und führten herzliche Gespräche. Sie sprachen, um die täglichen Frustrationen und Unvollständigkeiten zu klären und konnten dadurch tiefer schlafen, träumen und durch eine Integration des Gehirns beginnen, ihr individuelles Gefühl der Ganzheit zu entwickeln. Auf der anderen Seite führte das zu schärferem Sehen, einer größeren Fähigkeit zuzuhören und dazu, daß sie mit mehr Mitgefühl Gefühl und Liebe lebten.

Fangen Sie an zu beobachten wie sich Ihre biologischen Zyklen auf die der Natur beziehen. Der Abend ist eindeutig eine Zeit, den Körper und den Geist ruhen zu lassen. Wenn Sie das nächste Mal versucht sind, das Licht aufzudrehen und Ihr Nervensystem noch weiter zu stimulieren, experimentieren Sie statt dessen mit Stille. Machen Sie eine kurze Pause mit geschlossenen Augen und hören Sie sanfte Barockmusik, zum Beispiel Vivaldi. Verbringen Sie 20 Minuten in dieser Stille. Dann investieren Sie 15 Minuten in den schöpferischen Zustand puren Seins: Schreiben Sie, zeichnen Sie, kochen oder singen Sie und bewegen Ihren Körper. Auf diese Weise werden Ihre Gehirnfunktion gefördert und andere Teile Ihrer Kraft entfacht. Der Morgen ist da, um die Sinne aufzuwecken. Wenn die Sonne aufgeht und die Vögel singen, aktivieren Sie die Lebendigkeit in Ihnen, indem Sie sich strecken, Ihren Körper bewegen, baden und gesunde Nahrung vorbereiten. In der Frühe positive Dinge zu lesen, kann Ihren Tag bereichern.

Sehvermögen und Wahrnehmung

Unser Hauptsinn ist das Sehvermögen. Die offensichtlichste Art und Weise, unsere Wahrnehmungen zu bestätigen, ist jene durch die Augen. Michael Long faßt im *National Geographic* die Mechanik des Sehens hervorragend zusammen:

> *„Sehen beginnt, wenn auch nur ein einzelnes Photon von einem entfernten Stern in Ihr Auge eintritt und auf einem der tausend floßähnlichen Zellularplatten landet, die in einem Stäbchen-Photo-Rezeptor der Netzhaut gestapelt sind. Auf dieser kleinen Fläche erscheinen Moleküle so groß wie Felsbrocken. Das Photon rast in der Platte durch einen Wirbel von Proteinen, bis es mit einem abstehenden Splitter einer Verbindung kollidiert, die chemisch mit dem Vitamin A verwandt ist. In einem Zucken von einer quadrillionsten Sekunde streckt sich der Splitter ganz so, wie Sie Ihr Bein strecken, und löst eine biochemische Kaskade im ganzen Photorezeptor aus. Der kleine Fußabdruck des Photons wird tausende Male verstärkt, um nur durch Millivolts die elektrische Signatur des Photorezeptors zu ändern. So wird Lichtenergie in elektrische Energie umgewandelt, die harte Währung des neuralen Austausches. Das Signal gelangt jetzt in das zellulare Netzwerk der Netzhaut, um zu den vielen höheren Zentren im Gehirn weitergeleitet zu werden.“*

Wissenschaftler sagen, daß ein Drittel des Gehirns gebaut ist, um die von den Augen kommenden Signale zu verarbeiten und zu integrieren – so werden die Signale für das Sehvermögen aufbereitet. Doch was wir letzten Endes sehen, wird im Geist konstruiert. 90 Prozent des Sehvermögens entspringen tatsächlich der Videothek des Geistes, in der unsere Gedanken, Gefühle und Handlungen gespeichert sind. Wie und was wir sehen, beginnt mit unserem Selbstbild, diesen alten Wahrnehmungen, die in der imaginären Videothek in unserem Gehirn gelagert sind. Hier kommen unsere genetischen Einflüsse her und beginnen, einen Einfluß auf unsere Wahrnehmungserfahrungen des Lebens zu haben. Während der ersten sechs Lebensjahre beginnen wir ein Modell dessen wer wir sind zu konstruieren und mischen den genetischen Körper mit unseren Lebenserfahrungen. Wenn wir reifer werden, könnten wir entdecken, daß wir in einem Körper, der aus unseren genetischen Einflüssen gebildet ist, hausen, aber das sind wir nicht. Wir sind von unseren Lebenserfahrungen betroffen, wir speichern sie als einen Teil unseres „Lebensselbst", aber wir sind auch größer als diese. Die Integration dieser beiden Selbst dient als Modell für unser „wahres Selbst", das ist, wie wir über uns denken und fühlen. In erster Linie beinhaltet unser wahres Selbst starke Einflüsse von auf Angst beruhenden Mustern und von „Lebensregeln", die uns unsere Eltern vorgelebt haben. Diese Einflüsse modellieren auch ihre genetischen und Lebens-Unvollständigkeiten, die uns an die Aspekte unseres genetischen Selbst erinnern, denen wir Aufmerksamkeit schenken müssen. Letzten Endes wird unser wahres Selbst von unserer Essenz, unserer Seele bestimmt. Ich bin davon überzeugt, daß die Kraft hinter Ihren Augen die Kraft ist, die Ihnen hilft, diese Entdeckung zu machen und Ihre Seele mit dem wesentlich Guten sowohl Ihrer genetischen als auch Ihrer Lebenserfahrung zu integrieren. Wenn Sie das anerkennen, realisieren Sie, daß Sie viel mehr sind als Sie denken. Sie können sagen: „Dies ist mein Körper, und dies sind meine Lebenserfahrungen, aber mein Wesen ist viel größer als dieser physische Ausdruck." Das ist die Fähigkeit, mit Kraft, die von innen her kommt, zu schauen. Von diesem vorsätzlichen Standpunkt aus haben Sie die Kraft, Ihrem wahren Selbst zu erlauben zu erscheinen und jeden Aspekt des Lebens zu haben, den Sie sich wünschen.

Die meisten von uns sehen und erfahren das Leben aus zwei Perspektiven. Wir „denken", daß das Leben so ist und intuitiv „spüren" wir, daß es anders ist. Unsere tatsächlichen Wahrnehmungen werden von dem Wechselspiel der Teile unseres visuellen Systems aktiviert: den Augen und den Verbindungen zu und vom Gehirn. Idealerweise würde dieses System Ihnen erlauben, das Leben als einen integrierten, vereinten Zustand des Seins wahrzunehmen, aber dieser Zustand ist normalerweise in unserem hektischen Leben ziemlich selten. Wir müßten auf eine einsame Insel gehen oder einige Wochen lang in einer Höhle leben, bevor wir irgend etwas erleben, das einem gehirnintegrierten, multidimensionalen Zustand gleicht: einem Zustand, in dem wir gleichzeitig Zugang zu Intellekt und

Intuition haben können. Das ist eine besondere Art des Tuns während des Seins, mit der Fovea zu schauen, während Sie viel rund um sich sehen.

Die wissenschaftliche Suche nach der Wahrheit verwendet eine sehr vereinfachte Methode, die die einseitige Art des analytischen und logischen Betrachtens von Dingen verstärkt. Unser Erziehungssystem favorisiert eine ähnlich erbarmungslose Erforschung des Wissens durch rationales Verstehen – und es ist keine Überraschung, daß klinische Untersuchungen herausfanden, daß 90 Prozent der graduierten Studenten kurzsichtig sind. Fördert ein akademisches Studium und übermäßige Wissensaufnahme eine kurzsichtige Art des Denkens? Meine klinischen Studien zeigen, daß Studenten einen Teil ihrer Kurzsichtigkeit verlieren können, während sie Ferien machen, obwohl sie wiederkehrt, wenn sie ihre Studien fortsetzen.

Ihre Beziehung zu Ihnen selbst zu ändern, erfordert einen erneuten Blick auf das zu richten, von dem Sie denken, daß Sie es sind: Ihre Lebensentscheidungen, Ihr Beruf, Partner, Liebhaber, Ihr Lebensstil etc.

Stimmen Ihre Wahrnehmungen mit dem überein, was Ihr Herz ersehnt? Folgen Sie in Ihrem Leben dem Weg Ihrer Wahl oder einem Weg, der schon vor langer Zeit durch Ihre genetischen Einflüsse für Sie getroffen wurde?

Joanie

Joanie war eine erfolgreiche, dynamische und attraktive Schauspielerin, die sich mit 31 Jahren auf eine Liebesbeziehung einließ und mit ihrem Geliebten zusammenzog. Sie hatte eine starke Erscheinung und strahlte eine Haltung aus, die signalisierte: „Legen Sie sich nicht mit mir an.“ Sie war liebevoll, hatte einen starken Willen und sie sprach mit einem zornigen Oberton. Ursprünglich suchte Joanie mich auf, weil ihr rechtes Auge schwachsichtig und ziemlich kurzsichtig war (mit Astigmatismus), während ihr linkes Auge scharf sah und gut funktionierte. Wenn Joanie durch beide Augen schaute, sah sie tatsächlich nur durch ihr linkes Auge. Joanies Sicht funktionierte buchstäblich nur mit halber Kraft, und sie überkompensierte für die Wahrnehmung ihres rechten Auges. Der Ausdruck der Augen sagte: „Ich bin mir meiner Fähigkeiten, durch die väterliche Seite meines genetischen Selbst klar und fokussiert zu sein, nicht sicher, also werde ich diese Qualitäten übertreiben, um diese Situation zu bemerken.“

Sowohl ihr energisches Verhalten, das forderte, daß man sie wirklich hörte als auch ihre klare Sprache waren übertrieben, in manchen Fällen zu ihrem Vorteil. Ihre Karriere als Werbesprecherin in Radio und Fernsehen war sehr erfolgreich.

Auf anderen Gebieten fühlte sich Joanie unvollständig. Sie fühlte, daß sie ihre Kreativität nicht auslebte und war in der Gesellschaft von Männern sehr defensiv. Die eingeschränkte Wahrnehmung von Joanies rechtem Auge beeinträchtigte ihre Lebensorientierung. Das wurde genetisch bestätigt, als wir auf die Iris des rechten Auges schauten. Es existierte ein Muster, das starken Zorn und Unvereinbarkeit des Willens anzeigte (siehe *Iristypen* in Kapitel 1). In Joanies Situation bestätigten sowohl das „faule“ rechte Auge, als auch ihre Lebensentscheidungen und der Ausdruck der genetischen Codierungen in ihrer rechten Iris, daß ihre – in ihrer Videothek gelagerten – inneren Wahrnehmungen ihren Seinszustand im Leben beeinträchtigten.

Diana

Durch eine ungesunde Ernährung und einen selbstzerstörerischen inneren Dialog hatte Diana ihre Entwicklung hin zu einer integrierten, im Gleichgewicht befindlichen Frau begrenzt. Ihr übergewichtiger Körper und ihre eingeengte Wahrnehmung des Lebens ließen sie sehr ängstlich sein. Sie schielte. Ihre Augen reflektierten ihren inneren Zustand des Seins.

Durch die Integrative Sehtherapie begann Diana ihr Leben wieder in Balance zu bringen. Um ihr Gleichgewicht wiederherzustellen deckte sie unter anderem den Bildschirm ihres Fernsehgerätes mit folgender schriftlichen Botschaft ab: „Meine Zeit ist mir wertvoll genug, sodaß ich andere Aktivitäten nutzen kann, um mich menschlich weiterzuentwickeln.“

Kapitel 3

Ihren Geist fokussieren

Nur ein Gewahrsein deiner Gefühle kann dein Herz öffnen.
Gary Zukav

Die Seele und die Persönlichkeit

Was ist der Geist? Wo befindet er sich? Wie regelt der Geist das Sehvermögen? Kann ein Verständnis, wie das Gehirn auf einer mikroskopischen Zellebene arbeitet, uns helfen zu wissen, wie Sehvermögen letzten Endes stattfindet? Vielleicht kann die Wahrnehmungspsychologie erklären, wie das Licht von einem prächtigen Sonnenuntergang, das auf die Netzhaut fällt, in eine dynamisch visuelle Erfahrung des Beobachters transformiert wird. Wie wirken sich unsere Gedanken, Gefühle und Überzeugungen auf die Struktur unserer Augen aus? Ist es möglich, daß wir in jedem Moment des Lebens subtile programmierende Signale zu den Augen schicken – Signale, die sich auf die Art und Weise, wie wir das Leben sehen, auswirken?

Viele Menschen denken, daß der Geist im Gehirn lokalisiert ist. Das degradiert unser Konzept des Geistes allerdings auf etwas nur Körperliches. Der Geist ist mehr als Gewebe oder Gehirnstruktur. Betrachten Sie Ihren Geist als eine totale Repräsentation all der Teile Ihres ganzen Wesens. Diese Wertschätzung wird Ihnen helfen, die Möglichkeiten, Wohlbefinden in Ihrer Augenstruktur und in Ihrem Sehvermögen zu erzeugen, auszuweiten.

Ihr ganzheitlicher Geist beinhaltet Ihren physischen Körper. In Ihrem Körper lebt Ihre Persönlichkeit, ein mächtiger Aspekt von „Ihnen“, der tiefgreifend von Ihren Genen und den Einflüssen der Konditionierungen durch Ihre Eltern beeinflußt wird. Sie könnten sich selbst bloß als Persönlichkeit betrachten, als Person, die einen bestimmten Job hat, spezielle Kleider trägt, ein bestimmtes Auto fährt oder sich auf eine spezielle Weise verhält. Aber irgendwo anders, vielleicht innerhalb oder rund um Ihren Körper, steckt Ihre unsterbliche Seele. Doch wenn die Persönlichkeit dominiert – die Integration einer tieferen spirituellen Verbindung mit Ihrer Seele fehlt – übernimmt das unausgeglichene Ego die Kontrolle, um Sie zu beschützen.

Ihre Seele ist die Essenz Ihres Seins, und überzeugende Beweise von Nahtod-Erfahrungen und alte buddhistische Lehren unterstützen die

Wie wir unsere eigene Kraft fortgeben

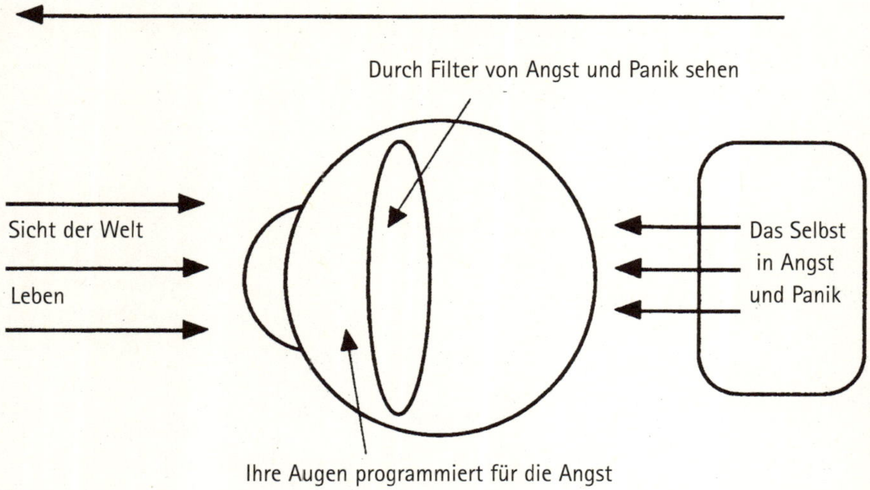

Vorstellung, daß die Seele weiterlebt, auch wenn der physische Körper aufhört zu funktionieren. Ihre Verbindung mit Ihrer Seele dient Ihnen, um Sie durch Liebe und Mitgefühl mit allen anderen Seelen zu verbinden, die entweder sichtbar in einem physischen Körper oder unsichtbar sind.

Gary Zukav sagt: „Wenn sie die Energie ihrer Seele wählen, wählen sie um zu handeln: mit der Intention von Liebe, Vergebung, Demut und Klarheit – sie gewinnen Kraft. Wenn sie die Wahl treffen, durch Weisheit zu lernen, gewinnen sie Kraft." Welches Verhalten bemerken Sie bei sich, das eine Spaltung zwischen Ihrer Seele und Ihrer Persönlichkeit nach sich zieht? Wenn Sie statt Ihrer Seele den Teil Ihres Geistes, den wir Persönlichkeit nennen, bevorzugen, sehen Sie durch Augen der Angst. Ihr Sehvermögen ist von Überzeugungen und Urteilen voreingenommen. Sie nehmen das Leben außerhalb Ihrer unmittelbaren Kontrolle wahr. Alle Kraft scheint außerhalb Ihrer Reichweite zu sein. Durch diese Art des Sehens sehen Sie sich selbst als Opfer. Ihre Augen reagieren so, als ob dies die authentische Art wäre, sich zu verhalten und auch die Blut- und Nervenversorgung verhält sich dementsprechend. Der nächste Schritt ist der Anfang des Zusammenbruchs Ihrer Augen und Ihrer visuellen Funktion – was zu schwacher Sehkraft führt. Ich nenne das *den Verlust der Sehfitneß.*

Klinische Beobachtungen unterstützen die Theorie, daß Augenprobleme als Resultat davon auftreten, daß die Menschen die Seele als weniger wichtig erachten als irdische Belange. Refraktionsfehler und Augenkrankheiten sind äußere Beispiele für eine dominante Persönlichkeit, die sich am Überleben orientiert.

Jede Augenanomalie zeigt ihre einzigartige visuelle Persönlichkeit. Kurzsichtige Menschen schauen nach innen; sie haben mehr Schwierigkeiten, das gesamte Bild in bezug auf die Zukunft zu sehen. Ihre Wahrnehmungen sind mehr auf die unmittelbare Gegenwart konzentriert und sie fokussieren hervorragend gut auf das, was da ist. Ich habe mir oft gedacht, daß ich nur einen kurzsichtigen Rechtsanwalt oder Buchhalter beschäftigen würde. Ich möchte, daß diese Personen die Details meines Lebens präzise und klar erledigen. Auf der anderen Seite ist Weitsichtigkeit ein nach außen gerichteter visionärer Stil, eine weitreichende Art des Sehens. Weitsichtige Menschen sind gerne philosophisch, prophezeiend und stellen Vermutungen über zukünftige Trends und Veränderungen an. Die Person, die mein Marketing macht, muß weitsichtig sein.

Während Sie Ihre Sehfitneß auf einer physischen Ebene verbessern, ist es dringend erforderlich, daß Sie Ihre Persönlichkeit und Seele miteinander versöhnen. Augenkrankheiten zeigen eine übertriebene Persönlichkeit an, wobei Aspekte der Seele dieser Person verleugnet worden sind oder der Einfluß der Persönlichkeit zu stark war.

Der Zustand Ihrer Persönlichkeit und die daraus resultierenden Wahrnehmungen könnten bis zu Ihren Eltern oder Großeltern zurückverfolgt werden. Blindheit in der Wahrnehmung einer Generation scheint vererbt und in den Kindern und Enkeln verstärkt zu werden, wenn sie nicht gelöst wird. Ein Beispiel dafür wäre eine geerbte Angst vor Liebesverlust. Wenn die zukünftigen Eltern vor der Geburt ihres Kindes in dieser Angst leben, wird dieser emotionale Zustand zum Zeitpunkt der Empfängnis weitergegeben. Wenn die zukünftigen Eltern weiterhin in dieser Angst leben, hat das sich entwickelnde Wesen sowohl in der Gebärmutter als auch während der Kindheit weiterhin die Lebenserfahrung dieser Angst. Die Angst kann energetisch in den Genen oder indirekt durch das Vorleben eines Elternteils weitergegeben werden.

Wenn Sie die Wahrheit, die Ihnen Ihre Augen offenbaren, ignorieren, könnten Ihre Nachkommen ein noch ernsteres Problem zu lösen haben. Alleine aus diesem Grund ist es weise, Ihre Augen so zu betrachten, als ob sie ein wunderbares Puzzle wären, das Sie lösen sollen. Ob Sie Kinder haben oder nicht, wenn Sie die Wahrnehmung Ihrer Seele verleugnen, werden Ihre Augen diese Verweigerung zu sehen auf eine sehr physische Weise offenbaren.

Die Hypothese, daß die neue Generation die Unvollständigkeiten, Verleugnungen und unbewußten Lebensgewohnheiten ihrer Eltern und Großeltern verstärken, kann die galoppierende Zunahme von Augenbeschwerden und -krankheiten in den meisten Ländern der Welt erklären helfen.

Ein Beispiel, wie wir dem Einfluß der Persönlichkeit erlauben, die Seele zu verleugnen – was zu einer Zerstörung des Augengewebes führen könnte – kann man in der Art finden, in der wir interpretieren, was mit unseren Planeten Erde geschieht. Denken Sie an die Abnahme der Ozonschicht und die damit einhergehende Bedrohung von Haut- und Augenschäden durch die Sonne. Eine angstbesetzte Reaktion auf diese sehr realen Probleme kann bedeuten, daß Ihre Gesundheit und Ihre Augen tatsächlich durch ultraviolette Strahlen leiden.

Die westliche Medizin rät, daß wir unsere Augen verbergen und unter allen Umständen Hüte tragen sollten. Kürzlich riet ein australischer Augenarzt, daß alle Schulkinder Sonnenbrillen zum Schutz vor der schädlichen Sonne der südlichen Hemisphäre tragen sollten. Diese paranoide Haltung rührt von einer angstbesetzten Reaktion, die jedem verinnerlicht ist; sie ist eine Verleugnung der Seele, die die natürliche Fähigkeit des Körpers, das Licht für eine Neubelebung des Gewebes zu verwenden, völlig außer acht läßt. Dies findet eine Parallele in der Tatsache, daß Kurzsichtigkeit jetzt schon bei Fünf- oder Sechsjährigen gefunden wird, während es vor 20 Jahren ungewöhnlich war, Kurzsichtigkeit bei unter zwölf- oder 14-jährigen zu diagnostizieren.

Gesundheit ist etwas, das wir haben und von niemandem bekommen. Sonnenlicht stimuliert das Wohlbefinden auf natürliche Weise und kontert den Auswirkungen schädlicher Umwelteinflüsse auf das endokrine System. Forschung über saisonal abhängige Erkrankungen untermauert den Vorteil des Sonnenlichts oder des Vollspektrumlichts bei der Behandlung von Depressionen: Dem vollen Spektrum des Sonnenlichts ausgesetzt zu sein, ist für standhaftes Sehvermögen sowie für mentales und physisches Wohlbefinden notwendig. Entzug des Vollspektrumlichts hat wahrscheinlich schädlichere Auswirkungen auf die Gesundheit, als der Kontakt zu einer übermäßigen Menge von Licht. Das Fehlen des Vollspektrumlichts fördert Zahnprobleme und Hyperaktivität bei Kindern.

Eine „seelenbefriedigende" Art, das Problem der Verminderung der Ozonschicht zu betrachten ist, die Veränderungen in der Erdatmosphäre anzuerkennen und immer noch den Nutzen der Sonnenstrahlen zu ernten. Versuchen Sie, sich für kürzere Zeit am Morgen und am späten Nachmittag dem vollen Spektrum des Sonnenlichts auszusetzen. In seinem Buch *Die heilende Kraft des Lichts* schreibt Jacob Liberman, daß man, durch die Aufnahme des Sonnenlichts oder natürlichen Lichts, die Balance des autonomen Nervensystems wiederherstellen kann, was wiederum die Kontrolle der Irismuskeln im Auge harmonisiert. Dieses Gleichgewicht führt zu einem schärferen Fokus Ihres Geistes und Sehvermögens und stellt sicher, daß Ihre Seele und Ihre Persönlichkeit miteinander spielen – in einer ausgewogenen Beziehung.

Arthur

Augenkrankheiten sind eine Möglichkeit, den unfokussierten Geist in Aktion zu beobachten. Bei Arthur, einem gelehrten Mann und Doktor der Philosophie, wurde kürzlich eine ungewöhnliche Störung des rechten Auges festgestellt. Seine Sicht war plötzlich verschwommen. Er hatte viele berühmte Augenärzte aufgesucht, aber keiner konnte eine definitive Diagnose erstellen. Einige der Ärzte spekulierten, daß der Verlust des Sehvermögens auf eine Störung des Sehnervs zurückzuführen war, aber sie empfahlen keine speziellen Therapien. Das beeinträchtigte seine Farbsicht beim Farbseh-Test.

Arthur hatte von der integrativen Methode der Sehtherapie gehört, sich aber nie motiviert genug gefühlt, eine Behandlung zu verfolgen. Als das verbleibende Sehvermögen seines rechten Auges noch schwächer wurde, rief er mich an. Sein rechtes Auge mußte erst blind werden, bevor er handelte. Ich verbrachte fast eine Stunde während Arthurs erstem Besuch damit, die Variablen seines Lebens, die zum Erblinden beigetragen hatten, zu integrieren. Da sein rechtes Auge betroffen war, bat ich ihn, nachzudenken und herauszufinden, wie die Beziehungen zu seinem Vater seine Entscheidungen als Mann beeinflußte. Arthur war sehr einfühlsam, offen und intuitiv. Jahrelang hauptsächlich sein linkes Auge zu nutzen, hatte ihn geschult, sich auf die Wahrnehmung seiner Seele einzustellen. Tatsächlich hat Arthur seinen linear ausgerichteten Berufsweg als Lehrer der Wirtschaftswissenschaften aufgegeben, einen Beruf in der Landschaftsplanung ergriffen und hielt Persönlichkeitsentwicklungs-Seminare. Das ist ein klares Beispiel dafür, wie ein bestimmtes Wahrnehmungsbewußtsein zu Lebensstilveränderungen führen kann.

Arthur war jedoch nicht erfüllt. Seine Seele und Persönlichkeit versuchten immer noch, eine wichtige Botschaft zu kommunizieren. Arthur mußte die Aufmerksamkeit seines Geistes noch ein wenig mehr fokussieren. Ein Stück fehlte.

Der Beweis zeigte sich während unserer Beratung. Er liebte seinen neuen Beruf, Menschen zu helfen. Aber er schien nicht fähig, finanziell erfolgreich zu sein. Die Klienten, die er anzog, schienen Geldprobleme zu haben.

Während ich Arthurs rechtes Auge abdeckte und es mit gelb-grünem Licht beleuchtete[1], ließ ich ihn das beginnende Regenerieren des Sehner-

[1] Ein Zweig der Optometrie, bekannt als *Syntonic*, verwendet spezielle Lichtfrequenzen, um visuelle Unausgewogenheiten des autonomen Nervensystems auszugleichen, die sich im Auge als eingeschränktes seitliches Sehfeld in Messungen gestörtenSehvermögens zeigen. Die verwendeten Farbkombinationen sind:

grün-blau (türkis):	ein parasympathischer Stimulans, um Entzündungen zu reduzieren;
grüngelb (lemon):	ein leichter sympathischer Stimulans, um Loslassen zu ermöglichen;
gelb-rot (orange):	ein starker sympathischer Stimulans, um tiefes Loslassen zu aktivieren;
blau-violett (indigo):	ein tiefer parasympathischer Stimulans, um Schmerz zu reduzieren;
rot-violett (magenta):	ein parasympathischer Stimulans, um Emotionen auszugleichen.

vengewebes visualisieren. Ich ließ die Heilkraft seines „Seelengeistes" mit seinem rechten Auge verschmelzen. Licht hat die Fähigkeit, Emotionen zu stimulieren. Wenn man bestimmte Farbfrequenzen des Lichtes in das Auge leuchtet, läßt dies Emotionen an die Oberfläche gelangen. Diese Art der Behandlung ist eine sehr nützliche Ergänzung zum Heilen von Krankheiten.

Mit jedem integrierten Atemzug stellte sich Arthur auf seine Bestimmtheit und Strenge, die von der väterlichen Seite seiner Familie kam, ein. Während der folgenden Monate wurde das Sehvermögen des rechten Auges ohne Sehhilfe präziser. Gleichzeitig arbeitete Arthur mit mehreren Klienten und konnte die finanzielle Seite seines Lebens umorganisieren. Als er wieder zu seinem Augenarzt ging, bestand er den Farbseh-Test. Die Wiederbelebung der Farbwahrnehmung zeigte eine Reaktivierung seines rechtsäugigen fovealen Sehens an. Arthur hat die Kraft hinter seinen Augen genutzt, um ein schärferes Sehvermögen seines rechten Auges und eine größere Integration seiner beidäugigen Wahrnehmung zu erzeugen.

Paul

Arthurs Bruder Paul konnte während seiner Integrativen Sehtherapie weniger Zugang zu seiner Seele finden. Arthur hat seinen Bruder ermutigt, zu mir zu kommen. Paul wurde mit einem angeborenen *Katarakt* (grauer Star, eine Trübung der Linsen) geboren. Der Katarakt wurde in früher Jugend chirurgisch entfernt.

Als Paul ein Teenager war, entwickelte er ein *Glaukom* (grüner Star) und nahm viele Jahre lang Medikamente. Er hatte auch eine Anzahl von Netzhautablösungen. Mein erster Eindruck von Paul war, daß er enorme Angst verspürte und er eine mental kontrollierte Persönlichkeit ist. Ich konnte mich nicht mit seinem Wesen oder seinem Seelenaspekt verbinden.

Die Motivation, die Paul zu mir führte, war seine Angst, die Sehkraft in seinem rechten Auge zu verlieren. Sorgfältig deutete ich darauf hin, daß seine Beschwerden auf mehr als nur einem physischen Trauma beruhten, doch Paul wollte nur wissen, welche Vitamine er für seine Beschwerden nehmen konnte. Er konnte noch nicht erkennen, daß sein Beruf als Computerprogrammierer jede Form von Rehabilitation seiner Augen und seines Sehvermögens verhinderte. Er sagte, daß das tägliche Arbeiten am Computer seine Augen anstrengte, aber er war zu diesem Zeitpunkt nicht bereit, das Konzept der Integrativen Sehtherapie anzunehmen. Als Arthur ihm von seinem Erfolg bei der Anwendung von Farbe, Visualisierung, Veränderung der Nahrung und dem geführten Überdenken seines Lebens berichtete, kehrte Paul zu mir zurück, um mehr Unterstützung zu bekommen.

Paul sammelte in der Universitätsbibliothek Informationen, um verstehen zu können, wie sein Glaukom behandelt werden könnte. Er konnte das Konzept, daß seine Lebensentscheidungen, Einstellungen und Unausgeglichenheiten zum Verlust seines Sehvermögens beitrugen, immer noch nicht annehmen. Ich hieß ihn willkommen, wissend, daß ein Teil seiner Seele bereit war, in einer ausgewogenen Form zu sehen. Er erzählte mir, daß er über den zunehmenden Verlust seines Sehvermögens seiner Augen verzweifelt war. Paul hatte Angst davor, sich einer riskanten Operation ohne Garantie auf Erfolg zu unterziehen. Er begann, Farbtherapie anzuwenden und trotz klarer Anweisungen überschritt er die empfohlene Anwendungszeit. Der Druck in seinem Auge sank und sein Sehfeld dehnte sich aus. Jedoch war der Erfolg nur von kurzer Dauer – Paul entwickelte plötzlich eine weitere Netzhautablösung. Sein Arzt befahl an jenem Tag eine Laseroperation.

Pauls Situation war kompliziert. Er war nicht der übliche Patient der Integrativen Sehtherapie, da er noch nicht bereit schien, sein Seelenselbst vollkommen anzuerkennen. Man konnte Vermutungen darüber anstellen, daß entweder seine lange Geschichte von Augenschwierigkeiten, die Farblichttherapie oder eine Kombination von beidem zu Pauls Rückfall beigetragen hatten. Ich persönlich fühlte, daß der eigentliche Faktor des Rückfalles eine unbewußte Überbetonung seiner dominanten Persönlichkeit war, was dazu führte, daß er die vorgeschriebene Zeit in seinen Farbtherapiebehandlungen überschritt. Pauls Eigentherapie war von der Idee bestimmt, daß mehr Farbe seinen Augen auch mehr helfen würde. Sein Intellekt beherrschte die Anwendung der Integrativen Sehtherapie. Er hatte noch nicht begriffen, daß seine Heilkräfte durch eine Öffnung zur Kraft hinter seinen Augen aktiviert worden wären. Ich bin überzeugt, daß, wenn die Person bereit ist, ihre Seele anzunehmen, es nicht mehr länger notwendig ist, zusätzliche physische Erinnerungen von außen, wie weitere Schäden des Augengewebes, zu erleben. Vielleicht lernt Paul immer noch, seinem Seelenselbst zu vertrauen. Bis er die Kraft hinter seinen Augen entdeckt, die nicht außerhalb von ihm in Medikamenten und Operationen liegt, werden Pauls Augen wahrscheinlich weiterhin Botschaften an ihn senden. Anders als Arthur, der seinen Problemen auf eine ganzheitliche Weise begegnete, sucht Paul immer noch außerhalb von sich nach der Lösung.

Als Therapeut der Integrativen Sehtherapie war ich herausgefordert, Paul so zu akzeptieren, wie er war. Ich mußte mich daran erinnern, daß er zum Lernen zurückkäme, hier oder andernorts. Das ist die Rolle eines Helfers: Abzulassen von den Erwartungen an einen Patienten und dem Bedürfnis, diesen zu zwingen, auf eine bestimmte Weise zu denken. Als Patient ist es Ihre Aufgabe, diesen Wunsch als Partner im Augenheilkundeprogramm mit Ihrem schulmedizinischen Augenarzt durchzusetzen. Ihren Geist kennenzulernen, erfordert bewußte Beobachtung. Fangen Sie an, auf Ihr Verhalten zu achten. Werden Sie entweder zu Ihrem eigenen visuellen

Detektiv oder bitten Sie Freunde oder Familienmitglieder, Sie zu unterstützen, indem sie Ihnen konstruktives Feedback geben.

Grundsätzlich gibt es zwei Wege, auf denen Sie auf die Art und Weise, in der Sie die Welt sehen, reagieren:

1. Durch Ihre Persönlichkeit: Sie handeln aus Angst.
2. Durch Ihre Seele: Sie spüren starkes Mitgefühl, Vergebung und Liebe in allem, was Sie sehen.

Diese beiden zu integrieren kann sehr leicht sein; schwierig wird es erst, wenn Sie die Dinge durch das Filtersystem Ihrer starren Persönlichkeit sehen. Sie könnten dazu neigen, sich reaktiv zu verhalten – dann werden Sie nicht sehr einfühlsam sein, das erbetene Feedback von der Sie unterstützenden Person zu empfangen. Bitten Sie diese unterstützende Person, Ihnen ein Signal zu geben, als eine sanfte Erinnerung daran, wenn sie wahrnimmt, daß Sie noch aus Ihrem Persönlichkeitsselbst agieren. Manche meiner Patienten bitten ihre unterstützende Person einen bestimmten Ton, ein Handzeichen, eine Berührung des Herzens oder andere Signale zu verwenden. Wenden Sie das integrierte Atmen aus dem Kapitel zwei an, um vom Herzen her auf Ihr Verhalten schauen zu können.

Wenn Sie von der Persönlichkeit her sehen: Werden Sie sich jeglicher Gefühle von Angst bewußt. Dieser Ego-Überlebens-Geist wird ein Repertoire an Tricks haben, um Sie davon abzuhalten, der Wahrheit ins Auge zu schauen. Die Tatsache ist, daß Sie sich wünschen, sich als Seele zu entwickeln. Eine Möglichkeit – als Angst getarnt – wurde Ihnen präsentiert. Ihre Angst könnte sich aus einer Menge von Gründen aus der Vergangenheit über die Bedürfnisse Ihrer Seele hinwegsetzen. Der Prozeß ermahnt Sie, aufzupassen, wie Sie reagieren: aus Rechtschaffenheit, Gerechtigkeit, Rationalität, abwertenden Selbstgesprächen und auf anderen geschickten Wegen, sich nicht mit Ihrem tiefsten Selbst zu konfrontieren. Die Übungen und Anwendungen in diesem Buch wurden entwickelt, um Ihre Seele zu stimulieren und Sie aus dem Griff Ihrer Persönlichkeit zu befreien. Wenn Sie Ihren Geist und Ihre Augen auf neue Art trainieren, versinnbildlichen Sie sie als starke Muskeln – nicht als schwache.

Augentest-Tafel für das Nahsehen

▲ v z u e r p n r u n d u v e n h n d u r p d h z e n m y x k v z u e r p n r u n d u v e n h n d u r p d h z e n m y x k m y x k ▲ (15)

f r z e z f v d x h p n f u q l mp r n z f p z p n f r z e z f v d x h p n f u q l m (20)

H P N V E Z F VV H P N V E Z F VV H P N V E Z F VV H P N V E Z F V (30)

TH M A R C O A D Z C N P Q E K L S G J (45)

C B F R A O S Z M N D 2 (60)

L S F P O N Z 3 (7.5)

C D F U R 4 (10)

V Z F Y (12.5)

P R (17.5)

▲ O ▲ (50)

BEYOND 20/20 VISION™

Augentest-Tafel für die Ferne

E Z V U R (10)

D U N R P (12.5)

V E N U H (16)

D N R U P (20)

Z H E D N (25)

R P U F D (32)

H N P V F (40)

E Z F D V (50)

P R N F Z (63)

P Z F (80)

N Z (100)

BEYOND 20/20 VISION™

Mit Augentest-Tafeln sehen

Jede Augentest-Tafel kann Sie an Ihren letzten Test beim Augenarzt erinnern. Meine Augentest-Tafel dient einem anderen Zweck. Verwenden Sie diese Tafel, um zu entdecken wie Ihr Geist Ihre Wahrnehmung der Welt beeinflussen kann. Durch Ihre Augen werden Sie beobachten, wie sich Ihre Sicht der Welt ändern kann. Sie werden verschiedene Übungen machen und beobachten, daß diese Ihre Sehkraft verändern können, wenn Sie Zugang zu den verschiedenen Teilen Ihrer Persönlichkeit, Ihrer Seele und Ihres Geistes finden. Dieser Bio-Feedback-Prozeß wirkt sich vorteilhaft auf das Verständnis darüber aus, wie Sie aus einer ausgewogenen Art, die Welt zu sehen, herauskippen oder sie wiedererlangen.

Nutzen Sie die *Augentest-Tafel für die Ferne*, wenn Sie in der Entfernung verschwommen sehen. Nutzen Sie die *Augentest-Tafel für das Nahsehen* für verschwommenes Sehen in der Nähe.

Wenn Sie die Testtafel für die Ferne nutzen, so stellen Sie sich in einem Abstand zwischen eineinhalb und drei Metern vor die Tafel, bevorzugt ohne Hilfe einer Brille oder Kontaktlinsen, das heißt mit Ihrem „nackten“ oder natürlichen Sehvermögen.

Wenn Sie die Testtafel für das Nahsehen nutzen, wählen Sie einen Abstand, der der Distanz Ihres Ellbogens zu Ihrem Handgelenk entspricht. Idealerweise werden Sie einige der Buchstaben in der Mitte der Tafel identifizieren können. Wenn nicht, gehen Sie näher.

Achten Sie darauf, ob Sie irgendwelche Urteile über Ihr Sehen haben. Das wäre definitiv Ihr Persönlichkeitsgeist in Aktion. Machen Sie sich Notizen über Ihr klares Sehvermögen – das heißt, wieviele der Buchstaben erscheinen klar und in welcher Distanz. Das wird als Grundstufe dienen. Beginnen Sie mit der integrativen Atemübung (schauen Sie sich, wenn notwendig, diese Übung noch einmal in Kapitel 2 an). Öffnen Sie Ihre Augen und beobachten Sie die Augentest-Tafel, um festzustellen, ob es Veränderungen von der Grundstufe gibt, als Sie das erste Mal auf die Tafel schauten. Setzen Sie das integrierte Atmen fort.

Scheint sich die Klarheit der Buchstaben zu verändern? Scheinen die Buchstaben ungefähr gleichzubleiben?

Erinnern Sie sich an eine Zeit in Ihrem Leben, als Sie sehr glücklich waren. Achten Sie darauf, ob das bei der Wahrnehmung der Buchstaben eine Veränderung bewirkt. Nun erinnern Sie sich an eine unglückliche Zeit, und lassen Sie die Augentest-Tafel mit Ihnen kommunizieren. Registrieren Sie, wie sich Ihre Gedanken und Gefühle auf Ihre Wahrnehmungen auswirken. Wenn Sie darauf achten, was Ihre Augen Ihnen sagen, können Sie lernen, Ihren Geist zu fokussieren, um das Sehvermögen das Sie sich wünschen, zu erzeugen.

Die Augentest-Tafel ist ein dynamischer Weg für Sie, die Effektivität Ihrer Therapie zu überwachen.

Wenn Ihre Wahrnehmung durch ein Auge klarer erscheint, decken Sie dieses Auge eine Zeit lang ab, und wiederholen Sie den Vorgang während Sie durch das andere Auge schauen.

Die Klarheit, in der Sie die Testtafel sehen, ist eine Manifestation Ihrer inneren Klarheit – wie Sie Sprache verwenden, darüber was Sie sehen, Ihrer Sicht Ihres Berufes, Ihrer Beziehungen, Ihrer Kinder – von allem in Ihrem Leben.

Als Sie erwachsen wurden, haben Sie die intellektuelle Reife erlangt, mit den Herausforderungen des Lebens umzugehen. Gab es eine Zeit in Ihren entscheidenden Lebensjahren (oder später), in denen Sie nicht damit fertig werden konnten, was Sie sahen? Vielleicht war es damals, als Ihre innere Klarheit zu verschwimmen begann oder als Ihre beiden Augen aufhörten, gemeinsam wahrzunehmen. Diese unbewußte Anpassung war eine beschützende Maßnahme, die ich Selbstsabotage nenne. Als Sie diese Art des Schauens anwandten, begannen Ihre Augen zu reagieren, als ob das die ideale Art zu sehen wäre.

Es wäre großartig, wenn ich sagen könnte: „Probieren Sie einfach diese Übung aus, oder nehmen Sie diese Vitamine und Ihre Augen werden besser werden!“ Aber wenn der Prozeß erfolgreich sein soll, müssen Sie einige Verantwortung übernehmen, um Ihr Sehvermögen zu verändern, indem Sie mögliche Wege, klar zu sehen, grundlegend erforschen.

Die Bereitschaft, Ihren Verleugnungen ins Antlitz zu schauen und mit Ihrer reaktiven Persönlichkeit umzugehen, wird zu einem Zustand führen, den die Buddhisten „Achtsamkeit“ nennen. Durch Ihre Augen werden Sie die physische und physiologische Fähigkeit besitzen, auf das was Sie sehen, fokussiert zu bleiben. So beobachten Sie Ihre Wahrnehmungen und Ihr Verhalten. Dann haben Sie die Möglichkeit, energetisierende Entscheidungen zu treffen. Protokollieren Sie wöchentlich die Veränderungen Ihrer Sehkraft. Können Sie erfreuliche geistige Bilder entdecken, die Ihnen helfen, die Buchstaben auf der Augentest-Tafel klarer zu sehen?

Paula

Als Paula zum ersten Mal bemerkte, daß ihre Sicht verschwommen wurde, begann sie mit dem integrierten Atmen und benutzte die Augentest-Tafeln für die Ferne und die Nähe. Sie hatte niemals eine Brille getragen und wollte herausfinden, warum ihre Sicht verschwommener zu sein schien, wenn beide Augen offen waren, und weniger verschwommen, wenn sie nur durch das linke Auge schaute.

Paula hatte Beschwerden oberhalb ihres rechten Auges und bemerkte, daß sie dazu neigte, durch das rechte Auge die Bilder höher zu sehen als durch das linke Auge. Die Grundstufe, die sie auf der Augentest-Tafel für die Entfernung fand, bestätigte ihren Verdacht. Die Wahrnehmung des linken Auges war bedeutend schärfer, und wenn sie versuchte, durch beide Augen zu schauen, beeinträchtigte die Verschwommenheit des rechten Auges ihr beidäugiges Sehen. Das ist keine ungewöhnliche Anpassung.

Als ich mit Paula sprach, fand ich heraus, daß ihr griechischer Hintergrund mit sehr dominanten Männern verbunden war, besonders mit ihren Onkeln. Die Erfahrung, von diesen autoritären, patriachalischen Männern kontrolliert worden zu sein, führte dazu, daß Paula teilweise ihre Fähigkeit verloren hatte, sich mit ihrer männlichen Seite sicher zu fühlen. Das bedeutet, daß ihre Wahrnehmung von Männern ihre Fähigkeit beeinflußte, durch das rechte Auge klar zu sehen. Ihr linkes Auge dominierte ihre Sicht der Welt, während die Wahrnehmung des rechten Auges sich im Hintergrund hielt.

Wenn ich Paula betrachtete, hätte ich nicht sagen können, daß sie mich auf diese Weise sah. Das Auffälligste war ihr Verhalten, das sie mir als Mann entgegenbrachte. Mein Eindruck von Paula war, daß sie sehr kompetent und effizient war. Nur neigte sie dazu, die Unterhaltung zu dominieren, die Kontrolle zu behalten. Sie neigte den Kopf leicht zur Seite, um mit dem linken Auge zu führen. Ich fühlte, daß sie kontrollierend und überaus stark von ihrer männlichen Seite her agierte. Als ersten Schritt der Integrativen Sehtherapie ließ ich Paula ihr rechtes Auge abdecken, um ihr dominant wahrnehmendes linkes Auge zu stimulieren. Sie mußte ihre herzlichen Gefühle, die durch die Sally-Seite ihrer Natur aktiviert wurden, vollständig annehmen.

Ich ließ Paula die Buchstaben auf der Augentest-Tafel für die Ferne anschauen und bat sie, Gefühle zu entdecken, während sie integriert atmete. Das war nicht sehr schwer für sie, weil sie sehr intelligent und redegewandt war, und sie konnte um ihre Gefühle herumreden. Als sie weiteratmete, konnte sie sich jedoch immer weniger zurückhalten. Je weniger ich sie fragte – ich erinnerte sie damit an die Gegenwart eines starken Mannes – desto angenehmer fühlte sie sich mit dem Prozeß der Integrativen Sehtherapie. Innerhalb weniger Minuten konnte Paula die Klarheit der Buchstaben bewahren. Als sie ihren Geist weiter fokussierte und das Neugelernte integrierte, enthüllte sie ihre Entscheidung, lesbische Beziehungen zu haben. Wir diskutierten wie wahrscheinlich es war, daß ihre Wahrnehmungsanpassungen mit dieser Vorliebe verbunden waren[2]. Wir begannen, uns in unserer Konversation inniger verbunden zu fühlen.

---

[2] In meinen Fallstudien zeigen Frauen, die lesbische Beziehungen wählen, ein visuelles Muster, das weitere klinische Nachforschungen verdient. Ich ermutige andere Kliniker, Verbindungen zwischen Wahrnehmungsverzerrungen und sexuellen Neigungen zu erforschen.

Als Paula anfing, mehr zu fühlen, konnte sie ihr Herz und ihre Liebe in ihre immer noch starke Wahrnehmung und Art des Seins im rechten Auges bringen. Sie vertiefte das Sprechen über ihre Gefühle, während sie beim Betrachten der Augentest-Tafeln die Augenklappe auf das linke Auge wechselte.

Es wäre interessant, die Veränderungen in ihrer Beziehung zu verfolgen, die sich infolge von Paulas tiefer Integration des Sehvermögens ergaben und dadurch, daß sie ihren Geist auf diese ausgewogene Weise fokussierte. Ich habe Fälle erlebt, in denen eine Klientin, die aus ihrer lesbischen Beziehung ein Geheimnis machte, diese Lebensweise voll akzeptierte, als sich ihr Sehvermögen integrierte. In einem Fall zog eine Klientin mit ihrer weiblichen Partnerin zusammen und heiratete. Sie bekämpften die Diskriminierung der Regierung, die nicht erlaubte, daß zwei Menschen des selben Geschlechts heirateten. Es wird mehr Forschung auf diesem Gebiet gebraucht, es gibt viele Fragen zu bedenken. Würde in Paulas Fall ein verbundeneres, liebendes Sehvermögen ihrer Seele zu anderen Entscheidungen führen?

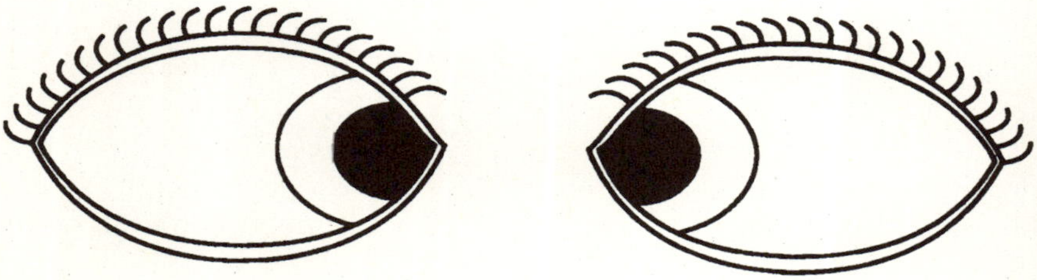

Richten Sie Ihre Augen einwärts, sie werden nicht steckenbleiben!

Als Kinder wurde uns gelehrt, daß es gefährlich ist, unsere Augen einwärts zu richten. Dies könnte zu Leiden oder einem „Steckenbleiben“ führen. Mehr als 50 Jahre wurde die Übung, die Augen einwärts zu richten, als eine Technik der Sehtherapie gelehrt. Wenn Sie Angst haben, daß Ihre Auge steckenbleiben werden, seien Sie bitte gewiß, daß dies ein sehr sicheres Verfahren ist. Es gibt Muskeln zum Einwärtsrichten der Augen und es gibt Muskeln, um sie wieder gerade zu richten. Sogar kleine Kinder und Erwachsene, die nach innen schielende Augen haben, werden gelehrt, ihre Augen noch weiter einwärts zu richten, um diese wieder gerade zu richten.

Ich habe von Sam, einem meiner Patienten, eine sehr lustige Geschichte gehört. Sam war davor gewarnt worden, daß ein bestimmter Teil seiner Anatomie abfallen würde, wenn er seine Augen einwärts richtete. Er konnte nur 20 Minuten lang lesen, dann ließ seine Konzentration nach. Diese Situation verunsicherte ihn, was zu einem Verlust des Selbstwertgefühls führte. Es stellte sich heraus, daß die Augen einwärts zu richten genau die richtige Therapie war, die Sam brauchte. Die einfache Übung, seine Augen einwärts zu richten, half ihm enorm. Sam konnte lesen und das Verständnis beibehalten, er schlief nicht ein, während er Auto fuhr oder Schreibtischarbeiten erledigte, und er konnte auf ein Projekt konzentriert bleiben und es beenden. Er entwickelte mehr Disziplin in seinem Leben und begann Dinge zu vollbringen, von denen er nur geträumt hatte. Lassen Sie sich von mir durch ein paar dieser praktischen Übungen führen, die Sam gelernt hatte, sie könnten auch Ihnen helfen.

Auf die Nase schauen

Zünden Sie eine Kerze an, die einen mittelgroßen Docht hat. (Wenn die Kerze brennt, sollte die Flamme deutlich sichtbar sein.) Setzen Sie sich ungefähr einen Meter von der Kerze entfernt hin, die unterhalb des Augenniveaus positioniert sein sollte, dann ist es einfacher die Augen darauf zu richten, ohne müde zu werden.

Beginnen Sie mit dem integrierten Atmen, um einen entspannten, tief empfundenen Zustand zu erzeugen. Schließen Sie die Augen und fühlen Sie wie alle Anspannung Ihrer Augen, des Nackens, der Schultern, der Brust, des Magens, der Hüften und anderer Teile verschwinden. Während Ihre Augen geschlossen sind, lauschen Sie den Tönen rund um sich. Stellen Sie sich vor, daß Sie in einem warmen Bad liegen und sich sehr angenehm und ruhig fühlen. Lassen Sie die täglichen Aufgaben los, und stellen Sie sich ein friedliches Leben ohne Sorgen vor. Behalten Sie dieses Bild ungefähr 20 Atemzüge lang bei. Sehen Sie die Flamme auf Ihre geschlossenen Augenlider projiziert. Fokussieren Sie auf die Flamme und lenken Sie danach Ihre Aufmerksamkeit um den Rand der Flamme. Atmen Sie weiter und freuen Sie sich über die Farbe der Flamme.

Öffnen Sie langsam Ihre Augen und schauen Sie direkt auf die Kerze. Während sich Ihre Augen mit der Kerze verbinden, atmen Sie. Bemerken Sie Objekte rund um die Kerze und im Raum, während Sie in die Flamme schauen. Das ist Schauen und Fühlen gleichzeitig. Blinzeln und atmen Sie auch. Richten Sie Ihre Augen nach zwanzig Atemzügen einwärts und schauen Sie auf die Nase, während Sie versuchen, beide Seiten der Nase auf einmal zu sehen.

Wenn Sie nicht beide Seiten sehen können, bedecken Sie das Auge, das mit der Seite, die Sie sehen, korrespondiert. Trainieren Sie das andere Auge, nach innen zu schauen, indem Sie wieder auf Ihre Nasenspitze schauen. Wiederholen Sie diesen Teil der Übung, bis Sie beide Seiten Ihrer Nase sehen können. Bemerken Sie die Kerzenflamme, während Sie üben, Ihre Augen auf die Nase zu richten. Sie sollten zwei Kerzen sehen. Wenn da nicht zwei Kerzen sind, blinzeln Sie zwei Atemzüge lang, um beide Augen anzuregen, zwei Kerzen zu sehen. Wenn Sie nicht zwei Kerzen oder beide Seiten Ihrer Nase sehen können, geben Sie dieses Sehspiel auf und tragen Sie weiterhin auf einem Auge eine Augenklappe, um größeres Gewahrsein durch das offenen Auge zu entwickeln.

Erinnern Sie sich daran, was jedes Auge in bezug auf das Wahrnehmungsbewußtsein repräsentiert – rechts: Vaterwahrnehmung; links: Mutterwahrnehmung. Bringen Sie dieses Bewußtsein durch Ihr offenes Auge.

Bald werden Sie zwei Kerzen sehen und zwei Seiten Ihrer Nase. Das auf die Nase schauen lehrt Sie mehr zentriert zu sein. Dieses Sehspiel ist nützlich, wenn Sie weitsichtig sind. Es ist der Beginn, die Wahrnehmungskanäle des rechten und des linken Auges zu fusionieren. Das ist der erste Schritt, um das Bewußtsein Ihrer Seele und Ihrer Persönlichkeit zu verschmelzen.

Die Nase und die Augen auswärts richten

Achten Sie darauf, ob Sie sich, während Sie auf die Kerze schauen, beider Seiten der Nase bewußt sein können, immer eine Seite nach der anderen. Atmen und blinzeln Sie, um diese Erfahrung zu machen. Blinzeln Sie unterschiedlich, wenn Sie Schwierigkeiten haben, und identifizieren Sie, wo jede Seite Ihrer Nase sich im Raum befindet. Heben Sie Ihr Kinn, um die Seiten der Nase klarer zu sehen.

Wählen Sie ein interessantes Objekt hinter der Kerze wie eine Blume, ein Bild, ein Photo, ein Fenster, ein persönliches Objekt, und schauen Sie mit beiden offenen und auswärts gerichteten Augen darauf. Positionieren Sie die Kerze zwischen Ihren Augen und dem Objekt auf das Sie schauen. Werden Sie sich der Anwesenheit von zwei Kerzen bewußt. In-

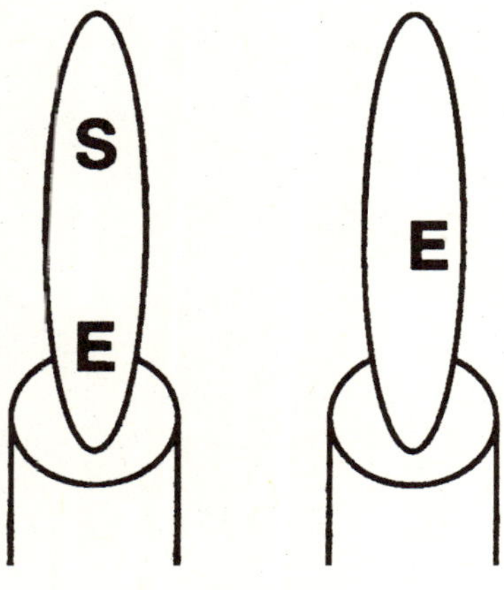

dem Sie hinter die Kerzen schauen, erschaffen Sie eine doppelte Wahrnehmung der Kerze. Diese Art des Schauens erfordert von Ihnen loszulassen, Ihre Wahrnehmung auswärts zu richten, zu divergieren und offen zu sein. Beobachten Sie, wie das Variieren Ihrer Aufmerksamkeit eine Separation der beiden Kerzenflammen erzeugen kann. Richten Sie die Augen so lange auswärts, bis Sie die maximale Separation der beiden Kerzen erlangen. Dann bewegen Sie die Kerzen in Ihre Richtung und beobachten Sie, wie die beiden Bilder der Kerze näher zu kommen scheinen. Dieses Augen auswärts zu richten ist besonders bei Kurzsichtigkeit und Astigmatismus hilfreich. Machen Sie dieses Sehspiel, wenn Sie eine Pause beim Lesen oder bei der Computerarbeit machen, oder wenn sich Ihre Augen müde fühlen oder verschwommen sehen. Dann verwenden Sie die Zeichnung der beiden Kerzen (auf Seite 76) und erzeugen eine dritte Kerze in der Mitte, indem Sie Ihre Augen einwärts und auswärts richten. Bringen Sie das SEE in eine gerade vertikale Linie.

Die Augen einwärts richten

Richten Sie jetzt Ihre Augen einwärts, als würden Sie zur Mitte Ihrer Augenbrauen schauen. So werden Sie zwei Kerzen bemerken können, jenseits von dort wo Sie hinschauen. Wenn Sie das schwierig finden, halten Sie Ihren Daumen oder einen Finger vor die Augen, um sich daran zu erinnern, wohin Sie schauen. Wenn Sie einmal die Augen ohne Finger einwärts richten können, stehen Sie auf, gehen umher und sehen Sie alles doppelt. Atmen Sie und freuen Sie sich über diese neue Wahrnehmung. Beobachten Sie, wie sich das auf Ihr Gleichgewicht auswirkt. Können Sie Ihre Aufmerksamkeit von einem Bild zum anderen wandern lassen?

Multidimensionales Sehen

Wenn die Wahrnehmungen beider Augen beinahe gleich klar sind, beginnen Sie die Reise in Richtung multidimensionales Sehen. Positionieren Sie beide Daumen vor Ihren Augen. Indem Sie Ihre Augen einwärts oder auswärts richten, können Sie anfangen, entweder vier oder drei Daumen zu sehen; das Ziel ist, die vier in drei zu fusionieren.

Computerbilder wie jenes auf Seite 78 haben viele neue Möglichkeiten für Fusionsspiele geschaffen, um eine multidimensionale Art des Seins zu entwickeln. Wenn Sie Ihre Augen einwärts oder auswärts richten, so daß aus den beiden Punkten auf der Zeichnung drei werden, lassen Sie Ihre Aufmerksamkeit hinunter zum Zentrum der Seite wandern. Auf einmal wird eine dreidimensionale Form aus dem Bild steigen oder hineinsinken. Bleiben Sie bei diesem Bild, und die Tiefe wird zunehmen. Atmen Sie und bewegen Sie Ihre Aufmerksamkeit langsam rund um das Bild. Üben Sie, von der einwärts zur auswärts gerichteten Stellung zu gehen, und bemerken Sie jedesmal, wie sich das Bild verändert.

Versuchen Sie, diese Übung zu machen, während Sie auf einem Bein stehen, umhergehen, und versuchen Sie sogar, dabei schwierige Wörter rückwärts zu buchstabieren.

Wie lange können Sie Ihren visuellen Raum halten? Wenn Sie eine schwächere Brille haben, experimentieren Sie damit, mit dieser dieses Sehspiel zu machen. So strukturieren Sie Ihre Wahrnehmungen um. Ihren Geist zu fokussieren, während Sie Ihr Sehvermögen durch Ihre Augen stimulieren, lehrt Sie, bei sich zu sein und erlaubt Ihrer Seele, sich zu zeigen. Schauen Sie sich noch einmal die Aktivitäten von Kapitel 2 an, jetzt, wo Sie begonnen haben, Ihren Geist klarer zu fokussieren. Achten Sie besonders auf Aktivitäten, bei denen Sie Widerstand verspüren. Bewegen Sie sich sanft in den Widerstand hinein. Dort beginnt die wahre Heilung.

Ihre Seele sieht nur mit Liebe. Atmen Sie und fühlen Sie, wie sich Ihr Herz für diese klare Sicht öffnet. Das Gute kommt aus einem klaren Herzen. Fokussiertes Sehvermögen aus Ihrem Geist bringt Liebe und Licht in Ihr Leben.

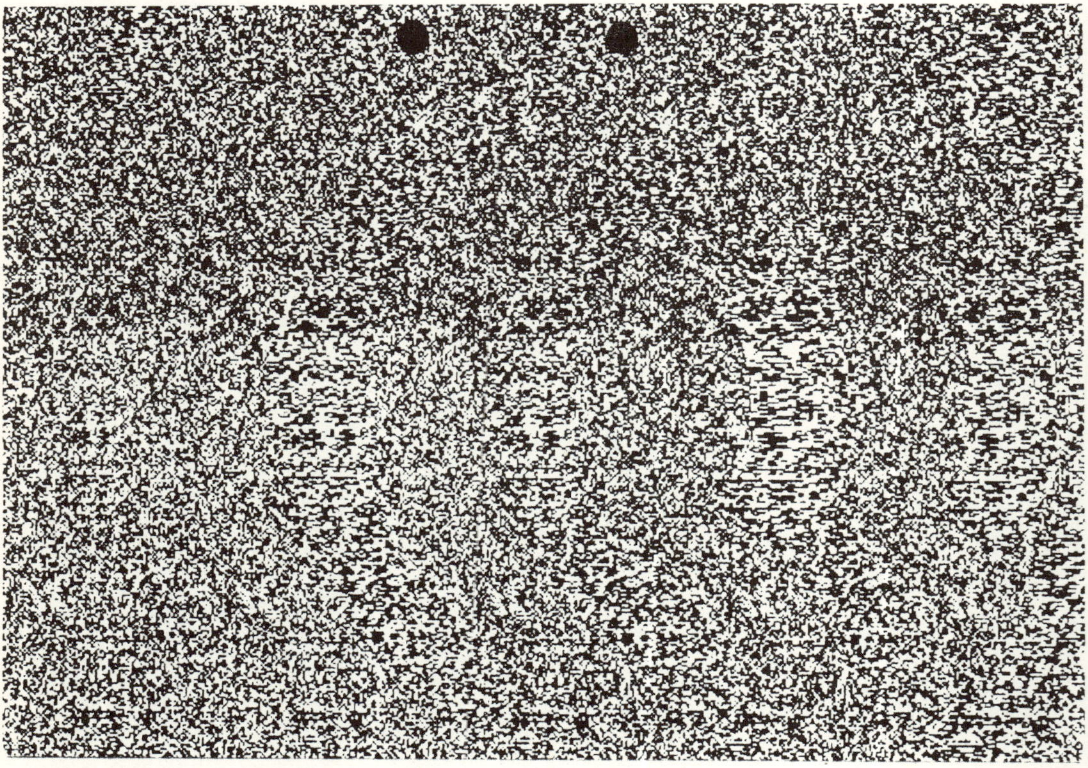

Kapitel 4

Was wollen Sie?

Gewahrsein und Heilung

Eine der Anfangsaussagen, die ich meine Patienten überlegen lasse, ist: „Was ich in bezug auf meine Augen und mein Sehvermögen möchte, ist ...."

Sie sind dann aufgefordert, fünf verschiedene Fortsetzungen dieses Satzes zu schreiben. Wie Sie diese Frage beantworten, offenbart eine Menge über Ihr Selbstbild und Ihre Sicht des Lebens. Versuchen Sie diese Übung selbst.

Sowohl die Augen als auch das Sehvermögen sind in dieser Aussage erwähnt. Wenn Sie noch nicht den Sprung zum Konzept, daß Sehvermögen zu 90 Prozent im Geist stattfindet, gemacht haben, dann tun Sie es bitte jetzt. Schließen Sie Ihre Augen und während Sie Ihren Atem unterhalb Ihrer Kehle fühlen, atmen Sie in Ihr Herz. Halten Sie Ihren Verstand sehr still und vertiefen Sie das Verständnis dafür, daß nur zehn Prozent des Sehvermögens durch die Augen kommen und daß Ihr Geist das Mysterium der anderen 90 Prozent hält. Schauen Sie jetzt noch einmal auf Ihre fünf Antworten. Viele meiner Patienten beschränken ihr Sehvermögen zuerst, indem sie nur an das denken, was in den Augen passiert. Zuerst könnten Ihre Antworten so ausschauen:

- ohne meine Brille bessere Sehkraft haben;
- keine Lesebrille brauchen;
- mein Glaukom loswerden;
- meine Kontaktlinsen und Brillen wegwerfen;
- mich besser erinnern und lesen können;
- mein Mückensehen loswerden (Die Punkte oder Strich-ähnlichen Dinge, die sich in Ihrer Blickrichtung befinden);
- daß mein Katarakt verschwindet.

In der westlichen Kultur sind wir programmiert, nur auf die Endresultate zu schauen. Aber das integrierte Sehen erfordert, leidenschaftlich und tief auf den Prozeß des Sehens zu schauen und die Mechanismen unserer einzigartigen Geist-Auge-Beziehung zu erforschen. Wir sehen mit unserem Geist durch den Intellekt – ein logischer Prozeß der Analyse und des Verstehens, den ich die Persönlichkeit nenne – und mit Intuition – einem göttlichen inneren Wissen – der Seele. Sie lernen gerade, wie Sie diese beiden Vorgänge integrieren können, um ein Gleichgewicht von fovealem Sehen und Netzhaut-Sehen zu erreichen. Die Frage: „Warum soll ich mir Sorgen machen, wir sterben sowieso", könnte auftauchen. Unser Persönlichkeitsteil will wahrscheinlich nur überleben – das ist Ihr Ego. Aber die Freude und Begeisterung, lebendig zu sein und Zugang zu der Kraft hinter Ihren Augen zu haben, hat eher mit Qualität als mit Quantität zu tun. Können wir unser Leben heute leben und die Qualität jeden Augenblicks erleben? Einer meiner Patienten drückte es so aus:

> *„Ich wache in der Früh auf und da ist Stille rund um mich, wie in der Wüste. Nicht ein Ton. Ich fühle mich so offen, es ist, als ob meine Sinne meilenweit reichen können. Ich fühle mich vollständig präsent mit mir selbst und bin frei von Gedanken und Sorgen. Ein angenehmes Gefühl der Ekstase bewegt sich über mich wie eine warme Hand. Jeder Moment erstarrt zu langsamer Bewegung, und ich bin frei."*

Der ekstatische Zustand trägt zur Regeneration unserer Körper bei. Sekunde um Sekunde wird jede Zelle, die unsere physische Masse ausmacht, regeneriert, und unsere Sinne – Sehen, Hören und Fühlen – werden fein eingestellt. Das Geräusch des Motors eines Rennwagens ist wie Musik für einen Mechaniker. Die Augen eines Fotografen oder Künstlers sind genau synchronisiert mit dem Geisteszustand der endgültigen Darstellung seiner Visionen des Sehens. Der Musiker hört Frequenzen, die ein durchschnittliches Ohr nicht wahrnimmt. Es müßte erst trainiert werden, um sie zu empfangen. Der olympische Athlet mobilisiert in seinem Körper Muskelgruppen, die in seinem Gehirn Verknüpfungen integrieren, über die ein durchschnittlicher Mensch nicht verfügen kann. Diese Fähigkeit jenseits des Normalen nutzt und dirigiert die innere Kraft in uns. Eine tiefe Verpflichtung, mit uns selbst verbunden zu sein, erlaubt uns, Zugang zu dieser Kraft zu haben und fördert die tägliche Heilung und Regeneration.

Während Sie Ihre Persönlichkeit und Seelenanteile integrieren, verbinden Sie sich mit dem Kontinuum des Lebens, das von der Natur repräsentiert wird. Ihre Wahrnehmungen offenbaren Ihnen, wie alles verbunden ist. Eine Handlung, die vor zehn Jahren stattgefunden hat, kann sich sehr tief auf diesen Moment auswirken. Der natürliche Heilungsprozeß Ihres Körpers spricht ununterbrochen durch die Symptome von Wehwehchen, Schmerzen und Lebensgeschichten, die durch Krankheiten offenbart werden, zu Ihnen. Die Geschichte, die Ihr Körper oder Ihre Augenprobleme offenbaren, spricht zu Ihnen. Sie erzählt Ihnen, daß Sie nicht im Gleichgewicht sind, daß Sie mehr Integration brauchen. Das ist die Wahrheit. Wir können blindlings wählen, die Wahrheit zu ignorieren, bis eines Tages „die Hölle losbricht“ und wir uns unvermeidlich dem Tod nähern. Die Alternative ist, die Krankheit jetzt zu stoppen. Eine Patientin, die ein Training zur Persönlichkeitsentwicklung absolviert hatte, um mehr Verantwortung in ihrem Leben zu entwickeln, erzählte mir diese Geschichte: Sie fuhr über eine Autobahn, auf der eine Geschwindigkeitsbegrenzung von 55 Meilen in der Stunde galt. Sie war begeistert über die wunderbaren Möglichkeiten, die in ihrem Leben vor ihr lagen. Als sie in den Rückspiegel schaute, sah sie das Blaulicht eines Streifenwagens. Sie schaute auf ihren Tachometer. Die Nadel zeigte 75 Meilen pro Stunde an. Sie fuhr an den Straßenrand, drehte das Fenster herunter und wartete auf den Polizisten. Ein eigenartiges Gefühl ging durch ihren Körper, ganz anders als bei den vorangegangenen Malen, bei denen sie nachdachte, wie sie den Polizeibeamten zwingen könnte, ihren Entschuldigungen zu glauben. Sie fühlte eine Vibrationsbewegung, und eine Hitzewelle stimulierte die Teile ihres physischen Körpers, so daß sie vollkommen präsent und wach war. Sie fühlte diese Wärme einen Moment bevor der Mann erschien, um sie nach ihrem Führerschein zu fragen.

Was folgte war eine spontane, nicht geplante Reaktion, die das Leben dieser Frau für immer veränderte. Sie drehte ihren Kopf und sagte: „Herr Wachtmeister, ich erkenne, daß ich zu schnell gefahren bin. Ich bin dankbar, daß sie da waren, mich daran zu erinnern. Ich hätte jemanden töten können.“ Das überraschte den Polizisten sichtlich, und er bat die Frau, ihn zum Autobahnpolizeiposten zu begleiten. Er wollte sie seinem Vorgesetzten vorstellen, weil sich während seiner gesamten Dienstzeit noch nie jemand bedankt hatte oder ihm für seinen Job Anerkennung entgegenbrachte.

Sie bekam kein Strafmandat, und das Leben dieser Frau änderte sich merklich. Sie erkennt jetzt, daß sich jede ihrer Handlungen oder Entscheidungen auf jeden Aspekt ihres Lebens und die der anderen rund um sie auswirkt. Sie ist nicht daran interessiert, auf den Teil des Lebens, der Krankheit genannt wird, zu fokussieren. Das ist so, als ob man auf ein halbvolles Glas Wasser schaut und sagt, daß es halb leer sei. Ihre neue Kraft ist es, die Lebenszeit, die ihr zur Verfügung steht, anzuerkennen, die von jetzt an sehr bewußt ist. Jeder Moment würde die Kraft in ihr nähren.

Diese Verbindung zum Selbst verstärkt unsere Sinne, und die Qualität unserer täglichen Erfahrungen wird bereichert. Dieser Bereich der Heilung erlaubt uns, Warnsignale zu identifizieren, die uns wachsam für mentale und physische Zusammenbrüche machen, noch bevor sie passieren. Es ist so, als hätten wir unseren eigenen Polizisten bei uns, der das Blaulicht aufdreht, wenn wir zu schnell durch das Leben rasen.

Heilung bedeutet, wach zu sein und jede Krise als eine Möglichkeit zu ergreifen, um Zusammenbrüche zu identifizieren und sie als spezielle und hilfreiche Botschaften zu sehen. Heilung bezieht die Regeneration all dieser unserer Teile mit ein, die an unserer Lebensweise beteiligt sein wollen: den Künstler, den Elternteil, den Unternehmer, den Liebhaber, das Kind, den Berufstätigen, den Studenten, den Koch, den Athleten. Jeder unserer Aspekte trägt zur ganzen Person bei, die wir sind oder von der wir wissen, daß wir sie sein können. Um klar und stark zu sein, müssen wir unsere Gesundheit in jedem Moment maximieren und jeden Moment mit unserer ganzen Energie und all der Konzentration die wir haben annehmen. Jede Handlung zählt.

Als Kind fand ich die Schule sehr fordernd. Mit meinen Doppelbildern, der Gewohnheit nicht zu lesen und meiner weitsichtigen Wahrnehmung saß ich zwar physisch im Unterricht, aber mein Geist war schon draußen in den Wellen des Ozeans beim Body-Surfing. Ich erinnere mich an die Begeisterung, mit der ich die nahenden Sommerferien erwartete. Ich konnte Wochen in die Zukunft vorausprojizieren. Ich stellte mir vor, wie ich zu Parties ging, aß und mich mit Freunden herumtrieb. Diese Geisteshaltung, der Gegenwart zu entfliehen, verstärkte ein genetisch weitsichtiges Familienmuster des Schauens.

Mit den Jahren hielt mich diese Gewohnheit davon ab, den Moment, den ich gerade erlebte, voll anzunehmen. Als die Ferien tatsächlich begannen, fühlte ich mich wie im Himmel. Doch mein Geist konzentrierte sich bereits auf die Angst, wie diese gute Zeit enden würde. Obwohl meine Ferien zwei Monate dauerten, machte sich mein Geist bereits Sorgen, als ich vom College nach Hause kam oder mit meiner Familie zu unserer Ferienhütte fuhr. „Wenn ich diese Straße in zwei Wochen oder zwei Monaten zurückfahren werde, wieviel Arbeit wird nächstes Semester an der Universität auf mich warten?“ Diese Art, das Leben zu sehen, wurde von meinen schwachen akademischen Leistungen und der Kritik meines Vaters an meinen schulischen Fähigkeiten verstärkt. Die Lektion, die ich gerade lerne, ist, auf jeden Moment meines täglichen Lebens zu achten. Ich erinnere mich an meine Zeit in Amsterdam, als ich daran interessiert war, einen Film zu sehen, aber das Kino nicht finden konnte. Schließlich fand ich im dunklen Foyer eines Hotels eine Zeitung, um die Anfangszeit des Filmes nachzusehen. Ich konnte die kleine Schrift nicht klar lesen. Ich bemerkte meine Ungeduld, stoppte, nahm einen tiefen Atemzug, blinzelte, und die Schrift wurde plötzlich scharf.

Auch Sie können sich Ihrer Reise und Ihres Sehvermögens bewußt werden. Genießen Sie den täglichen Inhalt Ihres Lebens, nehmen Sie die ganze Erfahrung an. Fangen Sie an, Ihre Gewohnheiten des Weglaufens, die Sie davon abhalten, sich selbst im Moment ganz genießen zu können, zu identifizieren. Werden Sie sich dessen bewußt, was Sie jetzt gerade wollen.

Hier sind einige Fragen, die Sie sich sofort nach dem Aufwachen stellen können:

- Was ist der erste Gedanke, den Sie haben?
- An welche Träume erinnern Sie sich?
- Wie lange bleiben Sie im Bett?
- Wie fühlt sich „heute" für Sie im Moment des Aufwachens an?
- Läuft Ihr Geist zum „Tun-Teil" Ihres Lebens? Können Sie langsamer werden? Können Sie Ihre gewohnten Muster unterbrechen?
- Welche neue Näherungsweise können Sie nutzen, die einen anderen Teil Ihrer inneren Kraft ausdrückt?
- Fokussieren Sie aufs Denken? Darauf, Ihren Körper zu fühlen? Darauf, auf die Bedürfnisse anderer einzugehen? Hängen andere von Ihnen ab oder umgekehrt?
- Welche neue Aktivität, Übung oder welchen Prozeß könnten Sie beginnen, während Sie noch im Bett liegen? Vielleicht können Sie heute früh etwas anders machen: Spazieren gehen; eine regelmäßige Aufgabe an eine andere Person delegieren; Ihre Muskeln strecken; ein inspirierendes Buch lesen; eine Kerze anzünden.
- Sind Ihre Pläne in Übereinstimmung mit Ihren langfristigen Absichten? Atmen Sie einige Male tief durch. Statt nach Ihrer Brille zu greifen: Bleiben Sie in Ihrem „nackten" Sehen. Setzen Sie eine Augenklappe auf. Palmieren Sie oder schauen Sie zwischen zwei Punkten hin und her.

Erkunden Sie diese Fragen und schreiben Sie Ihre Gedanken auf. Ich finde, daß jeden Morgen zehn Minuten lang über meine Gefühle zu schreiben, mir eine Menge bringt, worüber ich während des Tages nachdenken kann.

Schreiben ist ein wunderbarer Weg, sich zu erden und im Geist klar zu werden. Nehmen Sie einen Aspekt Ihres Lebens und schreiben Sie Ihre Gedanken dazu auf. Bringen Sie Ihre starke Klarheit durch Ihre Hand auf das Papier. Schreiben Sie einige Briefe, die Sie schon immer schreiben wollten, oder notieren Sie einige Einblicke, die Sie in die Welt hinausbringen möchten. Ihre geschriebenen Seiten dienen als erster Schritt, Ihr Sehvermögen im physischen Universum zu aktualisieren. Wenn Ihre Augen klare Signale vom Geist empfangen, beginnen sie mit Balance und Schärfe zu sehen. Sie werden momentane Blitze der Klarheit erkennen, wenn Sie auf Ihre Augentest-Tafel schauen. Mit der Zeit wird diese Klarheit länger und länger anhalten. Bald wird Ihr Leben diese Kraft und Klarheit widerspiegeln.

Bestimmen Sie die Stunden, in denen Sie, mit Ihrer einzigartigen Physiologie und Biochemie am produktivsten, kreativsten und am hilfreichsten sind – oder Unterstützung brauchen. Unsere Körper reagieren verschieden auf die Zyklen des Tages (Licht) und der Nacht (Dunkelheit), und wir können unsere Kraft maximieren, indem wir unsere wahren Vorlieben kennenlernen, die manchmal nicht mit unseren gegenwärtigen Mustern übereinstimmen. So sehr wir programmiert worden sind zu glauben, daß Routine wichtig ist, ist es manchmal notwendig, daß wir unsere tägliche Routine verändern und unser Verhalten kontrollieren, um unflexible Gewohnheiten, die unser Sehvermögen einschränken, zu durchbrechen. Fangen Sie an, Ihre Wahrnehmungen darüber, wer Sie sind, zu verändern um sich lebendiger und voll in Ihrer Kraft spüren zu können. Hier sind einige relevante Fragen, die Sie sich stellen können, sowie Empfehlungen für Handlungen:

- Was speziell würde Ihr Wohlbefinden im Moment verstärken? Vielleicht können Sie sich selbst die Füße massieren, ein heißes Bad einlassen oder sich selbst das Frühstück servieren.
- Wachen Sie jeden Tag zur selben Zeit auf? Verändern Sie die Zeiten! Experimentieren Sie damit, eine Stunde früher oder eine Stunde später aufzuwachen. Stehen Sie gelegentlich rechtzeitig genug auf, um den Sonnenaufgang zu beobachten.
- Fühlen Sie sich so, als ob Sie ein äußeres Anregungsmittel, einen Kaffee, eine heiße oder kalte Dusche brauchen, oder fünf Kilometer lang rennen müssen, um den Tag beginnen zu können? Wenn Sie normalerweise hinausgehen und fünf Kilometer laufen, verbringen Sie diese Zeit damit, ruhiger Musik zu lauschen und Ihren Körper zu strecken.
- Wenn Sie normalerweise still sind und wenig Energie haben, machen Sie etwas, was Ihr Feuer entzündet. Wenn Sie die Tendenz haben, langsam zu sein, und sich nicht viel zu bewegen, gehen Sie hinaus und machen Sie einen ausgedehnten Spaziergang.
- Sind Sie überzeugt, ein Morgenmensch, ein Mittagsmensch oder ein

Nachmittagsmensch zu sein? Wenn ja, verändern Sie die Zeiten, in denen Sie Ihren wichtigsten Tagesaktivitäten nachgehen.

- Greifen Sie in der Frühe sofort nach Ihrer Brille oder nach Ihren Kontaktlinsen? Bemerken Sie, daß Ihre Sehkraft in der Frühe schärfer oder weniger scharf ist? Wenn Sie eine Brille oder Kontaktlinsen tragen, lassen Sie sie einige Minuten oder Stunden länger weg. Experimentieren Sie damit, wie Sie sich fühlen, wenn Sie bekannte Gebiete in Ihrem Heim ohne künstliche Linsen bewältigen. Genießen Sie das Gefühl, Ihr Tempo zu verlangsamen und freuen Sie sich über das Bedürfnis, Ihren Körper mehr zu fühlen.
- Haben Sie bestehende Ernährungsmuster oder andere Routinen für die ersten Stunden des Tages? Wenn Sie normalerweise das Frühstück überspringen, machen Sie für eine Weile das Frühstück zu Ihrer Hauptmahlzeit des Tages.
- Neigen Sie dazu, viel zu sprechen oder ruhig zu sein? Verändern Sie Ihr Muster.

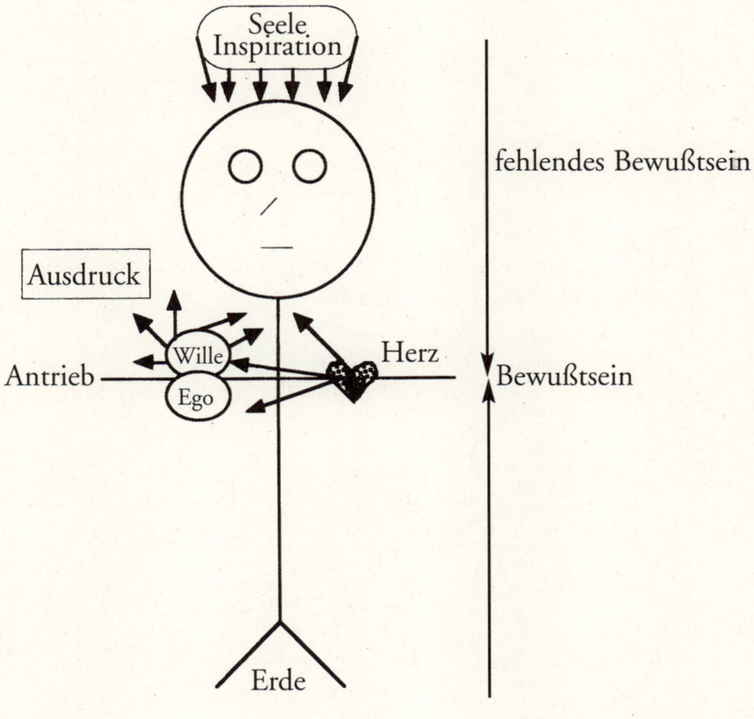

Ich habe vorgeschlagen, daß Sie anfangen, bewußt Ihre gewohnten Muster zu beobachten. Leben Sie diese Muster mit Absicht oder sind Sie unbewußt einigen Einflüssen Ihres Geistes unterworfen, die Ihr Potential als menschliches Wesen beschränken? Ihre Beobachtungen werden Ihnen erlauben, alle Teile des Puzzles Ihres visuellen Verhaltens zu sehen. Wenn Sie diesen Vorgang in die Tat umsetzen, erinnern Sie sich daran, daß Psychologen normalerweise überzeugt sind, daß es drei Wochen bis drei Monate dauert, eine Gewohnheit zu lernen bzw. fallenzulassen.

Nach mindestens drei Wochen werden Sie dann bereit sein, noch einmal Ihre Antworten auf die Aussage „Was ich in bezug auf meine Augen und mein Sehvermögen möchte ..." zu schreiben. Dieses Mal überlegen Sie sich auch eine zweite Aussage: „Wie ich wahrscheinlich das, was ich will, sabotiere ist ...". Indem Sie in Kontakt mit Ihren unbewußten Gewohnheitsmustern kommen, werden Sie sich bewußt werden, wie Sie sich selbst zurückhalten und Ihre Kraft mit negativen Gedanken, einschränkenden Überzeugungen, Saumseligkeit, Angst und Faulheit verschwenden.

Das Spiel mit dem Widerstand

Auf Ihrer bisherigen Reise haben Sie das Tor zu Ihrem Sehvermögen betreten – Ihren Geist – und Sie haben sich Ihre unbewußten Gewohnheiten angeschaut. Bewußt zu werden bedeutet, aus der vergangenen einschränkenden Sichtweise aufzuwachen.

Ihr Unbewußtes ist wie eine üppige fruchtbare Oase in der Wüste Ihres Geistes. Es ist Ihre göttliche Intelligenz, die Schätze und Reichtümer lagert; es ist Ihr Wissen. Die Wüste Ihres Geistes ist der wachsame Wachtposten, der Sie vor den Gefahren des Lebens beschützt. Diese einschränkenden Überzeugungen beinhalten Aussagen wie: „Es ist gefährlich dort draußen", „Andere nehmen mir etwas weg", „Der Name des Spiels heißt Überleben!" etc.

Während wir aufwuchsen, mußten die meisten von uns im Laufe des Lebens einen „Überlebensmodus" annehmen. Wir kamen mit der Kraft der Oase ins Leben, aber für viele mußte diese Kreativität dem rationalen Ego geopfert (oder von diesem geschützt) werden – dem Überlebensgeist.

Zu wissen, was Sie in Wahrheit wollen, erfordert beides zu konfrontieren: die Wüste und die Oase. Die Wüste kann gedacht werden als das foveale Tun, während die Oase das Sein der Netzhaut ist. In diesem Prozeß werden Sie Ihren Widerstand auf uneingeschränktes Wissen und auf die mächtige Aktion des Integrierens der Kraft hinter Ihren Augen erforschen. Indem Sie sich bewußt werden, wogegen Sie sich widersetzen, werden Ihre Träume, Absichten und Ihr Sehen klar.

Die drei Formen des Widerstandes können in Metaphern eingeteilt werden: Pappmaché, Sperrholz und Ziegelwand. Während unseres Lebens zeigt sich unser Widerstand in diesen drei Variationen. Die robuste traditionelle Methode, Brillen, Kontaktlinsen, Medikamente und Operationen zu verwenden, ist eine Ziegelwand – die am meisten beständige, starre Methode. Wenn irgendetwas mit Ihren Augen und Ihrem Sehvermögen nicht in Ordnung ist, korrigiert ein Arzt das, indem er das Problem abdeckt oder repariert. Verhaltens-Sehtherapeuten, die Integrative Therapie miteinbeziehen, leisten weniger Widerstand – wie Sperrholz. Man kann am leichtesten mit dem am wenigsten Konfrontierenden, dem Pappmaché umgehen. Die Ziegelwand ist am herausforderndsten.

Annie

Annie war 65, glücklich geschieden und lebte in einem Haus, in das sie vor 20 Jahren gezogen war. Sie konsultierte mich, da sie in beiden Augen einen Katarakt (grauer Star) entwickelte. Ihre Fähigkeit, weiterhin Auto zu fahren, war gefährdet. Sie wollte wissen, ob ich etwas tun könnte, um ihr zu helfen. Ich erklärte ihr, daß das Wort Katarakt buchstäblich „wie ein Wasserfall" bedeutete und fragte sie, welche Erfahrungen aus der Vergangenheit ihre gegenwärtigen und zukünftigen Sichtweisen bedecken könnten. Ich bemerkte, daß sie ihre Arme eng um ihre Brust gelegt hatte, eine körperliche Position des Widerstandes. Mit ein bißchen versteckter Feindseligkeit fragte sie mich, was ich meinte. Ich sagte: „Katarakt kann bedeuten, daß es etwas in ihrer vergangenen Wahrnehmung gibt, das ihr Sehvermögen von heute verdunkelt."

Als Annie über meine Aussage nachdachte, betrachtete ich die Zusammenstellung der Nahrung, die sie in den letzten zwei Tagen zu sich genommen hatte. Wissenschaftliche Beweise zeigen, daß der Verzehr von Milchprodukten bei Menschen mit einer Lactoseintoleranz den Stoffwechsel der Linsen der Augen (wo sich der Katarakt entwickelt) stört. Auch die Anwesenheit freier Radikale, Vitamin-Aasgeiern, ist zu einem Problem für unsere Augen geworden. Die zusätzlichen Schadstoffe in der Luft, in der Nahrung und im Wasser haben das Bedürfnis nach Antioxydantien wie Selen, Zink, Superoxyddismutase, Chrom und Vitamin A vergrößert. Wenn die Anzahl der freien Radikale im Körper und den Augen die der Antioxydantien übertrifft, entsteht eine Neigung der Augen zu einer möglichen Katarakt-Entwicklung.

Als ich Annie beobachtete, konnte ich ihren inneren Kampf zwischen „in der Wüste zu sein" und „in der Oase zu sein" fühlen. Ein Teil ihres Wesens, die allwissende Oase sagte: „Ja, Ja. Ich weiß worüber Sie sprechen!" Der Wüstenwachposten, die rationale Persönlichkeit und der Ego-Verstand sagten: „Sagen Sie mir einfach, was ich essen soll, damit mein

Katarakt weggeht – wenn das überhaupt möglich ist. Keinen psychologischen Hokuspokus bitte!“

Die Integrative Sehtherapie ist eine Vermischung von traditionellen Sehtherapie-Konzepten und spirituellen Praktiken; sie fußt auf rituellem Tanz, Tönen und Bewegungen und der Verwendung von Farben vorzeitlicher Zivilisationen aus Ägypten, Indien, Tibet und Afrika. Wir ersehnen nicht notwendigerweise, den Schutz der Wüste rund um uns aufzugeben. Sie läßt uns auf die unbeschränkten Ressourcen der Oase fokussieren. Annie tat genau das. Sie schaute in der Zeit zurück und erforschte die 20 Jahre ihres persönlichen Reisegepäcks, das sie davon abhielt, ihre gegenwärtigen persönlichen Ziele zu erreichen.

„Ich will ein verbessertes Sehvermögen, weiterhin autofahren und ein produktives Leben führen,“ sagte sie immer wieder. Wir schmiedeten einen Plan, um diese klaren Absichten wahr werden zu lassen.

Annies Aufgabe war es, das Durcheinander, das sich in ihrem Haus angesammelt hatte, auszuräumen, denn es hinderte sie daran, den Raum zu sehen. Die Sammlung von Schachteln, Papier und Artefakten aus ihrer früheren Ehe dienten ihr nicht mehr länger. Als Annie sah, wie diese Blockaden mit ihrem Katarakt verbunden waren, veränderte sich ihr Widerstand: von der Ziegelwand zur Pappmaché. Ich nenne diesen Vorgang „Durchbruch.“

Ich habe bei anderen Patienten bemerkt, daß einem Durchbruch andere Prozesse vorangehen können. Einer ist der „Zusammenbruch“. Als ich zum Beispiel begann, das Licht in meinem Leben zu sehen und mir über meine Ziele klarer wurde, schienen die Dinge für eine Weile sogar schlechter zu werden. Nicht lange nach meiner Scheidung war ich glücklich, frei zu sein und doch emotional sehr impulsiv. Innerhalb von drei Wochen wurde ich dreimal von der Polizei wegen Geschwindigkeitsübertretung angehalten. Zusammenbruch.

Nach dieser Phase kommt, was ich „Aufbruch“ nenne: Ein Schritt in Richtung Durchbruch. Im Aufbruch können Sie das Grün der Oase rund um sich sehen und fühlen, daß Ihr Sehvermögen klarer wird. Das ist die Integration von Seele und Persönlichkeit. In Annies Fall verwendeten wir mehrere Methoden, um mit den Katarakten umzugehen. Erstens verpflichtete sich Annie für einen sechswöchigen Prozeß, in dem sie ihr Haus ausräumte, abwechslungsreich aß, indem sie Nahrungsergänzungsmittel verwendete und eine Visualisationskassette hörte, die ich ganz speziell für sie gestaltet hatte, um den Stoffwechsel der Zellen in den Linsen ihrer Augen umzuprogrammieren.

Einmal am Tag bereitete sie eine Mahlzeit zu, die aus *Miso-* (Sojabohnenpaste-) Suppe mit Meeresgemüse (*Hizike und Arame*) bestand, kombiniert mit einer Vielzahl von Gemüsen. Frisches Obst und organisches Gemüse, Getreide (Reis und Hirse) und Hülsenfrüchte, (Mungo- Aduki- und schwarze Bohnen) wurden für 21 Tage ihre unterstützende Nahrung. Die Ernährung wurde durch Multivitamin- und Mineralstoffpräparate auf Hormonbasis unterstützt, sowie durch antioxydantische Enzyme von Weizengras und einer „Augentrost-Augenspülung", welche Augentrost, Pimentbaumrinde, Kanadische Gelbwurz, Himbeere und ein bißchen Cayenne-Pfeffer beinhaltete, angereichert.

Annie hörte das Tonband, das ich für sie bespielt hatte, jeden Tag. Durch Imagination suggerierte es, daß das Kataraktmaterial sich auflöste. Das Bild zeigte, daß sie als winzige Person in ihr Auge hineinging und eine Doktortasche voll mit nützlichen Heilmitteln wie homöopathische Medikamente und Farb- und Laser-Lichtmaschinen, die sie direkt an der Linse ihrer Augen anwenden konnte. In ihrer Visualisation war Annie ihre eigene Heilerin, indem sie Komplementärmethoden verwendete. (Ein Zweig des National Institute of Health fördert Forschungen, um diese Arten alternativer Heilpraktiken zu überprüfen.)

Annie begann auch, systematisch alles aus ihrem Haus hinauszuwerfen, was sie die letzten zwölf Monate nicht gebraucht hatte. Ich empfahl, daß sie alles weggab, oder die Dinge auf einem Flohmarkt verkaufte. Als die Wochen vergingen, sah Annie kleine Veränderungen in ihrem Sehvermögen. Am Ende der dritten Woche fühlte sie ihr lang vermißtes Selbstvertrauen wiederkehren. Sie ging zu ihrem Augenarzt, der nicht über ihr Selbstheilprogramm, das sie verfolgte, informiert war. Er kratzte sich mit einem ratlosen Blick am Kopf und sagt ihr, daß das Kataraktmaterial sich zu 30 Prozent aufgelöst hatte. Ihre Sehkraft hatte sich soweit verbessert, daß sie ihren Traum, weiterhin Auto zu fahren, realisieren konnte.

Ich sprach Monate später mit Annie. Sie fuhr immer noch Auto und lebte in der Oase, frei von Widerstand. Sie wußte, was sie wollte. Sie tat etwas dafür, schaute dem Widerstand ins Angesicht und durchbrach die Barrieren ihrer Persönlichkeit. Dieses Bewußtsein brachte ihre Kraft hinter ihren Augen zurück. Sie konnte ihre Beziehung mit einer Augenkrankheit, die früher hoffnungslos war, transformieren. Die Fortschritte überschritten bei weitem ihr ursprüngliches Ziel.

Das ist es!

Die kontrollierenden Einflüsse, die wir von unserer Familie geerbt haben und die aus früheren Lebenserfahrungen kommen, können uns davon abhalten, klar zu sehen und sind in der Lage unser Sehvermögen zu beeinträchtigen. Eine meiner frühesten Erfahrungen mit persönlichem Wachstum und Transformation war die Aussage: „Das ist es! Ihr Leben ist keine Generalprobe!"

Als weitsichtige Person sann ich über meine Gewohnheit nach, immer die Zukunft zu planen und die Gegenwart zu behandeln, als wäre sie nur eine Übungsstunde.

An meinem 40sten Geburtstag eignete ich mir eine „Das ist es“-Form zu leben an. Ich wollte in möglichst vielen Augenblicken des Jetzt vollkommen anwesend sein. Ich lernte und begann dann die Prinzipien der persönlichen Verantwortung zu lehren. Diese erfuhr ich durch eine besondere Patientin in den 80er Jahren.

Linda

Ich lernte Linda 1982 kennen, als sie mich wegen ihrer Kurzsichtigkeit und ihres Astigmatismus konsultierte, um Integrative Sehtherapie anzuwenden. Als Linda Ende 20 war hatte sie die Sitzungen, die Ämter und die Betriebsamkeit ihres Geschäftes aufgegeben, um einen neuen Beruf als therapeutische Masseurin auszuüben. Sie wollte direkteren Kontakt mit Menschen. Linda hielt mein Programm ein, mußte dabei aber große Widerstände überwinden und herausfinden, was sie wirklich wollte.

An manchen Tagen fühlte sie sich während sie massierte ziemlich einsam und sehnte sich nach der Geschäftswelt. Zu anderen Zeiten wollte sie mehr fühlen und wollte den Wert, ihren Patienten nahe und vertraut zu sein, entdeckten und sie bei ihrer Heilung unterstützen.

Der Konflikt war enorm. Linda isolierte sich, trug ihre Brille nicht und sah deshalb wochen- und monatelang nichts. Nach dieser Isolation trug sie ihre schwächeren therapeutischen Brillen und trat noch einmal ins Leben hinaus. Das dauerte vier Jahre. Ich blieb teilweise mit ihr in Kontakt, und ich erinnere mich an eine Zeit im Jahr 1985, als sie an einem meiner Wochenendseminare teilnahm. An diesem Wochenende war es vorgesehen, als eine der Rehabilitationsmaßnahmen die Angst vor Blindheit zu erforschen. Ich verwendete Musik und Dias, um das Szenario zu gestalten und verdunkelte den Raum. Mit Augenbinden simulierte ich bei den Teilnehmern Blindheit. Die Idee war, sie erfahren zu lassen wie Blindheit wäre, sodaß sie, als sie ihre Augen wieder öffneten, wertschätzen konnten, wieviel sie tatsächlich sehen konnten.

Dieser Prozeß berührte die meisten Leute im Raum, doch Linda hob ihre Hand und erzählte uns, daß ihr Augenarzt eine unheilbare Augenkrankheit bei ihr diagnostiziert hatte und daß sie tatsächlich erblinden würde. Zuerst wurde ihre Sicht wolkig und grau. Sie konnte nicht mehr Auto fahren, aber war immer noch voller Zuversicht in die Zukunft. Ihre unmittelbar bevorstehende Blindheit ließ Linda das „Das ist es“-Phänomen erfahren. Sie konnte nicht auf ihren nächsten Urlaub oder auf das nächste Jahr warten, um die Dinge, die sie tun wollte, zu tun.

Da war keine Zeit, die zukünftigen Visionen des Sehens zu planen. Das war es! Sie bereitete sich gerade vor, nach Europa zu reisen, um die

Museen, die sie schon immer sehen wollte zu besuchen, und sie plante eine Reise nach Kalifornien, um die Küste und ihre Verwandten zu sehen. Linda nahm sich so viel wie möglich vor, um ihren Augen und ihrem Sehvermögen ein wahres Fest zu bereiten. Sie entschied sich, nicht mehr länger ein passives Opfer zu sein, das sagte, daß es weder Zeit noch Geld gab. Das war es. Ihr Leben spielte sich jetzt ab!

Lindas seltene und schlimmer werdende Augenkrankheit führte zu einem starken Verfall der Netzhaut. Obwohl Linda motiviert war, sich selbst zu helfen, hatten die komplementären Therapien zu spät begonnen und waren nicht vollständig eingehalten worden.

Einige Monate später lies ich mich von Linda massieren. Die Sensitivität, die sie in ihren Händen entwickelt hatte, erzeugten einen Zauber auf meiner Brust und rund um mein Herz. Als Resultat ihrer Blindheit hatte sie wirklich ihre Fähigkeit zu fühlen entwickelt. Ihr Leben veränderte sich weiter. Linda ergriff die Gelegenheit und benutzte ihre Blindheit, sich ihren Traum, den Menschen näher zu sein, zu erfüllen. Sie wählte die Oase. Ihr tägliches Leben wurde zur Aufführung und blieb nicht nur die Generalprobe.

Ihrem Widerstand ins Antlitz zu schauen kann einer der furchterregendsten Schritte bei der Entwicklung der Kraft hinter Ihren Augen sein. Erinnern Sie sich an die frühere Aussage darüber, was Sie wollen. Fügen Sie jetzt noch eine hinzu, die etwas mehr handlungsorientiert ist. „Was ich in bezug auf meine Augen und mein Sehvermögen will, ist ..., und um das zu erreichen, beabsichtige ich ..."

Es ist Absicht, die aus einer neuen Arbeit, einer neuen Beziehung, einem neuen Zuhause oder dem Aufgeben der Kontaktlinsen mehr als nur eine Möglichkeit macht. Was sind Sie wirklich bereit zu tun, damit das passiert? Wenn Sie vorher Ihre Augen und Ihr Sehvermögen auf eine unausgeglichene und nichtintegrierte Weise benutzt haben, sollten Sie jetzt mit einigen Aktivitäten der Integrativen Sehtherapie beginnen, die Ihre alte Wahrnehmungseinstellung in eine neue Art zu sehen und schauen verändern können. Hier sind einige Schritte, denen Sie folgen können:

Schreiben Sie Ihre täglichen Aktivitäten auf und teilen Sie sie danach ein, ob sie:

(1) ein Schauen in die Ferne (ab drei Metern) oder

(2) ein Schauen in die Nähe (unter drei Metern und bis zu Armlänge) erfordern.

Wie groß ist der prozentuelle Anteil, auf diese beiden Arten zu schauen?

in die Ferne %   in die Nähe %

Notieren Sie die Anzahl der Stunden, die Sie Kontaktlinsen oder eine Brille tragen (falls Sie sie tragen):

Kontaktlinsen: Stunden

Starke Brille: Stunden

Schwächere Brille: Stunden

Ohne Sehhilfe: Stunden

Notieren Sie den Prozentsatz der Zeit, in der Sie Kontaktlinsen tragen und vergleichen Sie diesen mit der Zeitspanne, die Sie eine Brille tragen. Wieviel Prozent der Zeit verbringen Sie ohne Sehhilfe?

Wenn Sie Kontaktlinsen tragen und mehr als 50 Prozent der Zeit in eine mittlere oder nahe Entfernung schauen, überlegen Sie, eine Brille zu tragen, die für 20/40 gemacht sind und tragen Sie sie in allen fokussierten Situationen. Eine 20/40 Brillenverschreibung gibt Ihnen ungefähr 84 Prozent Schärfe und 16 Prozent Verschwommenheit. Ziehen Sie eine Brille mit 20/25 für das Autofahren in Betracht, besonders in der Nacht oder wenn es regnet.

Wenn Sie nur Brillen tragen, tun Sie das gleiche.

Wenn Sie eine Lesebrille tragen, lassen Sie die Verschreibung abschwächen, so daß Sie die Dinge etwas weiter weg halten müssen, während Sie lesen, ungefähr 15 bis 20 cm.

Wenn Sie keine Brille oder Kontaktlinsen verwenden, überlegen Sie, auf einem Auge eine Augenklappe zu tragen. Wenn Ihre Augen nicht gleich scharf sehen, bedecken Sie das klarer sehende Auge mit einer Augenklappe. Wenn kein Unterschied in der Sehschärfe ohne Sehhilfe besteht, decken Sie das Harry- oder das Sally-Auge ab, je nachdem, welche Wahrnehmung Sie betonen wollen.

Einige grundlegende Richtlinien, die beim Tragen einer Augenklappe bedacht werden müssen: Tragen Sie die Augenklappe nie in lebensgefährdenden Situationen. Steigern Sie die „Tragezeit" jeweils um 15 Minuten. Fangen Sie mit einer halben Stunde an und gehen Sie nicht über vier Stunden am Stück hinaus. Eine Augenklappe länger zu tragen, kann zu verminderter Sehfitneß im abgedeckten Auge führen. Ein Sehtherapeut, Sehlehrer oder Verhaltensoptometrist kann Ihnen zusätzlich andere Möglichkeiten anbieten, ihre Augen zu bedecken.

Ich habe Wunder erlebt durch diese wirksame Form der Integrativen Sehtherapie. Früher schwachsichtige Augen begannen, wieder ins wahrnehmende Leben zurückzukehren, wie eine Frühlingsblume, die in der Sonne aufblüht. Ihre Kraft hinter den Augen wird aktiviert, so daß das schlafende Auge, der Nerv, und das Muskelgewebe wieder angeregt werden. Ich habe Menschen mit dicken Brillengläsern gegen Kurzsichtigkeit, Weitsichtigkeit oder Astigmatismus gesehen, die ihre Brillenverschreibungen um ein Drittel oder um die Hälfte reduzieren konnten und in manchen Fällen die Brille für immer wegließen.

Susan

Susan war 69 Jahre alt und hatte schon eine größere Selbstheilungserfahrung gemacht. Sie hatte sich, trotz eines Todesurteil ihres Arztes, selbst von Krebs geheilt. Nur ein wenig weitsichtig, machte sie sich Sorgen, als ihr Augenarzt einen Katarakt (Grauer Star) in ihrem linken Auge diagnostizierte. Sie konsultierte mich, um ein Programm der Integrativen Sehtherapie für Zuhause zu beginnen, das ihr Sehvermögen verbessern sollte.

Als erstes trug Susan auf ihrem rechten Auge eine Augenklappe, um ihre Wahrnehmung durch Sally ganz zu erfahren. Viele starke Gefühle tauchten auf. Dann verwendete sie die Augentest-Tafel und begann herauszufinden, wann ihre Augen unbeweglich wurden und starrten. Durch Atmen und indem sie ihren Augen erlaubte, sich zu bewegen, bekam sie Zugang zu ihren Gefühlen und fing an, mehr zu sehen.

Susan nahm mehr Vitamin C zu sich und aß frisches Obst, grünes Blattgemüse, Algen wie Arame und Hizike (eine hervorragende Quelle für Spurenelemente). Sie visualisierte auch, wie sich das Kataraktmaterial löste. Susan entdeckte bald mehr ihrer emotionalen Wahrheit und weiblichen Kraft.

Nach sechs Monaten hatte sich die Fitneß ihres Sehvermögens um mehr als 60 Prozent erhöht (d. h. die Wahrnehmung durch ihr linkes Auge nahm zu). Sie läßt jetzt bei ihrem Augenarzt untersuchen, ob es auch strukturelle Veränderungen und Verbesserungen in ihrem Auge gibt.

Als sie zur Integrativen Sehtherapie kam, brachte Susan die starke Absicht, ihr Sehvermögen zu heilen und ein gänzlich produktives Leben zu führen, mit. Derzeit arbeitet Susan in einer Organisation, die krebserkrankte Menschen unterstützt – ihre Fähigkeiten und persönlichen Erfahrungen derart einsetzend, daß es andere Menschen mit lebensgefährlichen Krankheiten stärkt. So eine Stärkung scheint entscheidend dafür zu sein, seine eigenen Visionen erfolgreich in die Welt zu setzen.

Wie ich in Kapitel 1 beschrieben habe, kann ein modifiziertes Brillenrezept Ihr gewohntes Muster – mehr zu schauen als zu sehen – verändern. Wenn Sie sich mit Ihren Absichten im Leben befassen, ist es nötig zu schauen *und* zu sehen. Ein wenig Verschwommenheit zu erzeugen, bringt Sie an den Rand Ihrer Behaglichkeitszone. Wenn Sie Momente visueller Unbewußtheit haben, wird Sie die gesteigerte Verschwommenheit dazu aufrufen, aufzuwachen. Ihr neuer Zustand von Bewußtsein erfordert visuelle Wachsamkeit. Eine schwächere Augenglasverschreibung erlaubt Ihnen, die Vorteile der Verschwommenheit und/oder Klarheit Ihres Sehens, ohne Sehhilfe zu erfahren. Starke Brillen nehmen die Verschwommenheit fort, die Ihnen erlaubt, in einer anderen Dimension zu sehen.

Meine Verschwommenheit und meine Doppelbilder ermöglichen mir, die Energie, die rund um die Gesichter meiner Patienten strahlt, zu sehen. Ich verbinde ihre Worte mit dem, was ich in der gemessenen Verschwommenheit sehe. Verbringen Sie Zeit mit Ihrer Verschwommenheit. Was entdecken Sie? Was können Sie anders sehen und in Ihrem Leben Zuhause kreieren, das Ihnen täglich Zeit und Raum gibt und Sie schärfer sehen läßt? Ihre Reaktion auf Verschwommenheit ist bedeutend größer als Ihre Illusion darüber, wie schlecht sie für Sie ist. Es gibt Grade von Verschwommenheit. Lernen Sie, die leichte Verschwommenheit des schwächeren Brillenrezeptes nicht mit der Verschwommenheit zu vergleichen, die Sie üblicherweise ohne Brille oder Kontaktlinsen erleben. Entspannen Sie sich, indem Sie atmen und blinzeln.

Sobald ich mit der Integrativen Sehtherapie begonnen hatte, beobachtete ich in meinem eigenen Fall die Variabilität meiner Doppelbilder: wenn äußere Einflüsse mich störten, ich unpassende Nahrung zu mir nahm oder sportliche Übungen machte. Wenn ich klar wurde und meine Absicht, nicht auf unbewußte Weise zu leben, ausdrückte, nahm die Häufigkeit der Doppelbilder ab. Wenn Sie nicht scharf sehen, können Sie ebenso für sich selbst diesen Test machen und die speziell gestaltete Augentest-Tafel für die Nähe und die für die Ferne verwenden. Meine Patienten bemerken, wie sich ihre verschwommene Sehweise verändert, wenn ihre Verpflichtung, in ihrem Leben klar zu sein, zu- und abnimmt.

Sam

Sam wollte mehr Kontrolle über sein abnehmendes Sehvermögen erlangen und erwarb eine 20/40 Brille. Als ich ihn bat, sich für 15 Minuten am Tag zu Sehspielen zu verpflichten, zögerte er. Ich erwähnte, daß ihn die vergrößerte Unschärfe, die er erlebte, wenn er durch seine neue Brille sah, mehr stören würde, wenn seine Absicht, klare Wahrnehmungen in sein Leben zu bringen, nicht realisiert wurde.

Nach einigen Monaten rief er an und beklagte sich darüber, daß die Verschwommenheit ihn störte und daß er wieder eine stärkere Brille haben wolle.

Die Verschwommenheit resultiert aus einer größeren Streuung des Lichtes über die Netzhaut, die dazu aufruft, die blinden Flecken in Ihrem Leben mehr zu sehen. Wenn Sie keine Absicht haben, mit diesen Kernthemen umzugehen, können die Brille und die Maßnahmen der Integrativen Sehtherapie lästig und beunruhigend erscheinen.

Peter

Peter, ein Ingenieur, war Ende 40, als er von Integrativer Sehtherapie hörte. Zuerst übte er, Zeit ohne seine dicke Brille zu verbringen. Er konnte ohne seine Brille das große E auf der Augentest-Tafel seines Augenarztes nicht erkennen. Er fand einen verständnisvollen Sehtherapie-Optometristen, der ihm eine schwächere Brille verschrieb. Seinen Erfolg faßte er in einem Brief an mich zusammen.

> *Ich habe ungefähr 40 Jahre lang Brillen getragen, und bis vor etwa einem Jahr glaubte ich, daß die einzige Möglichkeit, richtig zu sehen, die Verwendung von Brillen oder die Durchführung einer dieser Hornhautoperationen sei. Ich habe entdeckt, daß das nicht der Fall ist und daß es natürliche Maßnahmen gibt, das Sehvermögen zu verbessern. Außerdem kann es überaus anregend sein, den Prozeß der Sehverbesserung zu erleben, besonders, wenn man dem Glauben verfallen war, daß Brillen oder eine Operation die einzigen Antworten seien.*
> *In meinem Fall war mein Sehvermögen vor einem Jahr bei 20/400, und meine Brillen hatten eine Stärke von -4.50 Dioptrien, mit bifokalen Gläsern und Prismen, um meine Doppelbilder zu kompensieren. Ich war von meinen Brillen völlig abhängig. Derzeit ist mein Sehvermögen bei 20/80 (58.5 Prozent Klarheit) bis 20/100 (48.9 Prozent Klarheit) und das Rezept meiner Brille hat -2.50 Dioptrien, ohne Prismen oder bifokale Gläser. Meine Augen werden immer noch besser, und ich bin zuversichtlich, daß ich an einen Punkt gelange, an dem ich fast gänzlich ohne Brille auskommen werde. Ich möchte auch betonen, daß ich keine Operation an meinen Augen durchführen*

ließ, obwohl qualifizierte Augenärzte in der Vergangenheit vorgeschlagen hatten, daß eine solche aufgrund meiner Doppelbilder notwendig wäre.

Peter hat seitdem weiter Fortschritte gemacht, und es gibt nun auch Zeiten während heller sonniger Perioden, in denen er gut genug sieht, um legalerweise autofahren zu können. Diese Art der Verbesserung ist für hochmotivierte Menschen wie Peter ziemlich normal. Bei seinem letzten Besuch zeigte er mir stolz eine Computergrafik über die Verbesserungen, die er erreicht hatte.

Von einem wissenschaftlichen Standpunkt aus betrachtet sind zwei entscheidende Variablen im Spiel, wenn das Sehvermögen besser zu werden beginnt. Die Messungen der optischen Variablen im Auge, Brechung genannt, bestimmt die Stärke der Brille oder der Kontaktlinsen (Die Brechkraft von korrigierenden Linsen wird in *Dioptrien* gemessen, Einheiten, die in Viertelschritten größer oder kleiner werden. Je höher die Zahl, desto stärker ist die Linse. Ein Plus vor der Zahl zeigt eine Korrektur für Weitsichtigkeit an, ein Minus deutet auf Kurzsichtigkeit). Sie können sich das als die Messung der Struktur des Auges denken. Das Resultat Ihres Schauens auf eine Augentest-Tafel zeigt Ihre Wahrnehmungsfähigkeit zu sehen an. Das ist eine *funktionale* Messungen Ihres Sehvermögens und entspricht nicht notwendigerweise den *strukturellen* Ergebnissen.

Tatsächlich ist es normal, daß zwei Menschen mit gleichwertigen strukturellen Ergebnissen bei funktionalen Messungen mithilfe der Augentest-Tafel bis zu 60 Prozent voneinander abweichen können. Aus diesem Grund könnte Ihr Augenarzt Ihre Verbesserungen, die Sie an der Augentest-Tafel feststellen, widerlegen: die Brechungsverhältnisse in Ihrem Augapfel könnten sich nicht bedeutend geändert haben. Das ist sehr häufig so.

Meine Forschungsergebnisse, die jetzt in klinischen Versuchen von mindestens 30 anderen Augenärzte erhärtet wurden, zeigen an, daß sich die Struktur des Auges sehr viel später verändert, als daß sich Verbesserungen auf der Tafel einstellen. Manchmal dauert es bis zu neun Monate, bis die Messungen des Auges die ersten Veränderungen anzeigen.

In einer Doppelblindstudie, die 1982 am College für Optometrie an der *Pacific University* in Oregon durchgeführt wurde, wurde bei einer Gruppe von 44 Leuten bei einem dreiwöchigen Experiment, das sich an der Integrativen Sehtherapie orientierte, durchschnittlich eine 50-prozentige Verbesserung der Sehkraft gemessen. Auch die Messungen der Brechkraft wurden aufgezeichnet, doch anders als die Wahrnehmungsverbesserungen der Sehkraft waren die strukturellen Ergebnisse in der statistischen Betrachtung nach drei Wochen nicht anders. Eine Kontrollgruppe, deren Mitglieder den gleichen Tests unterzogen wurden, jedoch ohne Behandlung, wies nicht die gleichen statistisch bedeutenden Verbesserungen der Sehkraft auf. Auch nachdem sie eine identische Sehtherapie erhalten hatten, jedoch ohne die intensive Unterstützung, blieben die Ergebnisse unter einem aussagekräftigen Niveau. Die Ergebnisse dieser Studie wurden 1982 auf einem Treffen der *American Academy of Optometry* in Chicago präsentiert und danach in meinem Buch *Spielend besser sehen* veröffentlicht.

Joanne

Joannes ursprüngliches Brillenrezept war -10.50 mit -1.25 Dioptrien Astigmatismus. Da sie keine Kontaktlinsen tragen konnte, ging sie nie ohne ihre Brille aus dem Haus. Sie wandte Zuhause Integrative Sehtherapie an und nach vier Jahren war der Astigmatismus verschwunden und die Dioptrien auf -5.00 gesunken. Das waren tatsächliche strukturelle Veränderungen – bestätigt von einem Augenarzt, der nicht an dem Sehtherapie-Programm beteiligt war. Joanne trug außerdem ihre Brille um 85 Prozent seltener.

Es ist üblich, daß Menschen mit weniger Kurzsichtigkeit und Astigmatismus als Joanne ganz ohne Brille leben können, wenn sie einmal die Sehtherapie in ihr Leben integriert haben und wenn sie Filter mit weniger Dioptrien haben – Linsen, die die wahrgenommene Wahrheit der Vergangenheit verbergen, um sie von der Sicht vor den Augen zu entfernen.

Bei Weitsichtigkeit können die Dioptrien schneller reduziert werden, abhängig vom Alter der Person. Jenseits der 40 ist der Prozeß wegen der Veränderungen der Nahsicht etwas komplizierter. Klinische Beweise zeigen jedoch, daß die Sehtherapie die visuellen Funktionen verbessern kann. Die entstandenen Vorteile beugen zukünftigen strukturellen Entstellungen und Krankheiten vor, wenn die Übung täglich fortgesetzt werden.

Es ist leicht, sich dazu verführen zu lassen, sich ausschließlich damit zu befassen, die numerischen Veränderungen der optischen Variablen verstehen zu wollen, während man die Integrative Sehtherapie anwendet. Aber erinnern Sie sich daran: Ihre wahre Absicht ist es, neue Arten des Sehens in Ihr Leben zu integrieren. Verstehen Sie, was Ihre Augen Ihnen mitzuteilen versuchen. Ruhen Sie Ihre Augen aus, atmen Sie und seien Sie präsent. Arbeiten Sie daran, mit Ihrem Herzen zu sehen. Üben Sie, auf alles in Ihrem Leben mit Freundlichkeit zu schauen. Das ist die nachhaltige Weise, die besten Resultate zu erschaffen.

Sich der Angst hingeben

Eine meiner größten Ängste im Leben war, mich dafür zu öffnen, verletzlich zu sein. Meine Berufsausbildung hatte mich geschult, der unbesiegbare Heiler zu sein. Ich durfte meine Menschlichkeit oder emotionale Zerbrechlichkeit nicht zeigen.

Mitte 30 hatte ich in einem bestimmten Sinn den Höhepunkt meiner Karriere in klinischer Optometrie und als Wissenschaftler erreicht. Doch ich fühlte mich leer, mein Herz war verschlossen, und ich sehnte mich danach, mich auf eine andere Weise auf Menschen und das Leben zu beziehen.

Ich begann, mich mit Bekannten und Freunden zu umgeben, die bereit waren, mir ehrlich ihre Wahrnehmungen von mir mitzuteilen. Meine Doppelbilder wurden seltener, aber ich mußte noch die Kraft meiner Intuition, Kreativität und meines Herzens befreien.

Ich veränderte meine Ernährung weiterhin und genoß das Ritual der Nahrungszubereitung. Da ich glaubte, daß rotes Fleisch nicht gesund war, hatte ich eine vegetarische Diät eingehalten, aber als ich auf meinen Körper hörte und fühlte, was er brauchte, nutzte ich mein Wissen über gesunde Ernährung auf weniger restriktive Weise und schloß biologisches Fleisch und Wild in meine Auswahl ein. Das Essen wurde eine Zeremonie des Feierns und des Nährens. Ich suchte Körpertherapeuten aus, die mir mit Hilfe von Massage, Körperarbeit und Akupressur halfen, die physischen Sperren meiner Muskeln zu öffnen.

Ich vertiefte mein Verständnis der Beziehung zwischen meinen emotionalen Zuständen, meiner Wahrnehmung und meiner Skoliose (Krümmung der Wirbelsäule). Ich hatte Sehtherapeuten, die mich durch Prozesse führten, in denen ich nicht mehr länger meine verzerrte Wahrnehmung verleugnen konnte. Eines der stärksten Erlebnisse hatte ich im Büro des pensionierten Augenarztes Robert Pepper.

Dr. Pepper hatte ein Trampolin von olympischer Größe in seiner Praxis. Während der sechsten Stunde eines zwölfstündigen Programmes sprang ich auf dem Trampolin, währen er eine Folge von fünf Nummern in einer Geschwindigkeit, die zwischen 1/10 Sekunde und 1/250 Sekunde variierte, auf eine Leinwand projizierte. Ich rief die Zahlenfolgen, die ich sah, während ich sprang. Acht von zehn meiner Antworten waren richtig, bis Dr. Pepper eine Folge zu einem Zeitpunkt aufleuchten ließ, als meine Füße noch auf dem Trampolin waren. Zuvor hatte er die Bilder projiziert, als meine Füße in der Luft waren. Diese Abweichung von der Routine brachte meine Wahrnehmung derart aus der Fassung, daß ich die Ziffern in einem schrägen Winkel geneigt sah. Meine Persönlichkeit übernahm die Kontrolle, und ich bat Dr. Pepper, den Projektor scharf einzustellen. Er sagte, daß er den Fokus nicht verändert hätte.

Das Ergebnis war sehr demütigend, und ich erkannte, daß sich meine Wahrnehmung in einem Moment von negativem Stress und dem Gefühl, nicht mehr die Kontrolle zu haben, in dem gleichen schrägen Winkel meines Astigmatismus verzerrt hatte. Dieses Feedback war das ganze Programm Wert. Ich brach auf der Matte zusammen, und nachdem ich mich eine Weile aufmerksam gespürt hatte, ging ich die Verpflichtung ein, die Wahrheit zu sehen. Ich erlangte meine Kraft wieder und gelobte, die zukünftigen Verzerrungen in meinem Sehvermögen, oder wie ich das Leben sah, zu beobachten.

Angst läßt uns auf der Stelle einfrieren. Wir sehen die blinkenden blauen und roten Lichter, das Schwitzen beginnt, und wir werden wie die Kinder, die zum Direktor gerufen werden. Statt die Verantwortung für unsere Taten zu übernehmen, verleugnen wir vielleicht unsere Handlungen und versuchen, uns aus der Situation herauszureden. Wenn wir Erfolg haben, klopfen wir unserer Persönlichkeit auf die Schulter und stürzen uns wieder ins Leben.

Während ich eines Tages auf spezielle Markierungen in der Iris eines Patienten schaute, begann ich all die möglichen Variationen von Angst zu zählen: Angst, im Stich gelassen zu werden, vor Trennung, Zurückweisung, Liebesverlust, Armut, Strafe, angegriffen zu werden, vor Veränderung, Mißbrauch, Dunkelheit, Blindheit, Dämonen, zu stürzen, vor Wahnsinn, Demütigung, Fehlern, Versagen und dem Tod. Es ist erstaunlich wie Angst unsere Wahrnehmungen dominieren kann und wie sie sich auf unser Leben auswirkt. Susan Jeffers Buch *Selbstvertrauen gewinnen – Die Angst vor der Angst verlieren* hat vielen von uns geholfen, Angst in einem neuen Licht zu sehen. Ich lehre meine Patienten einen Prozeß, der diese Idee noch vertieft.

Legen Sie Ihren Zeige- und Mittelfinger unter Ihr Handgelenk und finden Sie Ihren Puls. Denken Sie jetzt an die Liste der Ängste von vorhin und wählen Sie ein Ding, das Sie am meisten fürchten. Häufig wählen meine Patienten Angst vor Trennung oder vor Liebesverlust. Wenn Sie die Angst fühlen, verändert sich Ihr Puls? Bemerken Sie die Veränderung, denken Sie dann an etwas Begeisterndes in Ihrem Leben. Fühlen Sie wieder, ob es eine Veränderung gibt. Normalerweise gibt es keine bedeutende Veränderung zwischen dem Pulsschlag bei Angst und bei Begeisterung, woraus wir schließen können, daß der Körper den Unterschied nicht kennt. Nur unsere Persönlichkeit oder unser Überlebensmechanismus kennt den Unterschied.

Die Heilkraft ist der Schalter in unserem Geist, der uns befähigt, ein Gefühl der Begeisterung statt des Gefühls von Angst zu erzeugen. Nehmen Sie ein negatives Ereignis eher als Möglichkeit denn als Krise. Der Wandel in unserer Wahrnehmung stimuliert diese innere Transformation.

Carol

Carol sah ihr Leben in zwei unterschiedlichen Teilen: Einerseits ihr Wunsch, ihren Beruf als Lehrerin für Drama und Theater an der Universität auszuüben und andererseits der Wunsch, eine Beziehung mit ihrem Geliebten zu führen, mit dem sie seit zehn Jahren zusammenlebte. Für ihren Beruf benötigte sie ein intensives Maß an Konzentration – das strapazierte das Gleichgewicht zwischen diesen beiden Wünschen. Das erste Anzeichen eines Zusammenbruches hatte sich schon vor zehn Jahren gezeigt, als eines Tages ihr Körper ein Warnsignal namens *einseitige Fazialisparese* aussandte. Ein Hauptnerv des Gehirns war gelähmt und die ganze linke Seite von Carols Gesicht erstarrte. Carol, die gerade 35 war, unternahm die notwendigen Erste-Hilfe-Schritte, um mit dieser Krise fertig zu werden – sie ließ eine medizinische Diagnose erstellen und gönnte sich mehr Ruhe. „Lebensverändernde" Entscheidungen schloß sie jedoch aus: Erst vor kurzem war sie quer durch ganz Nordamerika umgezogen und ihre Beziehung war für sie damals sehr neu. Ihre Krise mußte erst in der Form einer anderen Notsituation wiederkehren, bevor Carol die Bedeutung der Botschaft ihres Körpers verstehen würde. Sie selbst bekannte sich zu ihrem enormen Bedürfnis, Theater zu spielen und zu unterrichten. Der Gedanke, kürzer zu treten oder aufzuhören erschreckte sie.

Carols Weitsichtigkeit und Astigmatismus zeigten sich als Verschwommenheit entlang des Wahrnehmungsmeridians der spirituellen Kommunikation. Sie hatte unbewußt die Wahl getroffen, den spirituellen Teil ihrer Existenz zu blockieren und hatte ihn durch Arbeit, Arbeit und nochmals Arbeit ersetzt, um ihre innere Sehnsucht zu stillen. Aber warum? Was vermied sie? Das sollte sich erst zehn Jahre später offenbaren, als alles zum Stillstand kam. Ihre physischen Bremsen wurden betätigt, als sie Doppelbilder hatte, meistens in einer Entfernung von zweieinhalb Metern oder mehr. Ihre Abhängigkeit von Augengläsern begann zu wachsen. Ihr „Geschenk" Krankheit war eine diagnostizierte *Myasthenia Gravis,* eine Augenkrankheit für die es zu dieser Zeit nur wenige oder keine verfügbaren Gegenmaßnahmen gab. Ihre Doppelbilder waren sehr störend und unbequem. Ihr Partner mußte sie 25 Kilometer zur Arbeit fahren und sie wieder abholen. Endlich wurde Carol die Botschaft, die ihr Körper ihr sendete, klar. Sie mußte innehalten und ihr Leben neu überdenken.

Durch meine Interaktionen mit Carol begann sie zu sehen wie ihr Astigmatismus danach schrie, ihrem physischen und spirituellen Wohlbefinden mit mehr Aufmerksamkeit zu begegnen. Ihre Weitsichtigkeit war ein rebellisches Nach-außen-stoßen ihrer Persönlichkeit, das jenseits ihres inneren Selbst auf ihre Karriere und ihre Leistungen fokussierte. Bald nachdem wir mit der Integrativen Sehtherapie begonnen hatten, entschied sich Carol, einen neunmonatigen Forschungsurlaub zu nehmen, um eine tiefe Heiltransformation zu initiieren. Endlich achtete sie auf ihren Körper und seine tiefen inneren Botschaften. Zum ersten Mal überhaupt erlaubte sie anderen, ihr zu helfen. Sie aktivierte die Kraft hinter ihren Augen, indem sie sich erlaubte, Liebe und Unterstützung von fünf bedeutenden Menschen in ihrem Leben zu empfangen. Carol ergab sich der Angst, blind und hilflos zu sein. Aus diesem Verständnis erwuchs ein neuer und ausgewogener Lebensstil. Wundersamerweise begannen ihre Doppelbilder zu einem gesünderen Bild zusammenzuschmelzen, als sie eine vereinheitlichte Wahrnehmung ihrer Arbeit und ihres Privatleben in ihre tägliche Existenz integrierte.

Meine erste Erfahrung, Angst in Begeisterung umzuwandeln, hatte ich, als meine Tochter fünf Jahre alt war. Eines Tages gingen wir zusammen auf einen Festplatz. Als wir herumgingen und die verschiedenen Karusselle und Belustigungen anschauten, deutete Julia auf eine Rutsche und sagte, daß sie auf ihr rutschen wolle. Das schien eine ziemlich ungefährliche Sache zu sein und so hielt ich sie fest und gemeinsam ging es los. Als wir mehrmals gerutscht waren, erwachte ihr Appetit auf abenteuerlichere Unternehmungen. Sie deutete auf eine schnellere und aus meiner Sicht für eine Fünfjährige gefährlichere Rutsche – auf der sie noch dazu alleine rutschen mußte. Ich ertappte mich dabei, nein zu sagen und erkannte, daß Julia begeistert war und ich Angst hatte, daß sie hinunterfallen und sich verletzen würde.

Ich schaute auf das halbleere Glas! Ich veränderte meinen Wahrnehmungsprozeß und sagte okay. Sie hielt sich sehr gut fest, schrie und hatte wahnsinnigen Spaß. Ich erinnere mich daran, daß mich meine Mutter von einer Rutsche wie dieser herunternehmen mußte, weil ich mich erbrach. Damals war ich acht Jahre alt. Als ich diese Verbindung hergestellt hatte, fühlte ich, wie sich meine Angst legte und ich von Julias Begeisterung angesteckt wurde. Ein Jahr später besuchten Julia und ich Disneyland. Ich versprach mir selbst, daß wir keine Fahrt auslassen würden. Ich wollte in meine Ängste eintauchen und sie in Begeisterung umwandeln, und das taten wir auch!

Kapitel 5

Die Herausforderung, klar zu sein

Das innere Sehen verändert das äußere Sehen.
JOSEPH CHILTON PEARCE

Die Menschen brauchen ein Gefühl der Sicherheit, einen Platz, wo sie ihre Mauern und Schutzwälle weglassen und darüber sprechen können, was wirklich in ihrem Leben vor sich geht, ohne Angst zu haben, daß irgend jemand sie beurteilt oder zurückweist.
DR. DEAN ORNISH

Visueller Lärm

Wir als menschliche Wesen zahlen einen Preis für die erstaunlichen Technologien, die wir geschaffen haben. Via Fernsehsender wie *CNN* können wir Berichte aus erster Hand über Kriege und Konflikte in der ganzen Welt von unseren Wohnzimmern aus sehen. Computer lassen uns mit Hilfe von Emails und elektronischen Nachrichtenbrettern über die ganze Welt reisen und mit unseren Freunden in aller Welt sprechen. Videospiele geben den Kindern die Möglichkeit, ihre Hand-Augen-Koordination zu entwickeln. Die schlechte Nachrichte ist allerdings: Unsere Augen sind nicht dafür gebaut, eine dieser Aktivitäten für längere Zeit auszuüben. Wir können die Augen überanstrengen, und wenn das anhält, werden Anlagen zur Kurzsichtigkeit, Weitsichtigkeit oder Astigmatismus gefördert. Die Anzahl der Menschen, die Hilfe für ihre Augen und ihr Sehvermögen suchen, ist in den letzten zehn Jahren bedeutend angestiegen.

Es ist leicht, während des Fernsehens oder bei Computerarbeit in eine Form von „Unbewußtheit" zu fallen. Kinder scheinen, während sie Videospiele machen oder einen Film im Fernsehen anschauen, in einer hypnotischen Trance zu sein. Die Augenmuskeln können in ihrem Fokus erstarren, was zu Symptomen wie verschwommenes Sehen, oder müde, brennende oder tränende Augen führen kann. Die Eintönigkeit der meisten elektronischen Geräte erzeugt eine einseitige Denkart. Mit der Zeit erzeugt das eine Art der Habituation des Geistes und unser Sehsinn wird stumpf.

Die Augen müssen sich bewegen, um für das Sehen stimuliert zu werden, aber für die meisten von uns ist unsere moderne Welt voll von zu viel visueller Stimulation. Haben Sie bemerkt wie müde Sie sich fühlen, nachdem Sie in einem belebten Supermarkt oder in einem Einkaufszentrum waren? Das typische visuelle Einkaufsumfeld ist so gestaltet, daß Ihre Aufmerksamkeit eingefangen wird. Ihr bewußtes Sehen kann nicht mit soviel visueller Stimulation oder „visuellem Lärm“ fertig werden.

Die gleiche visuelle Vergewaltigung passiert in großen Städten, in Arbeitsumfeldern und traurigerweise in Schulen. In den meisten Fällen sind die Augen eines Schulkindes mit visueller Stimulation von Büchern, Tafel, Videobildschirmen und Microfiches überladen. Die natürliche Reaktion ist, das foveale Sehvermögen abzuschalten und aufzuhören zu schauen, aber die Herausforderung liegt darin, daß die sehende Netzhaut immer noch von einem Großteil dieses visuellen Lärms bombardiert wird. So kann es sein, daß wir uns immer noch erschöpft fühlen. Vergleichen Sie diese Art der Stimulation mit der in der Natur, wo die Augen sanft über grüne Vegetation, fließendes Wasser, und sandiges, zerfurchtes oder rollendes Terrain wandern können und dort innehalten und scharf stellen können, wo auch immer gerade unsere Aufmerksamkeit eingefangen wird. Diese natürliche Art, unsere Augen zu verwenden, unterstützt die Integrität der visuellen Funktion.

Derselbe visuelle Lärm, der das Abschalten des fovealen Sehvermögens fördert, kann konstruktiv benutzt werden. Wenn wir gewillt sind, einige Verantwortung zu übernehmen, können wir unsere Augen und unser Sehvermögen schützen und müssen den Computer, das Fernsehen und die Videospiele nicht aufgeben. Regelmäßige Pausen und Sehspiele können Entspannung und ein hohes Niveau an Sehfitneß erzeugen.

Wenn Sie bemerken, daß Ihr Verstand abschweift und Ihre Augen müde oder schläfrig werden oder zu brennen anfangen, machen Sie eine Pause. Wenn Sie Ihre Augen in einer visuellen High-Tech-Umgebung einsetzen, könnten Sie sich vielleicht einen Wecker auf jeweils 30 oder 60 Minuten einstellen. Der wird Sie daran erinnern, eine Pause zu machen. Ihre Augen werden die Ruhe lieben. Wenn der Alarm ertönt, bedecken Sie Ihre Augen und palmieren Sie mindestens fünf verbundene Atemzüge lang (siehe Seite 53).

Ich persönlich bin dankbar für diesen visuellen Lärm, jetzt, wo ich mir der Empfindlichkeit meiner Augen und meines Sehvermögens mehr bewußt bin. Bevor ich an einem Computer gearbeitet habe, hielt ich kaum jemals während des Tages inne, um zu atmen und meine Augen mit den Händen zu bedecken. Jetzt verlasse ich oft meinen Schreibtisch, um meinen Körper zu dehnen und zum Fenster hinauszuschauen. Versuchen Sie das selbst: Lassen Sie Ihren Geist den Job, den Sie gerade machen, verlassen und machen Sie in Ihrer Vorstellung einen Urlaub in Griechenland: warmer Sand, heiße Sonne und Entspannung für Ihren Geist und Ihre

Augen. Nach dem Palmieren schauen Sie eine Zeitlang in die Ferne, am besten zu einem Fenster hinaus. Lassen Sie Ihre Aufmerksamkeit und Ihren Fokus weit weg gehen und denken Sie an Sommer, Urlaub, Schwimmen und Spaß.

Wieder zurück am Computerbildschirm, lassen Sie Ihre Augen alle 30 Minuten ein Wanderspiel machen: Befestigen Sie leuchtend bunte Sticker an den vier Ecken des Bildschirmes. Stellen Sie sich vor, daß Ihre Augen wie ein Insekt sind, das von einem Eck zum anderen springen kann. Während Sie die Augen hin und her bewegen, atmen Sie und erfreuen Sie sich an der Bewegung. Solange Ihre Augen sich bewegen, strengen sie sich weniger an und Sie werden nicht versucht sein, irgend etwas zu sehen. Schauen Sie wiederum aus der unmittelbaren Nähe in die Entfernung.

Ihre Augen und der Zustand von Krankheit oder Wohlbefinden geben Ihnen die Möglichkeit, als Person zu wachsen. Behandeln Sie die Integrative Sehtherapie als ein Übergangsritual zu einem höheren Bewußtseinszustand. Probleme verwandeln sich in Herausforderungen, und das Element der Begeisterung bereichert Ihren Lebensweg. Das Resultat ist eine zunehmende und von innen kommende Kraft und Erleuchtung.

Beobachten Sie Ihr tägliches Leben in bezug auf automatisches Verhalten. Folgen Sie derselben Routine? Wenn ja, benötigt Ihr Sehvermögen Anregung, einen Wechsel im Tempo. Der kreative Teil Ihres Geistes kann Lösungen finden, gewohnheitsmäßige Muster zu beenden. Die Sehspiele, die Sie lernen, sind ein kreativer Weg für Sie, wieder auf ausgewogene Weise zu schauen (tun) und zu sehen (sein).

Warum haben wir als Kultur eine Welt voll von visuellem Lärm erschaffen? Wie beeinflußen diese äußeren Störungen unsere Essenz? Tragen sie etwas dazu bei oder nehmen sie etwas davon weg? Denken Sie daran, wie visueller Lärm die traditionelle Familie zerschlagen hat. Es ist nicht ungewöhnlich, daß Kinder ihren eigenen Fernsehapparat in ihrem Zimmer haben. Ihr Sehsinn wird von Informationen über unwichtige Dinge, die es zu kaufen gibt, zugeschüttet. Die Familienmitglieder verbrachten früher Stunden damit, einander Geschichten aus der Sippe zu erzählen. Fertigkeiten wurden mittels Geschichten weitergegeben, die Familien beteiligten sich an den Aktivitäten rund ums Haus und gemeinsam kultivierten und bebauten sie das Land. Zu jagen, Häuser zu bauen und Zeit im Freien zu verbringen, stimulierte die Augen und das Sehvermögen.

Jetzt haben wir das Gefühl, daß wir gute Gründe haben, uns davor zu hüten, zu viel Zeit im Freien zu verbringen: Die Sonne könnte unserer Haut schaden, unsere Kinder gekidnappt werden, oder wir könnten von einem Fremden überfallen werden. Unsere Wahrnehmung ist in eine Verteidigungshaltung gegangen. Wir haben das Gefühl, daß wir uns vor dem

Verkäufer, dem Vertreter vor unserer Haustüre oder dem Bettler auf der Straße schützen müssen. Diese Art zu sein, bringt das autonome Nervensystem dazu, sich auf eine verteidigende Art zu verhalten. Die Flucht- oder Kampfreaktion setzt ein, und die Funktion unserer Augen wird von einem Nervensystem kontrolliert, das von Angst gesteuert wird. Das verschiebt das Gleichgewicht in Richtung des Persönlichkeitsteiles unseres Geistes.

Wenn die Menschen die Welt als unfreundlich wahrnehmen, stellen sie sich vor, daß äußere Kräfte sie angreifen. Früher waren die wilden Tiere unsere Feinde, heute ist es der Verkehr in der Hauptverkehrszeit, der bellende Nachbarhund, eine plärrende Stereoanlage etc. Diese Wahrnehmungen verschlimmern das Gefühl, allein zu sein und gegen eine Welt von Feinden anzukämpfen noch weiter. Ihre Wahrnehmungen sind vom visuellen Lärm betäubt, und Ihre Augen beginnen von einer angstvollen „Opferposition" her zu schauen.

Erlangen Sie Ihre Kraft als menschliches Wesen durch integriertes Atmen wieder. Anerkennen Sie, wie Ihr Leben durch die modernen Annehmlichkeiten unterstützt wird, aber verbringen Sie Zeit, in der Sie nicht fernsehen, lesen oder am Computer arbeiten. Gehen Sie in der Natur spazieren, schauen Sie auf einen Fluß, See oder den Ozean, oder besteigen Sie einen Berg. Bieten Sie Ihren Augen vielfältige Erlebnisse. Fühlen Sie, wie die Kraft der Natur Ihre „visuellen Batterien" auflädt. Geben Sie Ihrer Seele die Möglichkeit, sich auszuruhen, wenn sie das nächste Mal mit dem Lärm Ihrer visuellen Welt konfrontiert wird. Jeder Moment ist eine Möglichkeit, Ihr Sehvermögen anzuregen und zu entspannen.

Dolly

Dolly kam zu mir, weil sie Hilfe gegen ihre Kurzsichtigkeit suchte. Bei einem ausgedehnten Aufnahmeinterview fanden wir heraus, daß der Beginn ihrer Kurzsichtigkeit mit der Scheidung ihrer Eltern vor mehr als 20 Jahren zusammenfiel. Die Scheidung hatte bei Dolly ein Gefühl der Zerrissenheit zwischen ihren beiden Elternteilen hinterlassen. Nach dieser Scheidung wurde Dolly überfokussiert auf Unabhängigkeit. Auch schwor sie sich, eines Tages einen wunderbaren Ehemann und eine Familie zu haben.

Sie war Therapeutin und befand sich nun in einem Alter, in dem sie sich sozial unter Druck fühlte zu heiraten und Kinder zu bekommen. Wenn sie ihre Freundinnen mit ihren Familien sah, machte sie sich Sorgen über ihre eigenen Zukunft. Dolly hatte sich mit einer Ausbildung abgesichert und ihr eigenes Heim gekauft. Jetzt hatte sie die Vision, einen neuen Weg zu beschreiten, ihre eigene Praxis zu eröffnen und von Zuhause aus zu arbeiten. Dolly hatte verschiedene Beziehungen, aber als sie Gary kennenlernte, hatte sie das Gefühl, einen Mann getroffen zu haben, den sie gerne heiraten würde. Jedoch gab es da Komplikationen. Gary war verheiratet und hatte zwei kleine Kinder. Wie das am Anfang einer Beziehung üblich ist, machte das Feuer des Werbens Dolly blind für diese Schwierigkeiten. Gary versprach, sich von seiner Frau scheiden zu lassen, aber er mußte für seine beiden Töchter aufkommen und hatte nur ein kleines Einkommen. Dolly sehnte sich verzweifelt danach, einen Mann zu haben, den sie lieben und um den sie sich kümmern konnte, und sie hatte Angst, daß sie den Mann ihres Lebens nicht in der Zeit, in der sie Kinder bekommen konnte, finden würde. Sie lud Gary ein, zu ihr zu ziehen (obwohl er noch nicht geschieden war), da er nicht genügend Geld für eine eigene Wohnung hatte. Jetzt war der Bereich in Dollys Haus, der für ihre neue Praxis vorgesehen war, mit Garys Sachen belegt, inklusive eines riesengroßen Wasserbettes. Alle ihre Träume, sich selbständig zu machen, ordnete sie der Beziehung unter.

Gary fühlte sich in seinem neuen Zuhause ziemlich wohl. Dollys Verbesserung des Sehvermögens stagnierte. Gary machte ihr einen Heiratsantrag und überreichte Dolly einen Diamantring. Dolly liebte Gary und fühlte, daß sie ihren Seelenpartner gefunden hatte, und doch wurde sie in den nächsten sechs Monaten immer frustrierter.

Dollys Sehfitneß blieb mit ihrer schwächeren 20/40 Brille gleich, und sie machte keine Fortschritte in ihrem neuen Beruf. Daß sich ihr Sehvermögen trotz Sehtherapie nicht verbesserte, war der Indikator, den sie brauchte. Dolly erkannte, daß ihre Seele eine Veränderung wollte. Sie mußte in ihre Kraft kommen und die Realität dessen, was sie erschaffen hatte, sehen. Als sie ihre klare Sicht wiedererlangt hatte, ging alles sehr schnell. Sie bat Gary auszuziehen, mit seinem Wasserbett und all seinen Sachen!

Dollys visueller Fortschritt beschleunigte sich, und sie übernahm wahrhaft die Kontrolle über ihr Leben, das noch immer Gary miteinschloß, aber in einer Partnerschaft, in der beide unabhängig stark waren.

Dollys Geschichte illustriert den Gewinn, der darin liegen kann, ein Gleichgewicht in unseren persönlichen Wünschen nach Beziehung und Beruf anzustreben. Der visuelle Lärm, den wir in unserem Leben erschaffen und die Süchte, die wir zu sehen beginnen, können als rotes Licht dienen, das uns warnt, die Balance zwischen den Tun-Teilen und den Sein-Teilen in unserem Leben wiederherzustellen.

Ihre Süchte erkennen

Unsere visuelle Welt ist mit Dingen gesättigt. Wir produzieren Tonnen an Dingen, die unser Zuhause, unsere Büros und unsere Städte füllen. Die materialistische Welt schreit: Schau mich an! Wir fokussieren außerhalb von uns selbst, sind auf unsere Berufe, unsere Beziehungen und die Dinge, die wir kaufen können, um unsere angstvolle Persönlichkeiten zu befriedigen, fixiert. Die moderne Beschreibung für Gesundheit und Glücklichsein ist, uns mit raffinierten Lebensmitteln vollzustopfen, unsere Körper mit synthetischen Kleidungsstücken zu bedecken und uns selbst mit Ramsch zu umgeben. Das Aussehen nimmt einen höheren Stellenwert als unser Wohlbefinden ein. Designerstücke, Kosmetik, importierte Luxusautos und große Häuser sind die Illusionen des Erfolges. Wenn der Druck, das alles zu haben, eine Illusion ist, was ist dann Realität? In wahrer Zen-Art sagte einst ein Lehrer zu mir: „Denke ein paar Jahre über diese Fragen nach“:

- Was bringt Ihnen am Ende des Tages Stille im Geist?
- Welche Aspekte Ihres Lebens verbinden Sie mit Ihrer Seele?
- Wo in Ihrem täglichen Leben stellen Sie sich unter Druck, bestimmte materielle Dinge zu haben?
- Wann sind Sie – an einem typischen Tag und in einer typischen Woche Ihres Lebens – voller Freude und voller Licht?
- Was aus der äußeren Welt müssen Sie besitzen, um sich stark zu fühlen?
- Wo geben Sie Ihre Kraft ab?

Anne Wilson Schaef fragt in ihrem bahnbrechenden Buch *Im Zeitalter der Sucht. Wege aus der Abhängigkeit* danach, ob unser Lebensstil und ungelöste Probleme zu süchtigen Verhaltensmustern führen. Vielleicht ist das Suchen nach Lösungen für unsere Lebensprobleme außerhalb von uns selbst eine Form von visueller Sucht. Lang anhaltende äußere foveale Fixierung („nach der Antwort suchen“) führt zu einer Erschöpfung der Augen und des Geistes. Es ist harte Arbeit, nach außen zu fokussieren. Wenn Sie das integrierte Atmen und eine Kerzenflamme zu betrachten meistern, werden Sie bemerken, um wieviel entspannender es ist, nach innen zu schauen. Mit der Seele zu sehen ist weniger erschöpfend, als durch Ihre auf Überleben bedachte Persönlichkeit nach Antworten zu suchen. Die Absicht der Integrativen Sehtherapie ist es, Sie öfter durch die Filter Ihrer Seele sehen zu lassen und weniger oft durch die Ihrer Persönlichkeit.

Ihre Augen sind gebaut, mühelos auf das Leben zu fokussieren, was erfordert, daß sie sich bewegen. Eines meiner Lieblingssehspiele ist „Wandernde Augen". Während Sie auf die Augentest-Tafel für die Ferne oder für die Nähe schauen, bewegen Sie Ihre Augen von Buchstabe zu Buchstabe, so als ob Sie, während Sie einen Fluß überqueren, von Stein zu Stein springen.

Machen Sie diese Übung jetzt! Lassen Sie Ihre Augen umhertanzen, stoppen Sie sie an verschiedenen Punkten der Augentest-Tafel, während Sie mit dem „wandern lassen" der Augen vertraut werden. Verwenden Sie die Tafeln auf diese Weise schon heute, z.B. während Sie telefonieren.

Während einer Unterhaltung mit einem Freund lassen Sie Ihre Augen von seinen Augen zu seiner Nase tanzen, zu seinen Ohren, Augenbrauen, zu seinem Mund und zu seinen Wangen. Schauen Sie, ob Ihre Fähigkeit, das zu tun, Ihren Fokus verändert. Atmen und blinzeln Sie! Fangen Sie an, sich entspannt zu fühlen, während Sie Ihr Leben leben. Es ist nicht notwendig, daß Sie in einer Höhle leben, um sich vom Druck zu sehen zu befreien! Bringen Sie diese Prinzipien der Integrativen Sehtherapie in Ihr Bewußtsein! Jedesmal, wenn Sie Ihre gewohnheitsmäßige Art zu schauen unterbrechen, feuern Sie Ihre Kraft an. Erfreuen Sie sich an den Vorteilen des balancierten Sehens, während Sie sich von den starken Brillen lösen und Ihre Augen, Ihr Gehirn und Ihren Geist während des Tages entspannen. Wenn Sie entspannt und klar im Geist werden, feiern Sie Ihre neue Wahrnehmung der Herausforderungen, denen Sie sich in Ihrem Leben stellen.

Orientieren Sie sich an der folgenden Liste, um zu beobachten, wie Sie Ihre Augen während des Tages in diesen Situationen verwenden:

- auf dem Weg zur Arbeit
- beim Autofahren
- während Sie an einem Schreibtisch sitzen
- im Gespräch mit anderen Menschen
- wenn Sie mit Ihren Kindern beisammen sind
- beim Lesen
- beim Fernsehen
- am Computer
- beim Telefonieren

Was offenbaren Ihnen Ihre Augen? Welche süchtigen Muster lassen Sie weiterhin die Straße entlangrasen, beschäftigt mit dem Tun des Lebens, und die Schönheit rund um Sie gar nicht wahrnehmen? Eine Sucht ist ein Verhaltensmuster, das Sie im Leben ausspielen, um Ihre Gefühle zu schützen. Ihre Seele zu verkaufen ist eine andere Form von Sucht. Identifizieren Sie Ihre Suchtmuster und schreiben Sie sie auf – stellen Sie dann noch einmal die Frage: „Was will ich?“ Würdigen Sie Ihre Wahrheit – für Ihr Leben.

In der Augenheilkunde ist die größte Sucht das unkritische Verschreiben von starken Brillen. Es ist bedauerlich, daß die meisten Augenärzte noch nicht dafür sensibilisiert sind, daß Brillen ein süchtig machendes Gerät sind. Die meisten Menschen, denen Brillen verschrieben wurden, landen dabei, daß sie, wenn ihre Augen zum zweiten Mal untersucht werden, stärkere Brillen brauchen. Dann hat sie die nächstgrößere Sucht im Griff: Blindes Akzeptieren einer verschriebenen Brille als einzige Lösung für ein Sehproblem. Wahrscheinlich wurde Ihnen gesagt, daß Sie Ihre Brille tragen sollen, weil sie Ihr „Sehvermögen korrigiert“. Was der Doktor wirklich sagt, ist, daß die Brille Ihr verschwommenes Sehen kompensiert.

Eine künstliche Linse ist eine Verschreibung von einem Augenarzt oder einem Optiker. Die Wirksamkeit eines verschriebenen Medikaments wird sorgfältig reguliert, damit Sie nicht süchtig nach dieser Substanz werden. Ist es nicht Zeit für Sie, die Wirksamkeit der verschriebenen Linsen, die vor Ihren Augen sitzen, zu hinterfragen? Verschriebene Gläser, die zu stark sind, erschaffen eine süchtigmachende Illusion, daß die Welt perfekt klar ist.

Ich bin der Überzeugung, daß starke Brillen bei den meisten Menschen einen begrenzten, nicht multidimensionalen Zustand des Sehvermögens erzwingen. Ihre starke Brille hält Ihre Seele unterdrückt. Ihr Fokus auf die materielle, foveale, logische Ebene dominiert Ihr Sehen. Ihre emotionalen, fühlenden, herzverbundenen Wahrnehmungen beginnen zu leiden. Ihr beidäugiges Sehen desintegriert, und die Kluft zwischen der Wahrnehmung durch Ihre Seele und der durch Ihre Persönlichkeit wird vertieft. Das passiert, um Sie für die Notwendigkeit eines Sehens wachzurütteln, das jenseits des physikalisch Meßbaren liegt, das Sie als gegebene Grenze hinnehmen. Beidäugiges Sehen ist ein Sprungbrett zu höheren Ebenen des Sehens, auf denen die Seele und die Persönlichkeit noch stärker integriert werden.

Die Entwicklung der Integrativen Sehtherapie fand Ihren Ursprung in der Verschreibung von Gläsern. Nachdem ich zehn Jahre lang die Notwendigkeit beobachtet hatte, immer mehr Brillen für Patienten verschreiben zu müssen, entschloß ich mich, eine gut etablierte beidäugige Testmethode einzuführen. Auch wenn Ärzte in den meisten Sehtherapie-Programmen die beidäugigen Testmethoden lernen, testen tatsächlich nur wenige Augenärzte, wenn beide Augen zur gleichen Zeit offen sind. Normalerweise bedecken sie ein Auge und testen das offene. Meiner Erfahrung nach ist diese Form des Testens unnatürlich und führt zu nicht notwendigen starken Verschreibungen. Dies fand ich in den ersten Jahren meiner Praxis heraus, als ich erkannte, daß in einer signifikanten Anzahl von Fällen die starken kompensierenden Brillen, die ich routinemäßig so verschrieb, daß sie die ganze Zeit zu tragen waren, eine Störung des beidäugigen Sehens verursachten. Ich erkannte, daß meine Sucht – meine Patienten sollten perfekt klar sehen – auf Dauer dazu führen würde, daß sie ihrerseits süchtig würden, weiterhin stärkere Brillen zu tragen.

Ein glücklicher Zufall klopfte an meine Tür. Ein Patient namens Saul fragte mich eines Tages, ob ich irgend etwas über Augenübungen wüßte, um das Sehvermögen zu verbessern. Er hatte sich verpflichtet, seinen Augen zu helfen, da ihm der Doktor jedes Jahr ein noch stärkeres Brillenrezept für seine Kurzsichtigkeit verschrieb. Ich erwähnte meine Forschungsergebnisse über die Störungen des beidäugigen Sehens, und wir kamen überein zu überprüfen, ob eine schwächere Brille Sauls Augen helfen würde, stärker zu werden. Wir reduzierten sein Brillenrezept von -8.00 auf -6.00 Dioptrien. Das erste erstaunliche Resultat war, daß die schwächere Brille Sauls Augen das Integrieren erlaubte. Wieder wandte ich die beidäugige Testmethode an und konnte das rechte Auge untersuchen, während das linke Auge sich nur leicht beteiligte. Die reduzierte Brille verminderte den Stress auf die beiden Augen, sodaß das Gehirn und der Geist die Bilder der beiden Augen effizienter vereinen konnten. Anatomisch gesehen befanden sich die Harry- und die Sally-Fovea in einer harmonischeren Beziehung.

Das hereinfallende Licht wurde gleichmäßiger über Sauls ganze Netzhaut verteilt, was ihn befähigte, seinen Geist genauer zu fokussieren und seine Wahrnehmungen zu integrieren, Saul bemerkte, wie angenehm die schwächere Brille war, obwohl er in der Entfernung etwas verschwommen sah. Er fühlte sich wie ein Süchtiger, der von seinem Suchtmittel losgekommen war. Er konnte mit der schwächeren Brille so gut sehen, daß er legal Auto fahren konnte, und er fühlte sich stark. Er gewöhnte sich ab, starke Brillen zu tragen.

Zehn Tage später erhielt ich einen Anruf von Saul. Er sagte, daß sein Sehvermögen mit der neuen Brille sehr klar schien. Ich testete seine Augen und fand, daß er neuerlich eine schwächere Brille von -5.00 verwenden konnte. Saul hatte in kurzer Zeit Zugang zu einer inneren Kraft von 1.00 Dioptrien gefunden. Er konnte jetzt visuell einen Meter weiter in das Leben hinausreichen, das heißt, er konnte einen Meter weit sehen. Ich fragte ihn, ob er sich anders fühlte. Saul sagte, daß sein Beruf eine überraschende Wendung genommen hatte, er hatte eine herausfordernde neue Aufgabe übernommen und fühlte sich sehr selbstbewußt durch diese Entscheidung.

Dieser klinische Erfolg war der Beginn meiner 15jährigen Forschungszeit, klinische Versuche mit zehntausenden von Menschen haben mich und andere Augenärzte von der süchtig machenden Beschaffenheit der meisten kompensierenden Brillen überzeugt. Wenn Sie aufgeschlossen sind und sich verpflichtet fühlen, Ihr Sehvermögen zu stärken und zu integrieren, ist eine schwächere Brille ein realisierbarer und praktischer Weg, um Sie von Ihrer süchtigen Vergangenheit zu befreien. Die schwächere Sehhilfe ist ein natürliches Biofeedback-Gerät, das Ihnen hilft, Ihre Wahrnehmungen zu kontrollieren.

Wenn Sie durch die Filter einer süchtigen Persönlichkeit sehen, wird Ihr Sehvermögen verschwommen sein. Wenn Sie integriertes Atmen anwenden, das Sie entspannen und in Ihr Herz gehen läßt, werden Sie von der Seele her klarer sehen können.

Mangelnde Ausgeglichenheit führt zu Krankheit

Allopathische Medizin (eine Medizin, die Krankheiten mit entgegengesetzt wirkenden Mitteln zu behandeln sucht) fokussiert auf die Anwesenheit einer Krankheit. Irgendwelche Bazillen, Bakterien oder Viren sind in Ihren Körper eingedrungen, und deshalb sind Sie krank. Da gibt es eine äquivalente Form in der allopathischen Augenheilkunde: „Ihr Augapfel ist lang, kurz oder verformt, und deshalb brauchen Sie eine Brille. Sie werden alt, und deshalb müssen Sie eine Lesebrille tragen. In Ihrem Alter ist es normal, Mückensehen zu haben. Bei dieser Stärke von Kurzsichtigkeit ist es normal, wenn sich die Netzhaut ablöst. Wegen der Verringerung der Ozonschicht haben Sie mit 35 Jahren den grauen Star. Ihr Auge schielt einwärts, weil der Muskel schwach ist.“ Sehr selten nimmt ein Augenarzt an, daß eine Person in die Entstehung ihrer Krankheit verwickelt sein könnte.

Studien zeigen, daß, wenn Sie sich vorstellen, daß schreckliche Dinge in Ihrem Leben passieren, der Blutstrom zu Ihrem Herzen abnimmt. In einer bahnbrechenden Studie über Herzkrankheiten demonstrierte der Arzt Dean Ornish, daß Fettablagerungen in den Arterien seiner Herzpatienten wieder abgebaut werden können, wenn sie eine komplette und herausfordernde Veränderung im Lebensstil vornehmen. In seinem *Program for Reversing Heart Disease* schreibt er, daß obwohl das Herz allgemein als der Sitz für menschliches Mitgefühl, den inneren Geist und die

Liebe anerkannt wird, Kardiologen niemals über das Herz in dieser Hinsicht reden. Ornish allerdings ermutigt die Patienten, sich das Wohlbefinden ihrer Herzen vorzustellen. Er behauptet, daß viele Menschen spirituell und emotional leiden und daß Herzkrankheiten von Verschlossenheit herrühren. Er meint, daß Gefühle von Wettkampf oder Emotionen wie exzessive Selbstbezogenheit, Feindseligkeit und Zynismus Hormone freisetzen können, die zu einer Verengung der Arterien führen.

Ist es möglich, daß der Zustand Ihrer Augen auf die selbe Weise eine Manifestation ungeschickter Wahrnehmungen sind? Mit ungeschickt meine ich, daß Sie nicht wissen, wie Sie Ihre Wahrnehmungen der Seele und der Persönlichkeit integrieren. Vielleicht waren schon subtile Anzeichen von mangelnder Ausgeglichenheit vorhanden, lange bevor Ihre Krankheit diagnostiziert wurde. Zucken, Stirnrunzeln, Perioden verschwommenen Sehens, vorübergehender Schmerz und der Verlust des peripheren Sehfeldes könnten Vorboten Ihrer Augenprobleme gewesen sein. Ich meine, daß der Ausbruch einer Krankheit oder von Augenproblemen einem Entwicklungskontinuum über die Zeit folgt. Fehlende Ausgeglichenheit geht einer Krankheit voraus. Sie wachen nicht eines Tages mit einer Augenkrankheit auf. Wir setzen uns selbst durch unseren schlecht angepaßten Lebensstil Krankheiten aus.

Das ergreifendste Beispiel ist das Glaukom. Per Definition ist diese Krankheit mit einem Anstieg des Drucks im Auge verbunden und wird oft mit hohem Blutdruck assoziiert. Aber Augenärzte bringen die Anwesenheit eines Glaukoms selten mit Druck im Leben des Patienten in Zusammenhang. Wenn sie es doch tun, empfehlen sie vielleicht einfach, daß der Patient einen seßhafteren Lebensstil führen sollte.

Wie Sie Ihr tägliches Leben führen, ob mit schnellebigem Tun oder ausgeglichenem Sein, wird den Zustand Ihres Nervensystems modifizieren. Ihr autonomes Nervensystem versucht, ein Gleichgewicht herzustellen. Sein Hauptziel ist, die Intaktheit des endokrinen Systems zu erhalten und auch sicherzustellen, daß Ihr Herzschlag und Ihre Atmung Energie bewahren können. Schmerzen, Brennen, Erschöpfung und Müdigkeit der Augen sind subtile Kommunikationssignale von fehlender Ausgeglichenheit und beginnende Zeichen von Imbalance. Ein besonnener Ansatz ist, zu lernen diese Zeichen zu lesen und so den nächsten Schritt der Krankheit zu vermeiden. Warum warten, bis sich die Krankheit an Ihrer Schwelle zeigt? Praktizieren Sie, genau auf Ihre Augensymptome zu schauen, sehen Sie sie, wenn sie auftreten und bemerken Sie, ob es emotionale und/oder physische Ursachen für ihr Auftreten gibt. Diese Übung erfordert, daß Sie klar und ehrlich mit sich sind. Sie werden bemerken, daß „integriertes Atmen", „die Kerze betrachten", „auf die Nase schauen", „die Augen einwärts und auswärts richten" Sehspiele sind, die gut vor einer Innenschau zu spielen sind. Sind Sie bereit, die volle Verantwortung für Ihr ungeschicktes Anschauen und Sehen der Ereignisse Ihres Lebens zu tragen? Wenn ja, dann wird die Integrative Sehtherapie einen Unterschied in Ihrem Leben bewirken.

Dr. Smith

Vor kurzem suchte mich Dr. Smith auf, ein Fußspezialist. Diese Begegnung erinnerte mich daran, was passiert, wenn wir die Bedeutung von mangelnder Ausgeglichenheit ignorieren und wie wichtig es ist, klar zu sein, wenn man verschiedene Behandlungsmethoden überprüft. Dr. Smith hatte eine lange Geschichte von Kurzsichtigkeit, die er viele Jahre lang mit Brillen kompensierte. So wie Stephen, den ich zuvor erwähnte, wurde er von der schnellen und leichten Laseroperation verlockt, um seine Kurzsichtigkeit zu eliminieren. Er bedachte nicht, daß der Zustand seiner Augen eine Form von mangelnder Ausgeglichenheit war. Wenn er besser verstanden hätte, warum diese Umstände da waren, hätte er vielleicht statt dessen die Möglichkeit ergriffen, persönlich zu wachsen. Wie sich herausstellte, brauchte es einen lauteren und späteren Weckruf, um seine Aufmerksamkeit zu gewinnen. Dr. Smith′ Kurzsichtigkeit und Astigmatismus von -6.00 Dioptrien befand sich hauptsächlich in seinem linken Auge. Diese Situation begann, als er ein kleiner Junge war und zeigte die verzerrte Art, wie seine Augen mitteilten, was in seinem Leben passiert war. Obwohl ich nicht die Details der damaligen Ereignisse enthüllen kann, konnte es vorkommen, daß Dr. Smith inkongruent durch sein linkes und sein rechtes Auge reagierte. Während er sich die Fähigkeit, durch seine logische, rechtsäugige Seite seines Wesens in die Ferne zu schauen, bewahrte, zog er seine linksäugige Seite, die mit Gefühlen, Kreativität und Intuition assoziiert ist, zusammen. Hätte ihm jemand helfen können, die Bedeutung des Vorfalls von der Perspektive der Seelenessenz her zu verstehen, wäre seine Wahrnehmungsreaktion weniger visuell reaktiv gewesen, das heißt, geschickter und integrierter mit weniger Wahrscheinlichkeit einer Verformung seines Augapfels. Statt dessen wurde der kleine Junge ermutigt, Brillen zu tragen, die die entscheidende Botschaft verdeckten, daß sein Intellekt sich vollkommen mit seiner Intuition verbinden mußte, um zu integriertem Sehvermögen zu führen und zu einer Harmonisierung von Seele und Persönlichkeit.

Wenn keine Integration der beiden Wahrnehmungskanäle der Augen besteht, existiert ein Ungleichgewicht zwischen dem intellektuellen und dem intuitiven Teil unseres Wesens. Das kann dazu führen, daß die Persönlichkeit dominieren und uns beschützen muß. Das Spiel heißt dann Überleben. Wenn weiterhin immer stärkere Brillen die Verschwommenheit der Vergangenheit abdecken, können wir die höheren Ebenen der Integration nicht erreichen. Da Dr. Smith′ Sehvermögen von Natur aus klarer durch sein rechtes Auge war, dominierte seine logische und rationale Seite seiner Sicht des Lebens. Aus einer „Familienstammbaum-Perspektive" läßt sich sagen: Hätte seine Mutter für dominanten Einfluß gesorgt und diese Kraft auch in seinem frühen Leben durchgesetzt, hätte er Wahrnehmungs- und später auch visuelle Entscheidungen treffen können, um die rationale „männliche" Seite seines Wesens noch weiterzuentwickeln.

Das schwache Sehvermögen in seinem linken Auge blieb 40 Jahre lang bestehen, bis sich Dr. Smith dieser Laseroperation unterzog, zuerst am linken, dann am rechten Auge. Kurz nachdem das rechte Auge bearbeitet worden war, riß die Netzhaut des linken Auges, was zu starkem Mückensehen führte. Schließlich verstand er die Botschaft, daß er aufmerksam dafür sein mußte, was seine Augen ihm offenbarten. Obwohl die Operation große Hoffnungen bot, die Unausgewogenheiten seines sehens zu korrigieren, zeigte sich das noch lebensbedrohendere Problem des Mückensehens. Dr. Smith machte eine Reihe von Lebensveränderungen; jedoch waren die Auswirkungen des entstellten Sehvermögens so stark, daß er seine Praxis aufgeben mußte.

Dr. Smith unterzog sich nicht der Integrativen Sehtherapie. Seine Situation erinnert mich demütig daran, jeder mangelnden Ausgeglichenheit in meinem Leben Aufmerksamkeit zu zollen. Wenn ich meine Schwierigkeiten anerkenne, fühle ich mich klarer. Können Sie auf Ihre fehlende Ausgeglichenheit schauen und sich weiterhin herausfordern, klar zu sein?

Kapitel 6

Was Sie sagen ist, was Sie sehen!

Schaue alle Dinge ohne Vorurteil an, und du wirst die wahre Natur dessen was du anschaust sehen.

Aus dem Flowering Light Tantra,
eine alte Geschichte der Tibetischen Dür Bön Tradition.

Zuhören ist, befreit zu sein

Wie Sie über sich selbst sprechen, entspricht der Art und Weise, wie Sie Ihr Leben in Ihrem Geist sehen. Eine Störung der Sehkraft, ob es sich um einen Brechungsfehler oder eine Augenkrankheit handelt, kann oft von einer selbstanklagenden Sprache herrühren – ganz gleich, ob verinnerlicht oder laut ausgesprochen. Sehstörungen sind nichts anderes, als Ihre Augen, die Angst und Zweifel ausdrücken. In diesem Kapitel werden wir untersuchen, wie das, was Sie sagen, das wird, was Sie sehen! Wenn Sie entdecken, daß das, was Sie sagen, nicht das ist, was Sie zu sehen wünschen, können Sie Ihr geistiges Sehen umstrukturieren. Wenn Sie klar werden, wird Ihre Sehkraft die bezwingende Klarheit Ihrer Sprache zeigen.

Die Art und Weise, in der wir unsere Gedanken ausdrücken, ist ein Gebiet, das mich sehr fasziniert. Als ich mein eigenes Sehvermögen entwickelte, begann ich zuzuhören, wie ich mit mir selbst sprach. Ein Großteil meiner Kommunikation war von negativen Eindrücken durchzogen. Ich war schockiert, als ich feststellte, daß mein Geist voller zynischer Gedanken war. Kein Wunder, daß ich so viele Urteile über das, was ich in meinem Leben sah, hatte. Ein Lieblingsausspruch meines Vaters war: „Warum siehst du nicht die schöne Seite der Dinge?" Wie können wir klar sehen, wenn unsere Gedanken durch verzerrte Wahrnehmungen abgestumpft sind? Der erste Schritt ist, unserem Selbstgespräch zuzuhören.

Ich fand das schwierig. Da ich bereits öffentlich auftrat, begann ich, meine Vorträge auf Tonband aufzuzeichnen. Als die Videotechnologie für mich verfügbar war, nahm ich meine Präsentationen auf Video auf und hörte aufmerksam zu, wie ich meine Gedanken formulierte. Ich erkannte, daß ich, so wie ich mein Sehvermögen trainierte, geistige Disziplin üben mußte, um mit Klarheit zu sprechen. Ich hörte mir meine

Telefongespräche genauer an. Ich hörte mich selbst sagen: „Ich weiß es nicht, ich kann nicht, ich hoffe, ich versuche es, vielleicht irgendwann, später." Ich projizierte ebenfalls eine Menge an Schuld, indem ich unterstellte, daß die Welt „dort draußen" für meine Mißgeschicke verantwortlich war.

Meine größte Herausforderung waren zwanglose Unterhaltungen. Dabei hörte ich mich in „negative Selbstgespräche" verfallen. Wenn ich mich mit Freunden entspannte, kehrte ich zu einer undisziplinierten Art des Sprechens zurück. Ich erkannte, daß meiner Rede Fokus und Absicht fehlten. Das zeigte meine unzentrierte Weise, auf das Leben zu schauen. (Erinnern Sie sich? Ich hatte Doppelbilder und meine Herausforderung war, zu lernen meine Augen einwärts zu richten.) Ich begann ein Projekt, ein ganzes Buch zu lesen und schaffte ausnahmslos nur drei Viertel davon, bevor ich aufhörte. Eine Verbindung herzustellen zwischen meinem Geist, meiner Art, die Dinge zu sehen und dem, was in meinem Leben passierte, war eine Offenbarung.

Der französische Kliniker Dr. Alfred Tomatis, ein Pionier auf dem Gebiet der auditiven Wahrnehmung, hat dokumentiert, daß unser Zuhören von emotionalen Ereignissen in unserem Leben beeinflußt werden kann. Dr. Tomatis analysiert das Audiogramm, die Aufzeichnung der Hörfähigkeit des Patienten derart, daß er die Periode, in der das Trauma stattgefunden haben könnte, genau bestimmen kann. So wie in der Sehtherapie, in der eine Unterscheidung zwischen Sehkraft und Sehvermögen gemacht wird, zeigt Dr. Tomatis auf, daß unsere Fähigkeit, etwas zu hören nicht unbedingt heißt, daß wir auch wirklich zuhören können. Eine Absenkung im Audiogramm reflektiert eine emotionale Ursache des Nicht-Zuhörens. Dr. Tomatis kopiert ausgeklügelte therapeutische Klänge über klassische Musik und spielt das seinen Patienten vor. Mit der Zeit sind die Patienten fähig, effektiver zu lernen, schneller zu lesen, eine zweite und dritte Sprache zu lernen und zu singen.

Überdenken Sie noch einmal die Prinzipien der Ganzheitlichkeit: Jeder Teil Ihres Wesens ist ein Mikrokosmos des Ganzen. Ein Gedanke, ein zwangloser Ausspruch oder ein inkonsequenter Blick wirken sich wahrscheinlich auf viele Teile Ihres Gehirns aus. Ihr Ziel ist, diese Elemente Ihres ganzen Wesens in neue Wahrnehmungen und Wachsamkeit zu integrieren. Auf diese Weise können Sie Zugang zu Ihrer Kraft bekommen und diese Klarheit direkt zu Ihren Augen bringen.

Ich erinnere mich, daß ich als Jugendlicher Lieder hörte. Ich hörte die Worte, aber merkte sie mir nicht. Während ich übte, die Augen einwärts zu richten, trainierte ich auch zu hören und zuzuhören, eine Übung, die genauso wie die Sehtherapie Konzentration erforderte. Bald

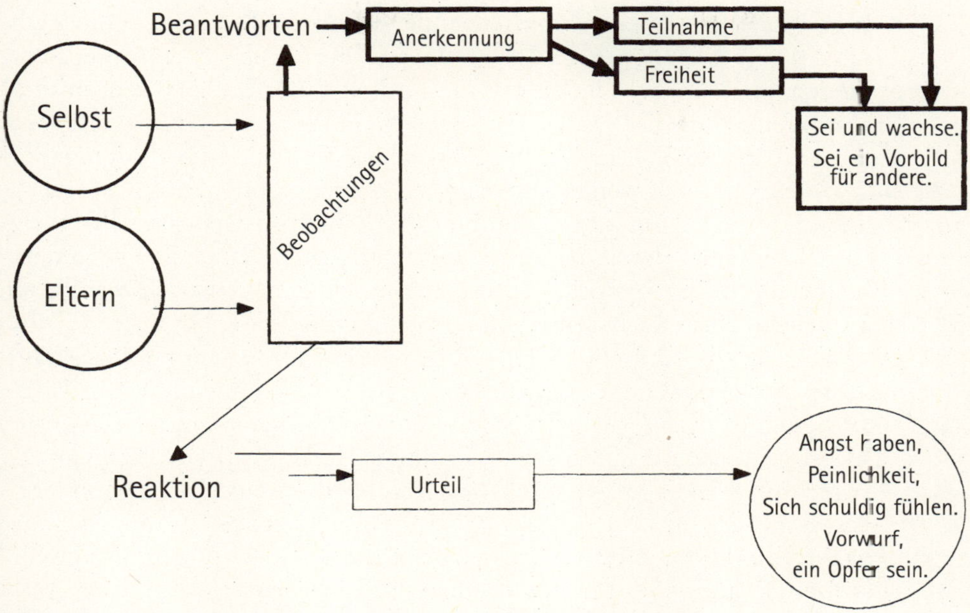

begann ich, mich an Worte aus den Liedern zu erinnern. Als mein Sehvermögen integrierte, wurde mein Erinnerungsvermögen besser. Gesungene Lieder anzuhören wurde eine vergnügliche Aktivität; ich visualisierte immer wieder die Großartigkeit der vielen Nervenverbindungen zwischen den Teilen meines Gehirns für das Hören und denen für das Sehen.

Dieses ganzheitliche Training wird viele verschiedene Einflüsse auf Ihr Leben haben. Sie werden flüssiger lesen und sprechen. Was Sie hören, denken, sagen und sehen, wird kongruent werden. Sich selbst zuzuhören, lehrt Sie aufzupassen, was Sie sehen. Dieser Prozeß vertieft Ihre Intuition und die Art und Weise, wie Sie durch Ihre Sinne Zusammenhänge herstellen.

Wenn Sie nicht klar sehen, hören Sie auch nicht gut. Aber klares Sehvermögen gepaart mit gutem Hörvermögen befähigt Sie, durch Ihre Sinne mitfühlend zu sein. Diese Integration ist die höchste Form des Seins. Üben Sie zuzuhören, während Sie ein liebendes Gefühl und fokussiertes Sehen beibehalten. Das nächste Mal, wenn jemand spricht, schauen Sie sie oder ihn mit dem warmherzigen Gefühl an, das Sie durch das Betrachten der Kerze und durch das integrierte Atmen erzeugt haben. Dann fügen Sie die nächste Dimension des Zuhörens hinzu: Versuchen Sie, hinter alle Urteile und Ihre Analyse darüber, was die

Person sagt, zu sehen. Hören Sie innerhalb jeder Kommunikation auf die Art und Weise, wie die Person darum bittet, geliebt zu werden. Bemerken Sie, ob Sie den Drang verspüren, Worte aus Ihrem Mund schlüpfen zu lassen, während Sie der Person zuhören.

Wenn Sie sich beim Denken erwischen, während Sie zuhören, stoppen Sie, nehmen Sie einen integrierten Atemzug und verbinden Sie sich mit den Augen der Person. Fühlen Sie, wie Sie wieder in Ihr Herz zurückkehren. Integriertes Atmen unterstützt Sie, Ruhe zu empfinden. Dieser Prozeß erzeugt Stille. Während Sie sich entspannen, hören Sie zu und lassen geistige und physische Spannung los.

Durch Stille können Sie auch lernen, einfach mit sich selbst zu sein. Hören Sie den Wind, das Wasser und andere Bewegungen in der Natur. Lernen Sie, ohne Vorurteil zuzuhören, dann können Sie mit Erkenntnis sehen. Mit Erkenntnis zu sehen, bedeutet Urteile und Vorurteile loszulassen und die Wirksamkeit Ihrer Kernglaubenssätze zu vermindern. Um derart klares Sehvermögen zu haben, müssen Sie ein offenes Herz haben. Fühlen Sie und sehen Sie, was ist. Hier ist eine Übung, die Sie anwenden können, um diese Erfahrung zu fördern.

Wählen Sie entweder die Augentest-Tafel für die Nähe oder für die Ferne und positionieren Sie sich in einer solchen Entfernung, daß Sie die Hälfte der Buchstaben ohne Ihre Brille oder Kontaktlinsen sehen können. Nehmen Sie ein paar integrierte Atemzüge und blinzeln Sie alle drei Sekunden. Entspannen Sie Ihre Schultern, drehen Sie den Kopf einige Male, zuerst im Uhrzeigersinn, dann in die andere Richtung. Fühlen Sie, wie die Muskeln in Ihrem Nacken und in Ihren Schultern locker werden, während Sie den Kopf bewegen. Dann notieren Sie die Grundlinie Ihres Sehvermögens – die kleinsten Buchstaben, die Sie ohne Anstrengung lesen können. Denken Sie an eine Situation in Ihrem Leben, in der Sie sich herausgefordert fühlten. Das könnte Ihre Gesundheit, eine Beziehung, Ihre Augen, Geld, die Familie oder Ihr Beruf sein. Wenn Sie dann ein klares Bild in Ihrem Geist und/oder ein Gefühl in Ihrem Körper haben, sagen Sie einen Satz, der Ihre Situation beschreibt. Hier sind einige Beispiele von Situationen und Beschreibungen meiner Patienten.

Beruf: Ich hasse meine Arbeit. Mein Chef geht mir auf die Nerven. Mein Abteilungsleiter ist eine Plage.

Hauptbeziehung: Ich halte mich zurück. Ich habe Angst davor, daß meine Frau auszieht. Ich habe das Gefühl, nicht weiterzukommen. Ich bin unglücklich in meiner Ehe. Ich möchte die Beziehung beenden.

Geld: Ich scheine nie genug Geld zu haben. Das Geld ist knapp. Ich komme mit meinem Gehalt nicht aus.

Gesundheit: Meine Verdauung ist nicht so gut. Ich habe Schmerzen in meinem ganzen Körper. Ich bin schwach.

Augen: Meine Augen funktionieren nicht gut. Sie müssen gerichtet werden. Ich werde alt.

Familie: Ich sehe meine Mutter nie. Mein Vater ist ein Tyrann. Ich stehe meinen Eltern nicht sehr nahe.

Suchen Sie so lange, bis Sie zwei oder drei Sätze haben, die Ihre Situation beschreiben. Sprechen Sie jeden Satz laut aus, während Sie auf die Augentest-Tafel schauen. Machen Sie dazwischen immer eine Pause und beobachten Sie, ob sich Ihre Wahrnehmung mit jedem Satz ändert.

Es gibt drei mögliche Reaktionen: Die Klarheit oder Dunkelheit der Buchstaben bleibt gleich, sie könnten aber auch klarer oder dunkler werden. Vielleicht bemerken Sie aber auch, daß die Testtafel verschwommener wird. Notieren Sie die Wahrnehmungsreaktion bei jedem Satz. Veränderungen in der Klarheit zeigen die Macht der Sprache, Ihre Wahrnehmungen zu formen. Diese Übung können Sie jedes Mal machen, wenn Sie Ihre Gefühle über eine bestimmte Situation erforschen wollen. Bestimmen Sie die Grundlinie Ihres Sehvermögens jeweils neu – mit jedem Mal, da Sie die Übung wiederholen.

Ich entdecke, daß viele meiner Patienten Schwierigkeiten damit, was ich „unterhalb der Kehle sehen" nenne, haben. Für viele ist Sehen eher eine geistige Aktivität als eine Ganzkörpererfahrung. Diese geistige Aktivität ist tatsächlich Schauen. Sehen erfordert zu fühlen. Sie werden sicherlich herausfinden, daß einige Aussagen eine deutliche Veränderung Ihrer Wahrnehmung hin zur Verschwommenheit hervorrufen. Konzentrieren Sie sich auf diese Aussagen. Ihr Ziel sollte es sein, einen Satz zu kreieren, der das Gegenteil bedeutet – einen positiven Ausdruck des Fühlens – der Ihnen helfen kann zu bestimmen, was wahr ist und was erforderlich, um mit der Situation umzugehen. Wenn Sie zum Beispiel sagen, daß Sie Ihren Job lieben, sich das aber nicht richtig anfühlt, kann es sein, daß Sie Ihre Berufsentscheidungen noch einmal überdenken müssen. Der therapeutische Wert, ein positives Statement ständig zu wiederholen, liegt darin, daß tiefere Gefühle auftauchen. Wenn Sie zum Beispiel sagen: „Ich habe so viel Geld wie ich brauche", mag sich das zunächst offensichtlich unwahr anfühlen. Das nächste Mal, wenn Sie diese Übung machen, könnte sich Zorn oder Frustration zeigen. Eine Weile später bringt Sie diese Sorge dazu, etwas zu tun, damit mehr Geld zu Ihnen kommt. Bald zeigt sich eine neue Berufschance.

Hier sind einige Beispiele für positive Aussagen, die auf die Sätze von vorhin zutreffen.

Beruf: Ich liebe meine Arbeit. Mein Chef motiviert mich. Ich habe Mitgefühl mit dem Abteilungsleiter.

Hauptbeziehung: Ich wende mich zu. Ich spreche über meine Ängste, daß meine Frau sich scheiden lassen will. Ich werde mir klar. Meine Ehe erlaubt mir zu wachsen. Ich entscheide mich, diese Beziehung aufrechtzuerhalten.

Geld: Ich habe so viel Geld wie ich brauche. Wenn ich kreativ bin, habe ich Geld. Ich verdiene so viel Geld wie ich benötige.

Gesundheit: Meine Verdauung verbessert sich. Mein Körper teilt mir mit, was er braucht, und ich höre auf ihn. Ich bin stark.

Augen: Meine Augen lernen zu sehen. Ich nähre sie. Ich werde weiser.

Familie: Ich versuche, meine Mutter zu erreichen. Vater ist eine Herausforderung. Ich bin offen, meiner Familie die Hand zu reichen.

Je mehr Sie positiv über sich, Ihr Leben und Ihre persönlichen Visionen sprechen, desto größer sind Ihre Chancen, Ihre visuellen Funktionen zu verbessern. Bloß fähig sein, etwas zu hören, bedeutet nicht, es auch zu verstehen. Ebenso, nur weil Sie etwas sehen, so wie die Worte auf dieser Seite, garantiert das nicht, daß Sie die volle Absicht der Idee verinnerlicht haben. Die volle Absicht zu verstehen erfordert volles Sehvermögen. Nur, wenn Sie vollständig anwesend sind und jede Handlung bedenken, greifen Sie nach der Kraft hinter Ihren Augen. Wenn Sie Ihrer Persönlichkeit erlauben, sich auch nur einen Moment lang einzuschleichen, oder wenn Sie ins Denken verfallen, könnten Sie die intuitive Erfahrung des Wissens verlieren. Sprache wirkt sich genauso auf Ihre Wahrnehmungen aus. Wenn Sie pessimistisch denken und sprechen, programmieren Sie Ihr Sehvermögen und Ihre Augen, auf gleiche Weise zu sehen.

Meinen Patienten Feedback über ihre Sprechweise zu geben, hat sich als ein sehr effektiver Aspekt der Integrativen Sehtherapie bewährt. Die meisten Menschen sind über ihren nachlässigen Sprachgebrauch erstaunt. Zuerst nahm ich unsere Sitzungen auf Tonband auf, so daß sie überprüfen konnten, wie sie während unserer gemeinsamen Zeit gesprochen haben. Ich vertiefte diesen Prozeß, indem ich schließlich unsere Konsultationen auf Video aufnahm. Ich stellte meinen Patienten bestimmte Fragen und besprach später diese Abschnitte anhand des Videos mit ihnen. Wir hörten auf ihre Sprache und beobachteten auch während der verschiedenen Antworten ihre Mimik und die Bewegungen der Augen.

Der Videofilm lieferte mir erstklassiges Feedback über den Unterschied zwischen ihren Harry- und Sally-Wahrnehmungen. Manchmal drehte ich den Ton ab, und wir verfolgten einfach nur das Bild auf dem Bildschirm. Der Unterschied zwischen diesen beiden Erfahrungen lehrte mich, Körpergestik zu beobachten und mich nicht davon ablenken zu lassen, was gesprochen wurde. Ich lernte außerdem zu hören, ohne mich von Handlungen hinreißen zu lassen. Dieses Training half mir, meine Fähigkeiten zuzuhören und zu beobachten zu verfeinern und steigerte die Integration meiner Sinne. Ich wurde aufgeschlossen für die Bedürfnisse anderer und weniger fokussiert auf mein eigenes Überleben. Das Feedback, das ich meinen Patienten gab, half ihnen, innere Kraft zu ihrem Sehvermögen zu bringen.

Ich frage meine Patienten oft während einer Sehtherapie-Sitzung: „Wie fühlen Sie sich?“ Als Übung fragen Sie sich selbst, wie Sie sich fühlen. Ihre Gefühle werden entweder ein- oder abgeschaltet sein. Wenn Ihre Gefühle abgeschaltet sind, könnte Ihre Antwort auf diese Frage sein: „Gut, okay, ich weiß es nicht, neutral, ganz gut, durchschnittlich, in Ordnung, so la la“, auch wenn Sie sich vielleicht gerade wirklich schrecklich fühlen. Eingeschaltete Gefühle würden auf dieselbe Frage Antworten wie: „begeistert, nervös, fasziniert, frustriert, krank, gesund, zornig, voller Angst, lebendig, wie tot, traurig, betrübt, sauer“, bringen.

Anzufangen, Ihr Sehvermögen zu integrieren, verlangt, die Wahrheit, wie Sie sich wirklich fühlen, zu sagen. Ungeachtet ihrer Sehprobleme mußten meine Patienten ausnahmslos lernen, ihre Gefühle auszudrücken. Ich bitte sie, unterhalb der Kehle zu atmen und nach rechts unten zu schauen, wenn sie sprechen, auf diese Weise finden sie am einfachsten Zugang zu ihren Gefühlen.

Wie fühlen Sie sich? Während Sie die Antwort überlegen, seien Sie mit sich verbunden. Erinnern Sie sich an den Unterschied zwischen Fovea und Netzhaut. Die Netzhaut hat mit den Gefühlen zu tun. Wenn Sie nicht mit Ihren Gefühlen verbunden sind, werden Sie zu foveal. Zu viel schauen ist mit einem Abschalten der Gefühle verbunden. Ihr Fokus auf die Details des Lebens ist zu intensiv. Stellen Sie das dem Sein, dem Sehen und dem Fühlen gegenüber. Diese Worte bedeuten, in Verbindung mit Ihrer Seele zu sein. Wenn Sie nicht in Verbindung mit Ihren Gefühlen bleiben, lösen Sie sich von Ihrer Netzhaut ab. Das ist, was buchstäblich passiert, besonders bei stärkerer Kurzsichtigkeit. Es gibt eine höhere Wahrscheinlichkeit für eine Netzhautablösung bei sehr stark kurzsichtigen Menschen. Ist es möglich, daß das wegen einer überfokussierten Fovea und wegen einer Ablösung von tieferen Ängsten und Gefühlen passiert? Zu fühlen bedeutet, bewußt achtzugeben. Zu fühlen bedeutet, bedacht zu sein. Zu fühlen erfordert, sich selbst zu erforschen.

Seien Sie willens, sich einen Moment Zeit zu nehmen, vom Dachgeschoß des Geistes hinunterzusteigen zu Ihrem Herzen und der Heimat Ihrer Seele. Sagen Sie: „Ja, meine Gefühle sind wichtig. Ich bin wichtig."

George

George war unschlüssig in bezug auf einen Beruf. Er hatte mit einem Freund ein kleines Kleidungsgeschäft eröffnet, das etwas Gewinn abwarf. Als ich ihm zuhörte, bemerkte ich, daß seine wahren Interessen Musik und Fotografie waren. Ich fragte George, was er am liebsten tun würde, wenn er nicht durch Zeit, Geld oder Angst eingeschränkt wäre. Seine Antwort war: „Ich möchte Musik machen und Fotojournalist sein." Die Herzenswahrheit war ausgesprochen. Den Rest der Sitzung verbrachten wir damit herauszufinden, wie George seine Visionen realisieren könnte. Das bedeutete, ihn mit seinen Ängsten zu konfrontieren. Er hatte gelernt, geschickt seine Sensibilität und seine Gefühle zu verbergen. Indem ich ihn lehrte, durch die Verwendung einer Augenklappe, durch das Einwärtsrichten der Augen und durch andere Fusionstechniken seine rechts- und linksäugige Wahrnehmung zu vereinigen, ermutigte ich ihn, seine Gefühle mitzuteilen. George berichtete später, daß er, seit er in Kontakt mit seinen Gefühlen war, viel mehr Vertrauen hatte, sein wahres Selbst zu sehen. Das hatte einen dramatischen Effekt darauf, was er auf der Augentest-Tafel für die Ferne sehen konnte.

Opfer Sehvermögen

Ich wünsche meinen Patienten sehr, ebenso erfolgreich wie George zu sein, doch manchmal sind ihre negative innere Sprache und ihre negativen Wahrnehmungen zu stark. So entscheiden sie sich, das Leben lieber durch die Filter des Leidens zu sehen. Die „Opfer-Sprache", die diese Patienten sprechen, ist ziemlich typisch: „Ich zweifle daran." „Ich kann nicht." „Ich bin nicht sicher." Ihr Verhalten zeigt allgemein eine beschuldigende Haltung gegenüber jemandem oder etwas außerhalb von ihnen. Sie übernehmen weder die Verantwortung für ihre Realität noch dafür, wie sie ihr Leben sehen. Charakteristischerweise verhalten sie sich analytisch, nachtragend, selbstgerecht, resignieren leicht und leben in Verleugnung.

Julie

Julie, eine Patientin Mitte 40, konsultierte mich, da ihr Arzt ein Glaukom diagnostiziert hatte, eine Krankheit, die zur Erblindung führen kann. Bei einem Glaukom wirkt konstanter Druck auf den Augenhintergrund, was zu einer Blockade der lebenswichtigen Versorgung der Nerven des Auges führt. Das erzeugt wiederum größeren Druck im Auge. Mit der Zeit verringert sich bei einem Glaukom das Sehfeld immer mehr.

Julie hatte kurze Zeit Augentropfen benutzt, um den Druck niedrig zu halten, aber sie arbeitete so viel, daß sie bald vergaß, die Tropfen zu nehmen. „Ich liebe meine Arbeit, so komme ich von Zuhause weg", sagte Julie. Sie konnte nicht alleine sein. Sie verleugnete den Zusammenhang zwischen dem Druck in ihrem Leben und dem erhöhten Druck in ihren Augen. Auch nach einem Besuch beim Augenarzt, der sie warnte, daß sich das Sehfeld weiter verringerte, befolgte Julie nicht wirklich die Aufgaben der Integrativen Sehtherapie, die ich ihr verordnet hatte. Ich empfahl ihr, das Arbeitspensum zu reduzieren, andere Leute anzustellen, sich einen Tag freizunehmen, um sich massieren zu lassen, mehr Vollwertprodukte zu essen, Farbe für ihre Augen anzuwenden und eine entspannende Sehtherapie zu machen.

Ich wußte, daß es tiefere Ursachen für die innere Blindheit gab, die ihre Augen in Mitleidenschaft gezogen hatten. Julie drückte sich gekonnt vor meinen Anregungen zu fühlen. Sie redete statt dessen im Kreis. Ihre Lieblings Opfer-Sprache war: „Ich weiß es nicht." Ich erinnerte sie immer wieder daran, daß sie doch wußte; sie konnte ihre Wahrheit sehen, und ich bat sie inständig zu fühlen. Sehr oft drehte Julie das Gespräch um, indem sie mich fragte, wie ich mich fühlte. Wenn ich nichts sagte, fühlte sie sich unwohl und warf mir vor, daß ich sie anstarrte.

Ich drängte sie, dem Ernst der nahenden Blindheit ins Auge zu sehen, die aus dem fortschreitenden Verlust ihres Sehfeldes resultieren würde, aber vergeblich. Sie unternahm weiterhin Fahrten ins Grüne, aß Junk Food und wiederholte: „Ich weiß es nicht."

Meine Rolle als Julies Sehtherapeut war es, sie zu unterstützen, die vielen Variablen, die für die Verengungen in ihren Augen verantwortlich waren, zu erkennen. Um sie dem Fühlen näher zu bringen, bekam sie einmal in der Woche eine Massage. Eine Beratung während der Massagetherapie gab ihr eine Chance, anzufangen, die Verbindung zwischen ihrem vergangenen und ihrem gegenwärtigen Familienleben und ihrer Augenkrankheit zu verstehen.

Julie war als junges Mädchen sexuell mißbraucht worden. Seit dieser Zeit konnte sie nicht mehr im Dunkeln schlafen. Das Licht mußte immer brennen. Sie hatte sehr viel Angst. Als sie 19 war, wurde sie von einem Mann, mit dem sie eine Verabredung hatte, vergewaltigt. Julie wurde schwanger und gebar eine Tochter. Seit dieser Erfahrung mied sie sexuellen Kontakt mit Männern.

Julie hatte seit vielen Jahren nicht mehr mit ihrem Ehemann geschlafen. Sogar jetzt, wenn ihr Mann seine Hand auf ihren Bauch legte, erstarrte sie zu Eis und dachte, daß sie attackiert würde. Sie beschrieb ihren Körper als zusammengezogen, ihrem eingeschränkten Sehfeld ähnlich. Ihre Schultern und ihre Magengegend waren verspannt. Ein

Arzt, an den ich sie überwies, diagnostizierte eine Glutenallergie mit Symptomen von schwacher Verdauung und emotionalen Herausforderungen.

Julie macht Fortschritte. Sie fühlt jetzt mehr während der Integrativen Sehtherapie. Manchmal weint sie sogar. Eine Weile lang war es die fehlende Bereitschaft, ihr Leben gründlich anzuschauen, die ihren Fortschritt abwürgte. Julies Ehe war eher co-abhängig als wirklich unterstützend. Julie empfand keine wahre Liebe in ihrem Leben, und ihr Job war zu anstrengend. All diese Faktoren verlangten von ihr, etwas zu tun, um vergangene Probleme zu lösen – anzufangen, ihre neuen Wahrnehmungen auszusprechen und einen Plan für einen neuen Lebensstil in die Tat umzusetzen. Julie mußte lernen auszusprechen, was sie sehen wollte. Es dauerte ein Jahr, in dem ich sie in diesem Prozeß unterstützte und sie immer wieder ohne Druck erinnerte und ermutigte. Eines Tages rief mich Julie an; sie klang verzweifelt. Julie wollte, daß ich mich mit ihr und ihrem Mann treffe; er weigerte sich zu glauben, daß es ihr Wunsch war, daß er aus dem Haus auszog. Endlich handelte Julie!

Julie lebt jetzt alleine, sie bereitet sich darauf vor, ihr Haus und ihr Geschäft zu verkaufen und ein neues Leben zu beginnen. Die therapeutische Grundlage wurde durch Julies Bereitschaft gelegt, ihre klaren inneren Visionen zu verbalisieren, ihren Plan in die Tat umzusetzen und ihre Absicht zu zeigen, vergangene Einflüsse unwirksam zu machen. Julie macht weiterhin ihre Sehspiele, um die Balance in ihrem Nervensystem und in ihrem visuellen System herzustellen und auf diese Weise eine liebende Beziehung in ihr Leben einzuladen. Julie hat erfolgreich begonnen, mit dem Druck in ihrem Leben und damit, wie er sich auf ihre Augen ausgewirkt hat, zu befassen.

Tina

Tina wurde von Freunden, denen ich auch geholfen hatte, zu mir geschickt. Sie schränkt ihre Klarheit ein, indem sie sehr wenig spricht, und wenn sie es doch tut, klingt ihre Sprache so, als wäre sie nicht verantwortlich. Was sie sagt, bestätigt ihren geistigen Zugang, das Leben zu sehen. Das ist trotz ihrer hervorragenden Sehkraft so. Tina mußte ihre rechts- und linksäugige Wahrnehmung bei sehr guter Sehkraft integrieren. „Ich bin nicht sicher", ist Tinas Lieblingssatz. Ihre Körpersprache übermittelt die gleiche Botschaft. Sie zuckt mit den Achseln. Sie schaut oft hinunter, mit dem Kopf auf die Seite gelegt.

Es gibt eine starke Verbindung zwischen dieser Art den Kopf zu neigen, Astigmatismus und einer Störung in der Integration der Wahrnehmung der beiden Augen. Nehmen Sie sich einen Augenblick Zeit, um das zu überprüfen. Spielen Sie das Sehspiel „die Augen auswärts richten", indem Sie Ihren Daumen zwischen sich und ein Objekt vor Ihnen halten.

Schauen Sie so lange auf das Objekt, bis Sie zwei Daumen sehen. Neigen Sie jetzt Ihren Kopf, indem Sie das rechte Ohr in Richtung rechte Schulter bringen. Beachten Sie, was mit der Höhe der beiden Daumen passiert. Wie schräg der Kopf gehalten wird, kann in vielen Fällen mit der Achse des Astigmatismus übereinstimmen. Je mehr der Kopf geneigt ist, desto höher ist die Wahrscheinlichkeit, daß die Augen ihre jeweiligen Bilder nicht mehr integrieren können.

Tina hatte keinen Astigmatismus. Aber sie hatte einen Wettbewerb zwischen ihrer Harry- und ihrer Sally-Wahrnehmung erzeugt. Ihr rechtes Auge war sichtbar schlaff und müde. Ihre Sprache und die Asymmetrie ihres Gesichtes zeigten eine frustrierte Frau.

Tina arbeitete in einer großen Versicherung und hatte begonnen, abends Chinesische Medizin zu studieren. Bei unserem ersten Treffen fragte ich sie, was sie wolle. Als sie über die Frage nachdachte, wanderte ihr Blick an der Decke umher. Dieses Hinaufschauen war eine nonverbale Sprache des Verstandes. Bei der Suche nach der richtigen Antwort schien Tina stecken zu bleiben. Diesen Eindruck gewann ich durch das Unbehagen in ihrer Körperhaltung.

Tinas Art und Weise, ihr Leben auszuarbeiten, war, beständig zu analysieren und über Fragen nachzudenken. Ich bat Tina, ihre Hände aneinanderzureiben bis die Handflächen warm wurden. Dann ließ ich sie ihre Augen mit den Händen bedecken und die Ellenbogen auf den Knien aufstützen. Das leichte Nachvornebeugen entspannte Tina etwas. Ich riet ihr, 20 integrierte Atemzüge lang in dieser Haltung zu bleiben und unterstützte sie, indem ich ihre Schultern, ihren Nacken und ihren Geist entspannte. Sie fing an, die Dunkelheit zu beobachten. Ich bat Tina, bei jedem Ausatmen einen Seufzer von sich zu geben. Dieser Ton erforderte, daß Tina ihre Hemmungen losließ und erzeugte noch mehr Entspannung.

Töne können eine Person anregen, bestimmte Ängste zu fühlen. In dieser Sitzung mit Tina geschah genau das. Kurz nach dem Palmieren, erzählte Tina mehr von ihrem „steckengebliebenen“ Leben. Sie hatte Angst, nicht genug Geld zu haben und war vor kurzem, mit 28 Jahren, wieder bei ihren Eltern eingezogen, die sich jetzt um sie kümmerten. Ich äußerte Bedenken über diese Lösung, sich den Problemen zu „stellen“. Nach vielen Fragen gab Tina zu, daß sie ihren Beruf nicht mochte. Sie wollte unabhängig sein und Menschen helfen. Ihre Freunde schwärmten von ihren Talenten, aber sie hatte zu wenig Vertrauen, den Sprung zu wagen und ihr Leben selbst in die Hand zu nehmen. Als Tina die Kraft hinter ihren Augen entdeckte, konnte sie jedoch all die Möglichkeiten sehen, die ihr zur Verfügung standen.

Durch Sprache gestärkt werden

Versuchen Sie, sich mit Menschen zu umgeben, die Sie unterstützen, wenn Sie die Reise beginnen, Ihr Sehvermögen mit Ihrem ganzen Wesen zu integrieren. Fangen Sie an, eine Sprache zu verwenden, die das, was Sie in Ihrem Leben wollen, unterstützt. Entwickeln Sie die Stärke, über Ihre Bedürfnisse zu sprechen. Ich habe folgende Satzanfänge ziemlich nützlich gefunden: „Was mir jetzt helfen würde ...“, oder: „Was ich jetzt brauche ist ... Ist dir das recht?“, „Ich fühle ...“, und „Was ich spüre, ist ...“.

Verwenden Sie die folgenden Anregungen, um Ihre Gedanken zu organisieren und die Konzepte und Handlungen dieses Kapitels zu übernehmen:

Schreiben Sie zehn Dinge auf, die Sie sich sagen hören und die Sie verändern möchten.

Bilden Sie zehn positive Aussagen, die Sie ab sofort verwenden können.

Verwenden Sie eine Opfer-Sprache? Wenn das so ist, fangen Sie an, eine positivere Sprache zu verwenden.

Verwenden Sie die Augentest-Tafel für die Ferne oder die Nähe, um die Auswirkungen negativer oder positiver Statements zu erfahren. Sind Sie sich Ihrer Gefühle bewußt, während Sie auf die Tafel schauen?

Gehen Sie tiefer in Ihre Gefühle hinein, indem Sie atmen und gähnen.

Während des Tages überprüfen Sie sich immer wieder, indem Sie sagen: „Wie ich mich im Moment gerade fühle, ist ...“

Wenn Gefühle auftreten, fokussieren Sie auf Ihr Herz. Fangen Sie an, mit Ihrem Herzen zu sehen und zu fühlen. Was hat Ihnen Ihr Herz zu sagen? Überprüfen Sie Ihren Beruf, Ihre persönlichen Beziehungen und Ihr Leben Zuhause darauf, ob Sie wirklich sagen können: „Das ist genau das, was ich wirklich will.“ Wenn nicht, in welche andere Richtung werden Sie geführt, um von einem integrierten Standpunkt aus zu schauen? Welche anderen Wege möchten Sie erforschen?

Wenn Sie sich selbst von einem ganzheitlichen Standpunkt aus betrachten, welchen Aspekten möchten Sie mehr Überlegungen widmen? Können Sie diese Gedanken klar verbalisieren, um sie in die Tat umzusetzen? Wenn Sie sich diese Gedanken zuerst vorstellen und dann über sie sprechen oder schreiben, können Sie Ihre neue Klarheit deutlicher hinausprojizieren.

Vervollständigen Sie diesen Satz auf viele verschiedene Arten: „Was ich wirklich will, ist ...“ Machen Sie das so oft wie es notwendig ist, um wirklich klar zu sein.

Gibt es Situationen in Ihrem Leben, in denen Sie sich selbst auf Tonband aufnehmen können, wenn Sie sprechen? Tun Sie es, und hören Sie sich selbst zu, ob es Variationen in Ihrer Stimme gibt, die zeigen, daß Sie Ihre Kraft fortgeben. Erinnert Sie Ihre Stimme an ein bestimmtes Familienmitglied? Wenn ja, welche Gefühle haben Sie dabei? Schreiben Sie sie auf.

Spielen Sie in irgendwelchen Bereichen Ihres Lebens das Opfer? Wenn ja: Listen Sie diese schriftlich auf und erstellen Sie entsprechende Handlungsaussagen, die geeignet sind, diese Verhaltensweisen zu entschärfen.

Versuchen Sie sich an Themen oder Ereignisse in Ihrem Leben zu erinnern, die mit Ihrem Sehvermögen, wie es jetzt ist, in Beziehung stehen.

Wählen Sie zwei neue Entspannungstechniken, die Sie anwenden können, um Ihr Sehvermögen und Ihre Klarheit zu verbessern.

Wo in Ihrem Leben vermindern Sie Ihre Kraft zu sehen? Passen Sie auf, wann Sie diese schwächende Sprache aus der linken Spalte verwenden und lernen Sie, sie durch die stärkenden Worte der rechten Spalte zu ersetzen:

Ich weiß nicht.	Ich weiß, ich verstehe.
Ich hoffe.	Ich bin klar.
Ich kann nicht.	Ich kann.
Ich zweifle.	Ich schaue mir das an.
Vielleicht ...	Ja! Ich will!
Ich versuche es.	Du kannst mit mir rechnen.
Es ist o.k.	Meine Erfahrung ist ...
Es geht mir gut.	Ich fühle.
Möglicherweise ...	Ich bin sicher.
Ich bin nicht sicher.	Meine Absicht ist ...
Ich nehme an.	Ich bin mir klar, daß ...
Ich vergesse.	Ich erinnere mich.
Ich komme darauf zurück.	Du wirst am ... von mir hören.

Jenny

Jenny, eine warmherzige Frau Mitte 40, hatte sich der Aufgabe gewidmet, ihre Persönlichkeit mit ihrer Seele auszubalancieren. Ihr Ziel war, ihr Sehvermögen beizubehalten und es nicht schlechter werden zu lassen. Mit –15.00 Dioptrien war ihre Kurzsichtigkeit ernst genug, so daß ihr Augenarzt sich Sorgen über die Gesundheit ihrer Netzhaut, zukünftige Ablösungen und den Verlust der Sehkraft machte. Jenny ergriff die Initiative,

Techniken der Integrativen Sehtherapie zu erlernen, um ihre Augen zu schützen. Obwohl die Prognosen kaum eine Verbesserung des Sehvermögens erwarten ließen, gelang es Jenny schnell, sich aus der Verzweiflung in eine Situation positiver Erwartung zu begeben. Sie sagte: „Ich werde alles tun, damit meine Augen nicht schlechter werden." Eine starke Aussage der Tat. Ich wußte, daß ich bei dieser Bereitschaft volle Erlaubnis hatte, sie zu den Entscheidungen zu führen, die notwendig waren, um ihr Ziel zu erreichen.

Der Schlüssel für Jenny hieß Entspannung. Ihre Augen zu palmieren und das Gebiet der Augenbrauen mit ihren Zeigefingern zu massieren, erzeugte Entspannung rund um ihre Augen.

Das verminderte Jennys Tendenz, die Stirn zu runzeln und half ihr auch, weniger zu denken und mehr zu fühlen. Ihre Körperempfindungen wahrzunehmen war ein wichtiger kritischer Schritt. Ihr Job erforderte, daß sie acht Stunden am Tag auf einen Computerbildschirm schaute. Jennys Augen schmerzten am Ende des Tages. Als sie bemerkte, daß sich ihre Sehkraft verschlechterte, wurde sie depressiv und fing an, ihren Beruf zu hassen, obwohl sie den Kontakt mit den Menschen liebte. Jenny hatte sich finanziell überfordert, sodaß sie wieder bei ihrem Vater einzog.Jennys ersten emotionalen Gefühle über ihre Situation zeigten sich in Form von Zorn.

Bei Zorn und Ärger ist die wirksamste Sehtherapie-Technik das Dehnen der Kiefermuskulatur. Gähnen Sie! Öffnen Sie Ihren Mund so weit Sie können und atmen Sie einige Male kurz ein. Das wird Ihnen helfen, spontan zu gähnen. Wiederholen Sie das so lange, bis Ihre Augen beginnen, feucht zu werden. Vielleicht spüren Sie zuerst in den Kiefermuskeln eine Spannung, aber die Muskeln werden sich bald entspannen. Der australische Arzt John Harrison weist darauf hin, daß dieses Lösen der Muskelspannung das Loslassen von Zorn unterstützt. In seinem Buch *Love your Disease; it's Keeping you Healthy* behauptet Dr. Harrison, daß physiologische Reaktionen wie weite Pupillen (ein Anzeichen für ein überaktives sympathisches Nervensystem), ein hoher Adrenalinspiegel und ein erhöhter Blutdruck einen Bezug zu Zorn in den Muskeln haben. Wenn mit dem Zorn umgegangen wurde, normalisieren sich diese physiologischen Meßwerte wieder. Wenn man den Zorn verdrängt, entsteht negativer Stress.

Kurz nachdem Jenny mit der Integrativen Sehtherapie begonnen hatte, konnte sie besser sehen, wie sie ihre Finanzen organisieren könnte. Sie zog aus dem Haus ihres Vaters aus und begann in Immobilien zu investieren. Ihr Ziel war es, für ein sicheres Renteneinkommen vorzusorgen. Diese Unternehmungen hielten sie immer noch „in ihrem Kopf", und da sie etwas Übergewicht hatte, schlug ich ihr vor, daß sie mit Gartenarbeit beginnen sollte. In der Erde zu arbeiten erlaubte Jenny, ihren Verstand ruhen zu lassen und ihren Körper zu fühlen. Das Gärtnern half ihr, vom Denken wegzukommen und zu den fühlenden Teilen ihres Körpers zu gelangen.

Die wirkliche Herausforderung für Jenny – die aufblühte, wenn sie sich aus Büchern informierte – zeigte sich, als ich ihr vorschlug, drei Monate lang nicht zu lesen. Diese Anweisung klingt vielleicht etwas hart, aber Jenny mußte aufhören, ihre Augen und ihr Sehvermögen derart anzustrengen. Lesen ist unnatürlich für die Augen. Die Augen sind gebaut, um in die Ferne zu schauen und nur kurze Perioden nah zu fokussieren. Lesen aktiviert den Verstand. Da Jenny so viel Zeit am Computer verbrachte, gestaltete ich ein spezielles integratives Sehtherapie-Programm für sie, um die Augen am Computer zu unterstützen. Das beinhaltete, die Augen auswärts zu richten, ihren Fokus rund um den Bildschirm wandern zu lassen, zu palmieren und ihre Sehfitneß mit Hilfe der Augentest-Tafel für die Ferne zu überprüfen. Jenny machte auch mehr Ruhepausen, um ihr Sehvermögen im Verlauf des Tages klar zu halten.

Jennys Sehkraft variierte, und deshalb waren ihr ihre Kontaktlinsen oft unangenehm. Ich setzte sie nicht unter Druck, statt der Kontaktlinsen eine Brille zu verwenden. Da sie sich verpflichtet hatte, zwölf Monate an der Sehtherapie teilzunehmen, wartete ich. Ich wußte, daß sie, wenn sich ihr Sehvermögen einmal stabilisiert hatte, ihre starken Kontaktlinsen nicht mehr tragen können würde. Jenny kam eines Tages, sechs Monate nachdem wir begonnen hatten miteinander zu arbeiten, und erzählte mir, daß sie ihre Kontaktlinsen seit drei Wochen nicht getragen hatte. Sie nahm wieder ihre alte Brille, die sie früher nur abends getragen hatte. Ihre vormals roten und überanstrengten Augen schienen entspannter zu sein, und sie teilte mir stolz mit, daß sie eine schwächere Brille bestellt hatte.

Jenny entschied sich vor kurzem für eine Laseroperation, die, wie sie erzählte, sehr erfolgreich ihr Bedürfnis, Kontaktlinsen oder starke Brillen zu tragen, reduzierte. Jenny wußte um den Wert der Sehtherapie, die sie auf ihr neues Sehvermögen vorbereitet hatte. Ich fotografierte ihre Augen kurz vor der Operation und werde ihren zukünftigen Prozeß unmittelbar verfolgen. Oberflächlich betrachtet ist Jenny glücklich. Sie hat die Schwierigkeiten mit ihrer Sehkraft gelöst und scheint sich äußerlich nicht als Opfer zu sehen. Ich bin der Meinung, daß Jennys Persönlichkeits- oder Ego-getriebener Zustand noch nicht mit ihrem intuitiven Wesen integriert ist, was dazu führt, daß sich ihre Seele noch nicht vollständig zeigt. Jenny kam mit Hilfe der Integrativen Sehtherapie sehr weit und entschied sich dann, vorzeitig abzubrechen. Wenn Jenny bereit ist, ihr Ego, ihre Intuition und ihre Seele zu verschmelzen, wird sie die ganze Kraft und heilige Natur des multidimensionalen Sehens erfahren.

Kapitel 7

Ihr geheimer Lebenssinn

Warum sind Sie hier?

Dr. Dean Ornish erzählt, daß sein spiritueller Lehrer, Swami Satchitananda, ihn häufig fragte: „Was ist die Ursache?" Swami bezog sich auf die Ursache der degenerativen Herzkrankheiten der Patienten von Dr. Ornish. Wenn er eine oberflächliche Antwort erhielt, fragte der Lehrer weiter: „Ja, aber was ist die Ursache? Und was ist die Ursache dafür? Und was ist die eigentliche Ursache dieser Ursache?" Diese Fragen halfen Dr. Ornish, ein fortschrittliches Programm zur Heilung von Herzkrankheiten zu entwickeln, das auf einer sehr wichtigen Prämisse beruhte: die eigentlichen Ursachen zu beachten, was im Grunde genommen effektiver ist, als nur die Symptome zu behandeln.

Wenn Sie also sagen, so wie das viele meiner Patienten tun, daß Sie Ihr Sehvermögen verbessern wollen, frage ich Sie: „Wenn Sie das erreicht haben, was ist dann? Warum sind Sie hier? Wofür leben Sie? Sind Sie nur hier, um Hypotheken abzubezahlen, in Supermärkten einzukaufen und die schlechten Nachrichten in der Zeitung zu lesen? Inspirieren Sie diese Aktivitäten und tragen sie zu Ihrem Wohlbefinden bei?"

Wenn Sie einmal mit den Symptomen Ihres verschwommenen und verzerrten Sehvermögens, das auf Brechungsfehler und Krankheiten zurückzuführen ist, konfrontiert wurden, was ist dann? Tun Sie einen Moment lang so, als würden Sie eine weitere Möglichkeit zu leben bekommen. Wenn Sie keine Einschränkungen hätten, wie würden Sie Ihren Tag verbringen? Überprüfen Sie, was Sie erschaffen haben. Manchmal verändern meine Patienten ihr Leben nicht; sie entwickeln eine tiefere Wertschätzung dafür, was sie schon haben. Andere machen große Lebensveränderungen. Sybil, eine Patientin zwischen 40 und 50, verbesserte ihre Sehkraft und gab während dieses Prozesses auf, andere pflegend zu unterstützen. Sie erkannte, daß sie sich letztlich sich selbst zuwenden mußte.

Leben bedeutet, Ihre Seele zu erwecken. Wenn wir tatsächlich reinkarnieren, wie fördern oder hemmen unsere Aktivitäten unsere Seele? Sind Sie wie viele andere, die ihre Seele für den nächsten Lohn verkaufen? Die Autoren Joe Dominguez und Vicki Robin gehen in ihrem Buch *Your Money or Your Life* davon aus, daß wir ein Leben voller Leidenschaft leben könnten, indem wir der Menschheit mit lohnenden Projekten dienen und finanziell gut für unsere Zeit belohnt werden. Einfache Bedürfnisse mit klaren Vorsätzen werden Ihnen helfen, Ihren richtigen Platz zu finden.

Was ist Ihr aufrichtiger Beitrag? Was regt Ihren Selbstwert an? Finden Sie Ihre Mission! Kreieren Sie einen Plan. Wählen Sie einen ruhigen Moment und schreiben Sie Ihre Visionen für Ihr Leben auf. Verbalisieren Sie Einsichten in einem Gespräch mit einem nahen Freund. Dann verbringen Sie Zeit mit Aktivitäten, die Sie dazu inspirieren, in Übereinstimmung mit Ihrer Natur zu sein. Eingebungen werden folgen. Der Geist wird ruhig. Sie fühlen sich gesünder und lebendiger. Ihre Augen werden heilen, und Ihr Sehvermögen wird schärfer werden.

Wenn Sie ein gutes Sehvermögen erreichen wollen, ist es wesentlich, die Bereitschaft zu haben, sich so zu sehen, wie Sie wirklich sind – eine freundliche und gute Person. Ich zum Beispiel nahm an Seminaren zur Persönlichkeitsentwicklung teil, in denen ich das Feedback bekam, weise zu sein. Zuerst war das Konzept von Weisheit für mich fremd. Als ich nach innen schaute und ehrlich beurteilte, wie ich mich selber sah, fühlte ich mich inkompetent, faul und als Versager. Meine akademischen Erfolge waren auf meine Überlebensinstinkte zurückzuführen und auf die Dominanz meiner Persönlichkeit. Indem ich die Weisheit akzeptierte, die andere in mir sahen, bemerkte ich, daß mein Sehvermögen sich verbesserte. Ich übte, meinen Fokus auf das ursprünglich Gute, das in mir war, zu richten. Diese täglich Praxis des Stillseins vergrößerte das Gewahrsein meiner Weisheit und meiner Seele. Ich begann, bewußt mein Tun immer wieder zu unterbrechen, um die Schönheit rund um mich wahrzunehmen. Ich sorgte besser für mich selbst. Ich sah mehr das Gute in mir, was dazu führte, daß ich auch das Gute in allem rund um mich sah.

Obwohl ein Großteil der New-Age-Bewegung versucht, dieses Gute zu lehren, kann man nicht mental – als Konzept – Zugang dazu bekommen. Jedoch denken die Menschen in diesen modernen Zeiten, sie können „es“ in einem Wochenendseminar erreichen. Wenn das Gute nicht in Ihrem täglichen Leben verwurzelt ist, wird Ihre visuelle Transformation schwer zu erreichen und von kurzer Dauer sein. Das ist teilweise der Grund, warum es so lange dauerte, bis sich die Sehtherapie durchsetzte. Die Leute sahen diese transformierende Therapie als eine, die das, was mit den Augen nicht stimmte, reparierte – einfach einige Übungen lernen, und das Problem ist behoben. Gut zu sein und klar zu sehen erfordert, Zugang zu Ihrer Kernessenz zu haben und Ihre wirklichen Motive zu identifizieren.

Wahrscheinlich gibt es Ereignisse in Ihrem Leben, die eine visuelle Unflexibilität erzeugt haben. Vielleicht schränken Sie sich in Ihren visuellen Möglichkeiten ein. Denken Sie an ein oder zwei Ereignisse, die mit Ihrem Sehvermögen in Zusammenhang stehen, die Sie bisher aufgedeckt haben. Was können Sie im Nachhinein von diesen Umständen lernen? Während Ihr Sehvermögen sich entwickelt, kann bei jedem Schritt neues Verständnis entstehen, wenn Sie das Gute erkennen. Gehen Sie vergangene Situationen noch einmal durch, um neue Einsichten und Ihre automatischen Reaktionen auf sie aufzudecken.

Flexibilität ist die Offenheit, Ereignisse, die in Ihrem Leben passieren, von vielen verschiedenen Standpunkten aus zu interpretieren. Während unserer Kindheit werden die meisten Wahrnehmungsentscheidungen von unserer Beziehung mit Eltern und Lehrern beeinflußt. Wenn wir jünger sind, verhalten wir uns vielleicht in einer reflexiven Art, „alles richtig zu machen". Wir wollen klar sein, aber wir verhalten uns immer noch so, wie es anderen gefällt. Während dieser Zeit kann unser Verhalten eher aus Reaktionen als aus Antworten bestehen. Wenn wir mit einer reaktionären Haltung schauen, tendieren wir dazu, im Augenblick der Reaktion nur eine Lösung zu sehen. Auf etwas antworten bedeutet, aus der Stille her zu sehen und wahrzunehmen, daß der Moment ein guter ist, ganz gleich, wie herausfordernd er auch zu sein scheint. Es gibt viele Standpunkte und Meinungen.

Unsere Reaktionen auf Erlebnisse in unserem Leben schränken tatsächlich die Fähigkeit unserer Augen ein, Licht zu empfangen und zu übertragen. Diese physische Unzulänglichkeit erschafft Mißwahrnehmungen in der Sichtweise unseres Lebens. Unsere erste automatische Reaktion auf ein Ereignis basiert auf den Mißwahrnehmungen, die wir mit uns tragen. Sie verursachen, daß wir die Dinge auf eine vorbestimmte, gewohnheitsmäßige Weise wahrnehmen.

Sich der Klarheit oder der Verschwommenheit Ihres Sehvermögens bewußt zu sein, gibt Ihnen die Möglichkeit, neue synaptische Wahrnehmungsverbindungen in Ihrem Gehirn herzustellen. Es können tatsächlich physische Veränderungen wie eine Reduktion der Kurz- oder Weitsichtigkeit, des Astigmatismus oder des Augeninnendruckes, eine Heilung des Netzhautgewebes, eine Verminderung des Mückensehens und ein Schärferwerden der Sehkraft stattfinden. Visuelle Flexibilität ist möglich, wenn Sie sich bewußt sind, wie Sie die Ereignisse in Ihrem Leben sehen.

Klarheit ist, genau wahrzunehmen, indem Sie mit dem Herzen schauen. Das Ziel ist, Ihr eigenes Leben durch Ihre Augen und Ihr Herz wahrzunehmen, statt durch den Schleier Ihrer genetischen Wahrnehmungen, die Ihnen von Ihrem logischen Verstand übersetzt werden. Durch diesen Schleier zu sehen ist so, als würden Sie Ihr Leben durch die Augen eines anderen sehen. Wenn Sie den Schleier Ihrer gegenwärtigen Mißwahrnehmungen lüften, fangen Sie an, sich selbst zu vertrauen, und Ihr Leben bekommt eine neue Bedeutung. Sie werden anfangen, der Art und Weise, wie Sie das Leben und die anderen Menschen in diesem Leben sehen, zu vertrauen.

Erinnern Sie sich an die vertikalen und horizontalen Aspekte des Sehvermögens, über die ich in Kapitel 1 gesprochen habe, während ich den Astigmatismus beschrieb. Ein Weg, Zugang zu Ihrem vertikalen Energiefluß zu bekommen, ist, sich vorzustellen, daß eine Energieschnur den Himmel und die Erde verbindet. Sie vereint Sie mit den Kraftzentren des Himmels und gibt Ihnen die Fähigkeit, die Kraft und die Schönheit des Lebens leicht durch Sie fließen zu spüren. Durch diese immaterielle Verbindung fühlt sich das Leben weniger mühevoll an. Üben Sie, diesen Energiefluß durch Sie wie einen Atem fließen zu spüren. Fühlen Sie, wie die Energie in Ihnen ansteigt, wie sie durch Ihren Po eintritt und durch Ihren ganzen Körper bis zu Ihrem Scheitel fließt. (Auch wenn Sie vielleicht denken, daß zuerst nichts passiert, diese Übung erschafft einen Energiefluß durch Ihre Kraftzentren, die Chakren.) Je mehr Sie der Energie erlauben können, durch Sie hindurch zu fließen, desto mehr Kraft haben Sie, Ihren geheimen Lebenssinn hervorzubringen.

Viele Psychotherapien fokussieren auf die Vergangenheit. Obgleich es wichtig ist, tiefsitzende Kernthemen zu identifizieren und sich mit ihnen zu beschäftigen, ist die Vergangenheit nur ein Teil dessen, worauf man schauen sollte; sie ist nur eine Reflexion. Sie müssen Ihr Leben im Hier und Jetzt leben. Sie würden nicht autofahren und dabei durch das Rückfenster danach Ausschau halten, wo Sie gewesen sind. Statt dessen schauen Sie vom Fahrersitz aus auf den Weg, der vor Ihnen liegt und wissen, daß Sie von Ihren vergangenen Erlebnissen zehren können, wenn es notwendig ist.

Die Welt ist nicht dazu da, Sie zu beurteilen oder zu bestätigen, wer Sie sind. Sie können Ihre eigenen Wahrnehmungen bestätigen und die Realität dessen, was Sie heute sehen, bestimmen. Wenn Sie einen neuen Weg des Wahrnehmens im Leben einschlagen, gleich, wie herausfordernd er zu sein scheint, fühlen Sie sich verpflichtet, auf diesem Weg zu bleiben, bis Sie Ihre Ziele erreicht haben! Wenn Sie anfangen, Ihre neuen Wahrnehmungen anzuzweifeln, halten Sie einfach inne und schärfen Sie Ihr Gewahrsein, indem Sie klar und ohne Angst auf Ihr Leben schauen. Wenn Sie durch das Leben rennen, rasen Sie an den Dingen, vor denen Sie Angst haben, vorbei. „Ich bin es nicht gewohnt, so viel Zeit alleine zu sein“, sagte einer meiner Patienten im Sehtherapie-Heimkurs. Wenn Sie langsamer werden, können Sie Ihre Wahrheit, und was Sie wirklich wollen, sehen.

Fangen Sie an, sich der Zeiten bewußt zu sein, in denen Ihre Wahrnehmungen mit Ihrer Wahrheit übereinstimmen und in denen Sie mit sich einverstanden sind und sich wohlfühlen. Welche Körperwahrnehmungen empfinden Sie, wenn Ihr Leben gut ist und Sie klar sehen? Beobachten Sie die Dinge aus der Vergangenheit, die im Laufe der Integrativen Sehtherapie ans Tageslicht traten. Wie können Sie mit diesen vergangenen Themen von Ihrer jetzigen höheren Ebene des Gewahrseins aus umgehen? Stellen Sie sich vor, wie Sie das Bedürfnis abschließen, bei diesem Thema zu verweilen, und sehen Sie eine neue Vision für diese Situation. Sehen Sie, wie diese neue Idee gedeiht, und lassen Sie Ihre Augen diese klare Programmierung empfangen.

Die Transformation des Lebens geschieht durch tägliches Fokussieren und tägliche Praxis. Die Verbesserung des Sehvermögens ist ähnlich. Klar zu sehen und fokussiert zu sein, bedeutet, Ihren geheimen Sinn des Lebens zu entdecken. Ihr Lebenssinn ist der Rahmen, in den Sie das Bild des Lebens, das Sie erschaffen wollen, plazieren.

Nun wird es nützlich für Sie sein, Wege der Identifizierung und Wiederentdeckung Ihres Sinns zu erkunden. Ich sage „Wiederentdekkung", weil irgendwann während unseres Lebens die meisten von uns die Verbindung mit der einfachen ehrlichen Klarheit und dem Fokus, die wir als Kinder genossen – eine Zeit, in der wir gedacht haben, daß wir alles sein können, was wir wollten, wenn wir groß wären – verloren haben. Wenn Ihre klaren Lebensvisionen zurückkehren, werden Ihre Augen ein gesünderes Sehvermögen erleben. Wenn Sie die Angst und die Hindernisse, die Sie davon abhalten, wirklich Ihre Wahrheit zu leben, vertreiben, überwinden oder außer acht lassen, beginnt das natürliche Gute in Ihnen durchzuscheinen.

Wenn Sie über nicht abgeschlossene Aspekte Ihres Lebens nachdenken, die dazu beitragen, daß Sie Ihre Sehkraft verlieren, denken Sie daran, daß Sie die Vergangenheit nicht „reparieren" können, aber Sie können die Schleier der Vergangenheit, die Ihren Lebenssinn verdeckt haben, entfernen.

Die tibetische *Dür Bön* Tradition lehrt, daß die Seele während der ersten drei Monate der Schwangerschaft in den Körper gelangt. Eine Seele wählt einen physischen Körper, um „unvollständige Angelegenheiten" zu erledigen. Gleich, was Sie anfangs denken, worum es in Ihrem Leben geht, Ihre Seele hat eine tiefere Absicht.

Sehvermögen zu haben bedeutet, die Absicht Ihrer Seele als existent anzusehen. Es ist leicht, sich auf die physischen und greifbaren Aspekte des Lebens zu konzentrieren, und Sie können leicht dazu verführt werden zu glauben, daß der physische Körper der wichtigste Aspekt des Lebens ist. Viele meiner Patienten beginnen ihre Seh-Reise mit dem Glauben, daß es nur darum geht, die Probleme, die sie mit ihren Augen haben, zu reparieren. Früher oder später jedoch sind sie mit der Leere ihres physischen Lebens konfrontiert. Was sie durch ihr Sehvermögen wahrnehmen, paßt nicht mehr zu ihren Wahrnehmungen aus der Vergangenheit. Sie fangen an, Fragen wie „Was ist mein wahrer Sinn, hier zu sein?", „Welche

Pläne hat meine Seele für mich?" oder „Was wird die Konsequenz sein, wenn ich nicht auf die Bedürfnisse meiner Seele achte?" zu stellen. Ich habe einmal einen Autoaufkleber gesehen, auf dem stand: „Mein Karma hat ihr Dogma überfahren." Alles, was wir tun können ist, unser eigenes Karma zu lenken, die Verantwortung dafür zu übernehmen und dann das größere Bild unseres Lebens zu sehen.

Eine Patientin erzählte mir vor kurzem, wieviel sie von ihren Augen gelernt hat. Als Angel sehr jung war, drehte sich ihr rechtes Auge nach innen. Das Auge wurde zweimal operiert, und als das nicht half, schnitt ihr Augenarzt in die Muskeln des linken Auges, um das Problem zu lösen. Die Operation diente dem Zweck, die Muskellänge zu verändern, so daß sich das Auge von selbst ausrichtet. Dieses Vorgehen hatte viel Narbengewebe auf beiden Seiten hinterlassen.

In den Jahren danach hatte sie Schmerzen in den Augen und sah zeitweise unscharf; die Qualen zwangen sie, sich mit enormen Lektionen in ihrem Leben auseinanderzusetzen und die tiefere Frage zu stellen: „Was ist mein Sinn hier auf diesem Planeten?" Sie fand heraus, daß sie ihre Vergangenheit erforschen mußte, um ihre gegenwärtige Heilstrategie besser definieren zu können.

Die Geschichte von Abe und Sophie

Abe und Sophie verliebten sich ineinander und erkannten, daß sie miteinander leben wollten. Sie heirateten und entschlossen sich, ein Jahr um die Welt zu reisen, sich danach niederzulassen und eine Familie zu gründen.

Während Abe und Sophie Urlaub machten, entschied sich ihr Sohn Alex, immer noch in spirituellen Gefilden, nach seinem eigenen Zeitplan zu erscheinen. Alex spürte, daß der Zeitpunkt, auf die Welt zu kommen perfekt war. Eine Weile später erschien er in Sophie.

Alex dachte: „Was für eine perfekte Zeit, sich zu entwickeln. Ich habe Teil an dieser Ruhe und an dieser entspannten Zeit, und meine Eltern sind zueinander so liebevoll und fürsorglich. Da ist kaum Stress. Wir schwimmen in den herrlich blaugrünen Wassern von Griechenland, Fidji, Südafrika und Australien. Meine Eltern ernähren sich gesund, und sie bewegen sich genug. Was für eine Zeit, in der Gebärmutter zu sein! Ich fühle mich verhätschelt und als neues Wesen auf diesem Planeten respektiert". Nach acht Monaten kehrten Abe und Sophie heim. Alex wuchs in der Gebärmutter und wurde groß. Seine Eltern planten eine Wassergeburt Zuhause. Alex war zufrieden. „Meine Eltern sind so fortschrittlich. Deshalb habe ich sie gewählt. Was sie nicht realisieren, ist, daß ich die Unterwassergeburt wollte. Immerhin bin ich ein Skorpion; ich liebe Wasser. Sie glauben, daß sie meine Eltern sein werden. Das ist wahr, aber ich habe etwas für sie auf Lager. Meine Seele ist stark und ich bereite sie auf die größte Lernerfahrung, die sie je gehabt haben, vor."

Ihre Persönlichkeit wurde geformt, als Sie in utero waren. In welcher Verfassung Ihre Eltern waren als Sie gezeugt wurden, während Sie sich in der Gebärmutter befanden, während Ihrer Geburt und in Ihren ersten Lebensjahren: All das hatte Einfluß auf die Art und Weise wie Sie das Leben sehen.

Die Absicht Ihrer Seele, Ihr Grund für Ihr Sein, könnte durch die Einstellungen und Überzeugungen, die durch die bewußten und unbewußten Handlungen Ihrer Eltern übermittelt wurden, gedämpft worden sein. Aber jede Gelegenheit, die dazu führte, daß Ihre Seele unterdrückt wurde, wird später für Sie zu einer Gelegenheit zu wachsen. In vielen Fällen stellt es sich heraus, daß die Menschen, die den größten Entbehrungen ausgesetzt waren, den größten Beitrag zu geben haben. Wenn Ihre Eltern noch leben, bitten Sie sie, Ihnen eine emotionalen Bericht über Ihre Zeugung, Ihre Geburt und Ihre ersten Lebensjahre zu geben. Waren sie glücklich? Wo waren sie auf ihrer Reise, das Bewußtsein zu entfalten? Können sie sich an schwierige Zeiten in Ihrem Leben erinnern, die Sie auf chronologische Weise mit Ihren Augenproblemen verbinden können? Fügen Sie diese Information zu Ihren bisherigen Entdeckungen hinzu. Tennysons Ulysses sagt: „Ich bin Teil aller, die ich getroffen habe." Jedes Ereignis in der Vergangenheit hat Sie zu dem gemacht, was Sie heute sind. Ehren Sie Ihre Vergangenheit und seien Sie, wer Sie sind. Je mehr Sie über Ihre Vergangenheit wissen, desto mehr Klarheit können Sie in die Gegenwart und in die Zukunft bringen.

Falls Sie daran denken, Kinder zu haben: Schwangerschaft ist eine Gelegenheit, persönlich zu wachsen. Nehmen Sie sich von der Arbeit frei und sprechen Sie mit dem kleinen Wesen in Ihnen. Die Bewegungen Ihres Körpers, der Klang Ihrer Stimme und die lebenswichtigen Nährstoffe der vollwertigen Ernährung, die Sie zu sich nehmen, werden das zukünftige Erwachen Ihres Kindes für seinen Lebenssinn fördern.

Simon

Im Alter von 14 Jahren hatte Simon nur eine große Sehnsucht: Er wollte Hubschrauberpilot bei der Armee werden. Doch der Augenarzt diagnostizierte Kurzsichtigkeit. Diese Einschränkung in der Wahrnehmung wurde durch Simons Gefühle, daß er eine bestimmte Rolle, die seine Eltern und Lehrer für ihn ersehnten, erfüllen mußte, geweckt. Simons sich entwikkelnde Persönlichkeit lebte ein Leben, das nicht der Reiseroute seiner Seele entsprach. Sein Vater brachte ihn zu mir, da er sich schuldig fühlte, nicht genug Zeit mit ihm zu verbringen. Er hatte den großen Wunsch, seinem Sohn zu helfen: zu sehen und das Leben mit mehr Sinn als zuvor zu leben.

Simon war das einzige der drei Kinder der Familie, das Brillen trug, und er brauchte jedes Jahr stärkere Gläser. Er trug seine Brille nicht, außer in der Schule, wenn er auf die Tafel schauen wollte. Ich beobachtete sein

Gesicht und seine Augen und sah große Spannungen und ein „Versuchen-zu-sehen"-Verhalten. Die Wahrnehmung seines linken Auges war klarer und dominanter, und er bevorzugte das linke Auge bei dem Spiel mit den zwei Daumen. Das bedeutete, daß er sehr empfänglich war, und er mußte seine Sensitivität weiterentwickeln. Er war ein hervorragender Musiker, spielte Rugby und fischte gerne. Ich lehrte ihn, seine Augen zu palmieren, die Gesichts- und Stirnmuskeln zu stimulieren, vom Herzen her zu atmen und die Akupressurpunkte mit seinen Fingern anzuregen. Dann erzählte ich ihm diese Geschichte:

Ein Teenager wollte so gerne ein Flugzeug fliegen, aber es wurde ihm mitgeteilt, daß sein Sehvermögen niemals so gut sein würde, um dafür geeignet zu sein. Sein Vater hörte von einem Augenarzt, der seine Patienten lehrte, klarer zu sehen und unabhängiger von Brillen zu werden. Der Teenager ging zu diesem Arzt und machte die nächsten zwölf Monate lang jeden Tag pflichtgetreu die Sehspiele, die er dort gelernt hatte. Er war begeistert davon, besser zu sehen. Er visualisierte, daß er einen F-16 Jet flog. Heute fliegt dieser Mann Jets. Ich sagte Simon, daß ich der Augenarzt dieses Buben gewesen bin.

Simon war sichtlich bewegt. Sein Gesicht schien sich zu entspannen, und ich ermutigte ihn, seine Augen weiter zu öffnen. Dann fuhr ich fort und gab ihm und seinem Vater weitere Hausaufgaben. Simon sollte beginnen, Szenen aus der Natur zu malen, um eine Einschätzung des Sehvermögens anzuregen, die eher die künstlerische Anstrengung als die mentale betonte. Wenn er draußen malte, sollte er sein rechtes Auge mit einer Augenklappe abdecken. Ebenfalls sollte er sich bereit erklären, Zeit mit älteren Menschen zu verbringen. Wenn Simon mit ihnen sprach, würde er seine eigene Weisheit erfahren.

Craig

Craig war den Erwartungen seiner Eltern gefolgt und hatte sich mit seinem Vater zusammengetan, um die Schaf- und Rinderfarm der Familie zu verwalten – dieselbe Farm, auf der er aufgewachsen war. Craig beschrieb sein Leben als festgefahren, und er sah keinen Ausweg. Auf die gleiche bedürftige Weise trug und nutzte er seine Brille. (Seine Eltern trugen beide keine Brille, seine Kurzsichtigkeit und sein Astigmatismus waren also nicht genetisch bedingt.)

Solange Craig die Wahrnehmungen der beiden Augen nicht voll integrierte, wies sein linkes Auge einen deutlich stärkeren Astigmatismus auf. 38 Jahre lang hatte Craig sein Sehvermögen diszipliniert, durch das rechte Auge zu schauen – eine von Harry dominierte Sicht der Welt. Er schaute auf die Welt durch sein logisches Filtersystem und tarnte sorgfältig jegliches Gefühl. Sein inneres Wissen über die emotionale und die Seelenseite seines Geistes war latent vorhanden.

Craig beantwortete jede Frage mit: „Ich weiß es nicht." In der Vergangenheit war er nur kurze Beziehungen zu Frauen eingegangen, und er gebrauchte einen leichten Hörverlust und seine Angst vor dem Reisen als Entschuldigung dafür, daß er die Farm nicht verließ. Sein Verhalten deutete auf sein großes Interesse, sein Sehvermögen zu verbessern, doch er fühlte, daß er nicht weiterkam.

Sehübungen alleine würden diesen Mann nicht bewegen. Craig brauchte eine Bombe, die unter ihm explodierte, um die gewünschten Veränderungen zu erreichen. Wir begannen damit, das rechte Auge mit einer Augenklappe gezielt abzudecken. Während er seine Pflichten auf der Farm erfüllte, trug er die Augenklappe und entwickelte dadurch eine linksäugige Wahrnehmung der Welt.

So wie das bei den meisten Übungen mit einer Augenklappe ist, mußte Craig langsamer werden und mehr auf die Welt, die er durch das linke Auge (Sally) wahrnahm, achten. Er mußte fühlen, was er sah, statt nur darüber zu denken. Er lernte, seine neue Art zu beobachten auf seine anderen Aufgaben zu übertragen.

Wenn Craig still saß, machte er die Sehspiele „Die-Augen-einwärts-richten" und „Die-Augen-auswärts-richten" (siehe Kapitel 3). Während er auf den Daumen vor seinen Augen schaute, bewegte er den Daumen genau entlang des verschwommenen Meridians seines Astigmatismus (in diesem Fall entlang des horizontalen). Das regte die blockierte Verbindung von seinem Gehirn zu seinem Auge an. Als nächstes mußte er einigen Veränderungen seines Lebensstils ins Auge blicken. Craig hatte weder jemals für sich selbst gekocht noch versucht, einen eigenen Hausstand zu gründen. Seine Mutter hatte sich immer um ihn gekümmert. Er wollte eine Beziehung zu einer Frau haben, aber er konnte nicht klar genug durch die linksäugige Seite seines wahrgenommenen Bewußtseins sehen, um das zu realisieren.

Ich empfahl ihm, von der Farm seiner Eltern auszuziehen und sich eine kleine Wohnung in der nächsten Stadt zu nehmen. Zusätzlich sollte er ein halbes Jahr von der Farmarbeit freinehmen. Während er in dieser Stadt lebte und sich auf seinen Urlaub vorbereitete, würde Craig mit seinen Ängsten konfrontiert werden, aus seiner Komfortzone herausgerissen werden und ein Risiko eingehen. Seine Kurzsichtigkeit und sein Astigmatismus repräsentierten sein Leben in einem risikofreien Bereich. Sein Sehvermögen durch diese Therapie zu integrieren bedeutete, zum Unbekannten aufzubrechen. In der Stadt zu sein und sein rechtes Auge abzudecken, würde Craig die Chance geben, neue Freunde zu finden und die Reise zu seinen eigenen Träumen und persönlichen Visionen zu beginnen.

Pauleen

Craigs Schwester Pauleen kam auch zu mir. Sie hatte eine ausgezeichnete Sehkraft, aber sie hatte Schwierigkeiten, die beiden Kerzen oder Daumen zu sehen, wenn sie ihre Augen auswärts richtete. Ihre dominante Wahrnehmung fand durch ihr linkes Auge statt. Pauleen war eine liebenswerte Frau, die wie Craig schon früh ein zurückgezogenes Leben auf der Farm führte. Als sie für kurze Zeit die Farm verlassen hatte, war sie ebenso kurze Beziehungen eingegangen. Sie sagte, daß ihre Mutter niemals ihre tiefsten Gefühle mitteilte. Pauleen vermißte eine emotionale Verbindung mit ihrer Mutter und ihrem Bruder. Sie war von Natur aus emotional und liebevoll, aber sie hatte keinerlei Vorbild, nahe Beziehungen zu kreieren. Als junges Mädchen schwor sie, daß ihre Kinder, wenn sie welche haben würde, viel mehr über ihre Gefühle sprechen würden.

Als sie fern der Farm lebte, traf sie einen passenden Mann. Sie ging eine kurze und heftige Beziehung ein und war niedergeschmettert, als er sie plötzlich wegen einer anderen Frau verließ. Pauleen zog sich ein weiteres Mal auf die Farm zurück. Ihre Fähigkeit, die Wahrnehmungen der beiden Augen zu integrieren, verschlechterte sich, und sie lebte in der Angst, von Männern verlassen zu werden. Wenig später traf sie den Mann, der ihr Ehemann werden sollte. Innerhalb eines Monats gaben sie ihre Verlobung bekannt und heirateten. Sie bekamen zwei Kinder.

Auch wenn es so aussah, als ob Pauleen jede Menge Sicherheit hatte, waren ihre Wahrnehmungen des Lebens von ihren inneren Wahrnehmungen der Angst belastet. Jedes Mal, wenn ihr Mann auf Reisen ging, verfiel sie in Panik, daß er nicht mehr zurückkommen würde. Wie käme sie zurecht, wenn ihre Angst, verlassen zu werden, wahr würde? Auf tiefere Befragungen hin gab sie zu, daß sie Groll gegen ihren Bruder und ihre Familie hegte.

Pauleen war bereit, den Integrationsprozeß zu beginnen und ihr Recht auf ihre Kraft geltend zu machen. Das bedeutete, eine Augenklappe zu tragen und ihrem Bruder und ihrer Familie auf liebevolle und mitfühlende Weise zu begegnen. Um Pauleen auf diese Unternehmung vorzubereiten, empfahl ich ihr, eine nahe Beziehung mit einer bestimmten Freundin zu beginnen. Sie sollten sich jede Woche für zwei Stunden treffen, in denen sie sich gegenseitig eine Massage geben und über persönliche Angelegenheiten sprechen würden. Das war wichtig für Pauleen, da ihr Mann die einzige Person war, mit der sie je ein vertrauliches Gespräch geführt hatte. Er war ein hervorragender Zuhörer und gab ihr freimütig Ratschläge. Dieses Muster, sich auf ihren Ehemann als einzigen intimen Kontakt zu verlassen, gab ihr noch mehr das Gefühl, daß sie in allem von ihrem Mann abhängig war.

Durch ihr rechtes Auge entwickelte Pauleen Wahrnehmungskraft. Sie wurde unabhängiger. Als sie diese Freiheit verwirklichte, kehrte ihre Kraft zurück. Ihr Sehvermögen wurde multidimensionaler. Während sie Objekte fusionierte, konnte sie ihren integrierten Zustand aufrechterhalten und um das, was sie wollte, bitten. Das veränderte auch ihre Beziehung zu ihren Eltern, Geschwistern und Freunden.

Kindheitsträume

Identifizieren Sie Situationen in Ihrem Leben, in denen Sie Ihre Kraft an die Visionen anderer Menschen, was für Sie am besten sei, abgegeben haben. Sie können die Absicht Ihrer Seele zurückerobern. Der erste Schritt ist, Ihr Leben mit Ihren Eltern oder Ihren frühen Bezugspersonen einzuschätzen. Welche Dilemmas in Ihrem Leben haben Ihre frühen Entscheidungen beeinflußt? Nachdem Sie sich diese Fragen gestellt haben, überlegen Sie, wie Sie diese Kraft wiedergewinnen, und sie produktiv in Ihrem Leben einsetzen können. Wenn Ihre Sehprobleme in späteren Jahren entstanden sind, denken Sie daran, wie das mit den Menschen, die Ihnen in dieser Zeit am nächsten waren, in Zusammenhang stehen kann. Wenn Sie Ihre Erinnerungen an die Vergangenheit wachrufen, können Sie besser verstehen, wie Ihre Art Dinge wahrzunehmen geprägt wurde und wie das die Art, wie Sie Ihr Leben gelebt haben, geformt hat.

Bei Ihren Bemühungen, sich an die frühen Einflüsse, die Ihr Leben geprägt haben, zu erinnern, stellen Sie sich folgende Fragen, und schreiben Sie Ihre Antworten auf:

Was wissen Sie über Ihre Geburt (war es ein Kaiserschnitt, wie lange lag Ihre Mutter in den Wehen, war es eine Steißgeburt etc.)?

Haben sich Ihre Eltern jemals getrennt oder scheiden lassen? Wenn ja, wie fühlen Sie sich jetzt in bezug auf diese Ereignisse?

Sind Sie unehelich geboren?

Hatten Ihre Eltern irgendein Suchtverhalten wie rauchen, trinken oder zuviel zu arbeiten?

Ist Ihre Familie in Ihren ersten Jahren mehr als einmal umgezogen?

Zeigte eines Ihrer Familienmitglieder regelmäßig zorniges oder lautes Verhalten?

Ist, als Sie ein Kind waren, ein bedeutender Freund weggezogen? Sind Sie und Ihre Familie von diesem bedeutenden Freund weggezogen?

Sind Sie physisch, emotional oder sexuell mißbraucht worden?

Können Sie sich daran erinnern, daß Sie schon früh im Leben mit dem Tod umgehen mußten?

Hatten Ihre Eltern Probleme wegen Geldmangel oder in bezug auf finanzielle Sicherheit?

Gab es während Ihrer Schulzeit irgendwelche herausragenden negativen Situationen?

Können Sie sich an Ihren ersten Besuch beim Augenarzt erinnern?

Hat der Augenarzt etwas gesagt, das Ihr Sehvermögen oder Ihre Entscheidungen in bezug auf das Sehen beeinflußt hat? (Er könnte das in Ihrer Gegenwart zu Ihren Eltern gesagt haben.)

Haben Sie jemals Lesen als einen Fluchtmechanismus benutzt?

Haben Sie als Kind bei schlechtem Licht gelesen?

Haben Ihre Eltern Brillen getragen? Hat das einen Einfluß auf Ihr Sehvermögen gehabt? (Wollten Sie Gläser tragen, weil Ihre Mutter oder Ihr Vater welche trugen?)

Gab es Zeiten in Ihrem Leben, in denen Sie Unmengen an Zucker, Milchprodukten oder Fleisch und Wurst gegessen haben ?

Nachdem Sie in die Vergangenheit zurückgeschaut haben, schauen Sie nun in die Zukunft. Überlegen Sie diese Fragen. Ihre Antworten werden Ihnen helfen, Ihre Zukunft klarer sehen zu können.

Möchten Sie Ihr Sehvermögen verbessern, um jemandem eine Freude zu machen?

Erwarten Sie, Ihren Beruf zu verändern, wenn Sie klarer in Ihren Wahrnehmungen werden?

Werden Sie mehr Geld verdienen, wenn Sie Zugang zu der Kraft hinter Ihren Augen bekommen?

Denken Sie, daß Sie in den nächsten zwölf Monaten aus Ihrem gegenwärtigen Heim ausziehen werden?

Erwarten Sie, innerhalb des nächsten Jahres eine neue Beziehung zu beginnen?

Wenn Sie eine Brille tragen: Können Sie sich bildhaft vorstellen, zunehmend schwächere Gläser zu tragen?

Wenn Sie eine Augenkrankheit haben: Können Sie sich vorstellen, zu Ihrem Augenarzt zu gehen und die gute Neuigkeit entgegenzunehmen, daß Ihr Augengewebe gesundet?

Können Sie sich vorstellen, Ihre Fähigkeiten Ihrer Gemeinde zeitweise zur Verfügung zu stellen?

Als Sie sehr jung waren, waren Ihre Träume der erste Ausdruck Ihrer Seele, die sich so in der Welt manifestierte. Ich meine damit nicht nur die Bilder, die Sie sahen, als Sie schliefen. Träume treten auch auf, während Sie wach sind, während Sie spielen und sich kreativ betätigen. Dies sind die Einsichten, die helfen, die Essenz, die Sie sind, hervorzubringen.

Ich erinnere mich, als Kind ein „Lesemuffel“ gewesen zu sein und trotzdem war ich von Büchern über Psychologie fasziniert. In der Stadtbibliothek verbrachte ich Stunden damit, Psychologiebücher durchzuschauen; ein Versuch, mein Verhalten und das meiner Familie zu verstehen. In Ergänzung meiner Begeisterung für Psychologie befaßte ich mich mit der Fotografie – sicher auch, da dies das Interesse meines Vaters war. Doch tief in meinem inneren Kern war Fotografie meine Art des künstlerischen Ausdrucks, und ich fand, daß ich dieses Ventil brauchte, um meine Emotionen auszudrücken. Als Pfadfinder genoß ich es auch, im Freien zu sein und mich selbst zu versorgen.

Wenn ich auf meine Kindheitsbeschäftigungen zurückschaue, bemerke ich, daß meine frühe Erziehung eine starke Wirkung auf das Entstehen eines Ungleichgewichts zwischen meiner Persönlichkeit und meiner Seele hatte. Ich wurde ermutigt, mich auf die Wissenschaften zu konzentrieren, und ich glaubte, daß es das war, womit ich mich hervortun sollte; doch, wegen meiner Doppelbilder und meines Bedürfnisses, mich stark zu konzentrieren, verlor ich einige meiner intuitiven Fähigkeiten. Ich habe später anerkannt, daß meine Seele danach ruft, ein einfaches Leben zu führen, ein sorgender Ehemann zu sein, meine Kinder großzuziehen, anderen zu helfen und sie zu unterrichten.

Geben Sie sich die Möglichkeit, Ihre Kindheitsträume zu erforschen. Stellen Sie sich folgende Fragen, und schreiben Sie die Antworten auf:

Nennen Sie fünf Dinge, über die Sie sich klar waren, bevor Sie zehn Jahre alt waren.

Wieviele dieser frühen Träume haben Sie in Ihrem gegenwärtigen täglichen Leben in die Tat umgesetzt?

Sind einige dieser Träume heute noch wichtig in Ihrem Leben? Wenn ja, was brauchen Sie, um sie sich zu erfüllen?

Was sind Ihre gegenwärtigen Träume oder Visionen für sich selbst? Wie können Sie sie in Ihre Arbeit, Ihr persönliches Leben oder in Aktivitäten, die der Erholung dienen, mit einbauen?

Wenn Sie Kinder haben, ermutigen Sie sie, mit Ihnen über ihre Träume zu sprechen. Fordern Sie Ihr Kind auf, über die Zukunft zu phantasieren. Unterstützen Sie das Mitteilen dieser Gedanken beim gemeinsamen Essen mit der Familie oder bevor das Kind einschläft. Ein vortrefflicher Weg, Ihr Kind zum Visualisieren anzuregen ist, die Zeit, die Ihr Kind fernsieht, zu limitieren. In seinem Buch *Der nächste Schritt der Menschheit* argumentiert Joseph Chilton Pearce leidenschaftlich, daß die Kreativität von Kindern durch Fernsehen behindert werden kann. Die psychologische Literatur ist voll von provozierender Forschung darüber, wie das Verhalten von Kindern durch exzessives Fernsehen verändert wird.

Als unser Sohn Symon zwei Jahre alt war, war er von Kindervideos gefesselt, er liebte es, die Bilder auf dem Bildschirm zu betrachten. Währenddessen genossen meine Frau und ich die Möglichkeit, eine ruhige Zeit zu verbringen und eine Pause von unseren Pflichten als Eltern zu haben. Wir waren jedoch jedes Mal, wenn es Zeit war, den Fernseher abzudrehen, über Symons zorniges Verhalten entsetzt. Wir wurden uns bewußt, daß Symon Fernseh-süchtig war.

Wir begannen, die Fernseh-Perioden mit Hilfe eines Timers auf zehn Minuten zu begrenzen. Damit fingen wir einen Entwöhnungsprozeß an, der einige Monate dauerte.

In der Zwischenzeit nahmen wir das Videomaterial auf Tonband auf. Das bedeutete, daß wir den Fernsehapparat abschalten und Symon seine Videos anhören lassen konnten. Das war komisch anzusehen. Symon starrte noch immer auf den Bildschirm, während er zuhörte. Ich bin sicher, daß er im Geiste das Bild auf den Bildschirm projizierte. Innerhalb einiger Wochen begann er mit seinen Spielsachen zu spielen, während er zuhörte – er sah die Bilder im Geiste.

Wenn Sie Ihrem Kind helfen möchten, die Kraft hinter seinen Augen beizubehalten, sollten Sie positive Aussagen machen, bevor Ihr Kind einschläft. Für meinen Sohn erfinde ich Geschichten. Während ich mich am Abend mit ihm niederlege, beginne ich mit: „Symon ist liebenswert, und ich umarme ihn gerne. Symon ist hilfsbereit und schön. Symon ist ein helles Licht. Symon ist intelligent und gesund. Symon ist großzügig und geschickt. Symon wird von seiner Mutter und seinem Vater geliebt. Symon ist spirituell und ein Lehrer. Symon ist hilfreich und verständnisvoll", und so weiter. Während er einschläft, werden diese Aussagen von seinem Gehirn aufgenommen und dort gespeichert.

Der nächste Schritt ist, Ihr Kind anzuleiten, selbst positive Aussagen auszusprechen. Ich habe herausgefunden, daß diese Suggestionen helfen, negatives Verhalten, das genetisch vererbt wurde, zu neutralisieren. Wenn sich diese Persönlichkeitsaspekte zeigen, wird die Seele durch diese zarten, fürsorglichen Worte ausgeglichen. Bis zum Alter von sieben Jahren ist die Fähigkeit Ihres Kindes, dieses Mitgefühl zu integrieren, sehr groß, auch während es wach ist.

Barbara und Pam

Ich erinnere mich an eine Klientin, die Probleme mit dem Verhalten ihrer sechsjährigen Tochter hatte. Barbara war eine alleinerziehende Mutter, und ihr Freund war vor kurzem bei ihr eingezogen. Pam, ihre Tochter, hielt sie auf Trab. Alles, was Barbara sagte, erzeugte in Pam eine negative Reaktion. Pams ablehnendes und starrsinniges Verhalten führte zu einem Zusammenbruch der Kommunikation zwischen Barbara und ihrem Freund und machte es den beiden sogar schwer, weiterhin miteinander zu leben. Pams Lehrerin sagte zu Barbara, daß Pam es schwierig fand, mit ihren Schulfreunden auszukommen.

Da Barbara eine meiner Patientinnen der Integrativen Sehtherapie war, empfahl ich ein gemeinsames Treffen mit Pam, um zu schauen, ob ich in dieser Situation hilfreich sein könnte. Die Stunde war sehr herausfordernd. Pam saß nicht still und drängte ihre Mutter immer wieder weg. Die meiste Zeit saß sie zusammengerollt auf der Couch und reagierte nicht auf meine spielerischen Interaktionen. Es gelang mir, sie dazu zu bringen, still zu sitzen, so daß ich Fotos ihrer Irismuster machen konnte.

Pams Augen und die ihrer Mutter waren deutlich verschieden. Der Grund für Pams Erregung war, daß sie genealogische Züge der väterlichen Seite der Familie auf negative Weise ausdrückte. Indem ich die Rayid-Methode der Irisinterpretation anwendete, die ich schon früher beschrieben habe, schaute ich auf das Foto von Pams rechtem Auge und konnte so bestimmen, daß Pam eine sehr emotionale Natur hatte. Sie brauchte Aktivitäten, die ihr erlaubten, diese Emotionen auf positive Art und Weise auszudrücken.

Jedes Mal, wenn sie von einem Besuch bei ihrem Vater zurückkehrte, brauchte Pam drei Tage, um sich zu beruhigen. Nachdem ich ihre Iris gelesen hatte, konnte ich eine Anzahl stärkender Aussagen kreieren, die Barbara auf Tonband aufnahm. Am Abend, während sie Pam schlafen legte, spielte sie das Band ab. Sie meldete Pam in einer Kunstschule an, damit sie ihre Persönlichkeit durch positiv gelenkte Kreativität ausdrücken konnte.

Innerhalb einiger Wochen zeigten sich die Früchte dieser Form der Therapie. Pams Lehrerin war erstaunt über die Veränderungen in ihrem Verhalten. Pams Persönlichkeit schien ausgeglichener, und sie begann, die liebende und fürsorgende Seite ihres Wesens zu zeigen. Das Tonband anzuhören half Pam, ihre negativen Emotionen zu neutralisieren. Barbara wurde an ihr Bedürfnis für ihre eigene notwendige Heilung erinnert. Das bedeutete auch, auf direktere Art mit ihrem Ex-Ehemann zu sprechen. Kurz danach begann Barbaras Sehkraft durch schwächere Kontaktlinsen, die ich ihr als Teil ihrer Sehtherapie verschrieben hatte, schärfer zu werden. Sie bemerkte das, wenn sie die Sehkraft selbst an der Augentest-Tafel für die Ferne überprüfte.

Das Licht in Ihrem Inneren

Das Licht, das in Ihre Augen fällt, wird von einem primitiven Organ in Ihrem Gehirn, der Zirbeldrüse, verschlüsselt, um das Bewußtsein des Gehirns für Wahrnehmungen zu stimulieren. Die Farben des Lichtes färben Ihre Essenz und wecken Ihre Seele auf. Die Buddhisten glauben, daß, wenn das Licht den Stoffwechsel Ihres Körpers anregt, sich der Urgrund für unklares Sehen zeigt. Ihr Körper erinnert sich, wie er sieht.

Die meisten von uns verfügten bei der Geburt über klare Sehkraft, erst im Laufe der Zeit wurde sie schwächer. Während Sie in unsere Kultur hineinwuchsen, setzte eine Verschwommenheit der Ihnen innewohnenden Güte ein. Das *Flowering-Light-Tantra* der tibetischen *Dür Bön*-Tradition sagt: „Ihr Körper ist die Form Ihres Gedächtnisses. Ihr Körper hat etwas zu offenbaren. Ihre Augen bemühen sich, Sie über Ihr wesentliches Herz zu unterrichten." Mit dem Herzen zu sehen gibt den Augen ein Portal, durch das sie schauen können. Ihre Augen reagieren nur auf das, von dem Sie annehmen, daß es wahr ist. Wenn Sie mit dem Herzen schauen, werden Sie Ihren unentdeckten Lebenssinn klar sehen können.

Ihr äußeres Sehen kommt aus einem ruhigen Geist. Der Talmud rät: „Du kannst nur das sehen, was der Geist projiziert." Stille ist notwendig, um wirklich durch Ihre Augen zu sehen. Wenn Sie entspannt sind, vermag ihr Geist weit eher erstaunliche Aufgaben zu erfüllen.

Das Licht in Ihrem Inneren wird vor allem stimuliert, wenn Sie sich entspannen, wenn Sie dem Sonnenlicht erlauben, in Ihre Augen zu strahlen und wenn Sie eine tiefe Verbindung mit der Natur fühlen. Wenn Sie die Fähigkeit, das integrierte Atmen mit offenen Augen zu praktizieren, entwickeln, werden Sie sich mit den Zyklen der Natur um Sie herum mehr eingestimmt fühlen. Wachen Sie eines Morgens zeitig auf, und praktizieren Sie das Integrierte Atmen im Freien, während die Sonne aufgeht! Meine Lieblingsbeschäftigung im Sommer ist es, an den Strand zu gehen, still zu sitzen und in der frühen Morgensonne mein Gesicht baden zu lassen.

Lauschen Sie! Da gibt es eine Vielzahl von Tönen früh am Morgen. Jede lebende Spezies hat ihre eigene Sprache und Kommunikation. Während Sie Ihre Augen für diese Lebensformen öffnen, werden Sie sich ihres verschieden strahlenden Lichtes gewahr werden. Da Licht Energie ist, geht von jedem Lebewesen Licht aus. Auch von Ihnen. Ihre Augen empfangen Licht und geben es wieder. Wenn Ihre emotionalen Reaktionen dominieren und Sie die Berührung mit dem Leben verlieren, besonders mit der visuellen Schönheit der Natur, verringert sich die Fähigkeit Ihrer Augen, Licht zu empfangen.

Wenn Sie Schwierigkeiten haben, bei schwächer werdendem Licht bedruckte Seiten zu sehen, geht es möglicherweise um die Botschaft, daß Sie aufhören sollten zu lesen. Experimentieren Sie damit, nur bei Tageslicht zu lesen. Lassen Sie das Licht zehn Minuten lang – früh am Morgen oder gerade vor Sonnenuntergang – Ihre innere Ruhe wachrufen. Bewegen Sie Ihren Kopf zurück und vor und blinzeln Sie oft. Natürlich sollten Sie vermeiden, direkt in die Sonne zu schauen. Wenn Sie daran gewöhnt sind, das Licht der Sonne hereinzulassen, werden Sie Ihre Kraft wiederkehren fühlen. Wenn Sie auf helles Sonnenlicht allergisch sind, sind die Wahrnehmungen von Harry oder Sally nicht auf der höchsten Ebene integriert. Oder aber Sie haben Ihre Leber überstrapaziert, indem Sie zu fett gegessen haben. Je mehr Sie sich entspannen und Ihr beidäugiges Sehen integrieren, desto intensiver können Sie Licht empfangen.

Ihre Gehirnwellen, die mit einem Elektro-Enzephalogramm gemessen werden, sehen wie die Wellen eines Ozeans aus. Die bekanntesten Gehirnwellen entsprechen dem Alpha-Zustand. Diese Ebene der Gehirnfunktionen erzeugt künstlerische oder achtsame Ebenen der Wahrnehmung. Hypnose, Meditation, integriertes Atmen und induzierte Zustände der Entspannung sind Übungen, die Alpha-Rhythmen im Gehirn erzeugen. Wenn Sie beständig in einem intellektuellen, denkenden Modus verharren, können Sie sich weniger leicht im Alpha-Zustand entspannen. Viele Leute stecken in ihrem Kopf fest und können ihren Körper nicht entspannen.

Eine meiner Patientinnen, eine 30jährige Frau, unterzog sich einer hypnotischen Altersrückführung in ihr neunzehntes Lebensjahr. Zu jener Zeit war ihr zum ersten Mal eine Brille verschrieben worden. Sie entspannte sich während der Hypnose so sehr, daß sie sich, als sie ihre Augen öffnete, im Geiste effektiv in diesem jüngeren Alter befand. Ihre Sehkraft wurde erstmals gemessen, als sie 30 Jahre alt war. Als sie sich nun aber bis in das achtzehnte Lebensjahr zurückbegab, (eine Zeit, bevor sie eine Brille getragen hatte), wurde ihre Sehkraft noch einmal gemessen. Mit 30 zeigte sich ein deutlicher Grad der Verschwommenheit, mit 18 jedoch lag ihre Sehkraft perfekt bei 20/20. Ich war Zeuge ähnlicher Verbesserungen der Sehkraft, als ich meine Patienten durch integriertes Atmen entspannen ließ, während sie schwächere Brillen trugen. Wenn Sie das integrierte Atmen anwenden, während Sie auf eine Kerze schauen oder in der Natur sind, vertiefen Sie Ihre Entspannung. Seien Sie gewiß, daß Sie in der Zeit zurückgehen und klar sehen können. Jede Reduktion der Brillenstärke, die Sie vornehmen, bringt Sie näher an Ihre Träume und Ihren Lebenssinn heran. Gehen Sie in der Zeit zurück und entdecken Sie die Klarheit des Sehens, an die sich ein Teil von Ihnen immer noch erinnern kann. Sie wecken Ihre tiefsten Wahrnehmungen auf: Schreiben Sie Tagebuch und seien Sie vorbereitet darauf, allem, was auch immer sich auf Ihrer Reise zeigen mag, ins Antlitz zu schauen.

Der erste Schritt, zur Erreichung eines inneren Fokus, ist, alles Unnötige, das sich angesammelt hat, aus Ihrem Leben zu entfernen und alle Dinge, die halbfertig sind, zu beenden. Machen Sie eine Bestandsaufnahme an den Orten, an denen Sie arbeiten und leben. Erstellen Sie in Ihrem Tagebuch eine Liste jener Dinge, die Sie davon ablenken, mit sich selbst zu sein: ein Job, in dem Sie sich unerfüllt fühlen; alte Möbel, die Ihnen nicht mehr länger gefallen; Kästen voller Kleidung, die Sie nicht mehr tragen; unvollständige Rechts- oder Buchhaltungsangelegenheiten oder Korrespondenzen, mechanische Dinge, die repariert werden sollten, Partner, Liebhaber, Freunde oder Zimmergefährten, die Ihre Energie abzusaugen scheinen, unvollständige Kommunikation mit Freunden oder der Familie, ein Auto, das mehr kostet, als es wert ist, ignorierte Hobbys, Bücher oder andere Dinge, die Sie länger als ein Jahr nicht angeschaut haben; gebrochene Versprechen, nicht beglichene Schulden usw. Nachdem Sie Ihre Liste vervollständigt haben, überlegen Sie, wie diese Punkte Ihre Fähigkeit, still zu sein, in sich zu ruhen und auf Ihre wahren Bedürfnisse zu schauen, beeinflussen. Planen Sie, diese Dinge, die Ihnen und Ihrem Lebenssinn nicht mehr länger dienen, auszuräumen und auch tatsächlich damit anzufangen.

Verbringen Sie eine Woche, in der Sie Ihr normales Muster, Dinge zu tun, verändern. Stehen Sie auf der anderen Seite aus dem Bett auf oder schlafen Sie auf einer anderen Seite als sonst. Wenn Sie am Abend fernsehen, lassen Sie das einmal aus. Wenn Sie am Abend lesen, wählen Sie eine andere Aktivität, oder sitzen Sie einfach still da. Statt 20 Minuten damit zu verbringen, ein Essen vorzubereiten und zu genießen, geben Sie sich dafür eineinhalb Stunden Zeit und genießen Sie die Erfahrung. Nehmen Sie ein Bad, statt zu duschen. Nehmen Sie die Kontaktlinsen heraus, oder verbringen Sie den Abend Zuhause, ohne Ihre Brille. Beginnen Sie, die Umstände Ihres Lebens zu verändern, um andere Teile Ihres Wahrnehmungsbewußtseins zu verändern. Wenn Sie in Ihrer Verschwommenheit sind und Ihre gewohnten Bedingungen verändern, verlassen Sie sich mehr auf Ihren inneren Fokus, und das weckt Ihre Seele auf. Schreiben Sie in Ihrem Tagebuch über Ihre Erfahrungen.

Ich unterstütze meine Patienten, ihr bevorzugtes Auge zu identifizieren, indem ich sie durch eine Papierröhre schauen lasse, so als würden sie durch ein Fernrohr sehen. Sie können dieses Experiment selbst machen, indem Sie eine Röhre oder ein zusammengerolltes Papier verwenden. Achten Sie darauf, welches Auge Sie automatisch wählen, um durchzuschauen; das ist Ihr dominantes Auge. Wählen Sie jetzt ein Objekt, um es anzuschauen, entweder mit oder ohne Brillen. Bedecken Sie erst das eine Auge mit Ihrer Hand und dann das andere. Bemerken Sie, ob eines Ihrer Augen schärfer als das andere sieht? Während Sie sich Zuhause entspannen, bedecken Sie das dominante Auge mit einer Augenklappe. Alles um Sie herum wird langsamer erscheinen. Es wird sich für Sie so anfühlen, als ob eine Hälfte von Ihnen verschwunden wäre. Erfahren Sie den Verlust der Tiefenwahrnehmung, wenn Sie versuchen, ein Objekt aufzuheben. Fangen Sie an, mit der Augenklappe zu experimentieren, indem Sie verschiedene sichere Aktivitäten unternehmen, z.B. ein Scheckheft in Ordnung zu bringen, zu schreiben, zu kochen, aufzuräumen oder zu bügeln.

Ein Auge abzudecken erfordert, daß der Teil des Gehirns, der mit dem anderen Auge verbunden ist, aufwacht und sieht. Erinnern Sie sich, daß jedes Auge seinen eigenen Wahrnehmungscharakter hat. Durch das rechte Auge zu schauen, ruft Qualitäten, die mit dem Analysieren, der Logik und dem Fokussieren auf Details zusammenhängt hervor, während das Schauen mit dem linken Augen Gefühle, Emotionen und Kreativität hervorruft. Das Tragen einer Augenklappe fordert das Gehirn auf, auf andere Art zu fokussieren, als in der gewohnten Art und Weise des Wahrnehmens, da beide Augen offen sind. Tragen Sie die Augenklappe jedesmal ein wenig länger. Wenn möglich, bis zu einer Maximalzeit von vier Stunden pro Tag. Der Zweck, durch ein Auge zu schauen, ist, Ihre Wahrnehmungen zu erforschen und ein neues Gewahrsein Ihrer Erfahrungen in Ihr Gehirn zu programmieren.

Wenn Sie die Augenklappe abnehmen, wird die Intensität des Lichtes stärker erscheinen und Sie werden ein anderes Gefühl der Integration spüren – so fühlt es sich an, durch beide Augen zu schauen. Ihr Fokus wird breiter sein. Die Farben werden heller erscheinen. Durch die gezielte Verwendung der Augenklappe werden Sie verstehen, wie Sie durch Ihre Augen fokussieren.

Das Gefühl der Verlangsamung, das sich einstellt, wenn ein Auge bedeckt ist, gibt uns die Möglichkeit, uns nach innen einzustellen. Wir arbeiten unseren normalen Wegen des Wahrnehmens entgegen und öffnen neue Möglichkeiten, den Geist zu sehen. Es ist sehr verführerisch, zu beschäftigt zu sein, und im Außen nach den Antworten für die vielen Herausforderungen des Lebens zu suchen. Wir flüchten ins Fernsehen, in Bücher und zum Computer, um eine innere Suche zu vermeiden – doch nur dort sind die Lösungen lebendig. Wir müssen unsere Fähigkeit nach innen zu gehen verfeinern, unsere innere Weisheit befragen und die Lösungen auch tatsächlich sehen. Das erfordert Übung. In ungefährlichen Situationen das bevorzugte Auge abzudecken ist eine Möglichkeit, Zugang zum inneren Fokus zu bekommen.

Meier Schneider beschreibt in seinem Buch *Self-Healing: My Life and Vision* anhand seiner eigenen Geschichte eines der vielen Wunder der Gesundung. Meier Schneider wurde blind geboren, mit einem angeborenen grauen Star. Er lernte *Braille* (die Blindenschrift) zu lesen. Er wuchs in Israel auf, wo ihm ein Lehrer beibrachte, seine Augen sanft mit seinen Handflächen zu bedecken und Zugang zu seinem Inneren zu finden. Er konzentrierte sich auf die Wärme seiner Handflächen und visualisierte die Heilenergie, die durch seine Augen kam. Nachdem er monatelang diese Form der Stille und Konzentration angewandt hatte, begannen sich Veränderungen in seiner Sehfähigkeit zu zeigen. Objekte wurden deutlicher. Heute hat Schneider einen kalifornischen Führerschein und kann gut schauen und sehen. Die Kraft der Heilung lag in seinem Geist.

Normalerweise sind die Menschen davon überzeugt, daß Blindheit unabänderlich ist. Aber seit vielen Jahren dokumentieren Chirurgen und Psychologen Fälle angeborener Blindheit, in denen durch Operationen die Sehkraft wiederkehrte. Der berühmteste dieser Fälle wurde von Von Senden in *Space and Sight: The Perception of Space and Shape in the Congenitally Blind Before And After Operation* (übersetzt von Peter Heath) berichtet.

Man könnte annehmen, daß diese Durchbrüche bei den Patienten zu ekstatischen Freudensausbrüchen geführt haben. Jedoch erinnert uns Arthur Zajonc in seinem Buch *Die gemeinsame Geschichte von Licht und Bewußtsein*, daß diese vormals blinden Menschen einen Weg entwickelt haben, sich als Blinder zurechtzufinden, an den sie gewöhnt waren. Sich mit der Welt zu verständigen, schloß nach einer solchen Operation auch die Augen mit ein. Eine Aufgabe, die neues Lernen und aktive Beteiligung erfordert. Sehen zu lernen, ruft normalerweise eine psychologische Krise hervor, weil sich Kernthemen zeigen – ererbte und karmische Einflüsse und ungelöste Lebenserfahrungen, die der Blindheit zugrunde liegen, eingeschlossen. Diese Themen sind – bewußt wie unbewußt – aktiviert, und wenn die Person, die nun sehen kann, nicht von einer unterstützenden Umgebung getragen wird, kann der Prozess, mit den Kernthemen konfrontiert zu werden (oder sich nicht zu konfrontieren), völlig überfordernd sein. Tragischerweise lehnen viele dieser Patienten ihre neugefundene Sicht ab. Manche haben gänzlich aufgegeben und den Ausweg des Selbstmords gewählt.

Die Integrative Sehtherapie bietet Ihnen eine sanfte Möglichkeit, mit der Sie Ihre Vorstellung und Ihre „Teilnahme am Sehen", wie Zajonc es nennt, entzünden können. Griechische Literatur beinhaltet Hinweise auf das innere Licht des Körpers: Schon Plato hat das Sehen als eine Metapher für „das Wissen von Allem" verwendet, zitiert Zajonc, und er meint, daß „das Feuer der Augen" hinausreichen soll, um einen Sinn in der Welt erkennen zu können. Das Sehen wurde philosophisch so lange als ein „seelisch-spiritueller" Vorgang verstanden, bis daß die Wissenschaft daherkam und das Sehen in den Begriffen einer roboterhaften Optik des Auges erklärte. Heute ist es auf eine Kamera-Analogie degradiert, in der das Licht auf einen empfindlichen Film, die Netzhaut, fällt. Aber „die nüchterne Wahrheit bleibt, daß Sehen viel mehr als ein funktionierendes physisches Organ erfordert", folgert Zajonc. „Ohne inneres Licht, ohne formende visuelle Imagination, sind wir blind."

Wahrer Selbstausdruck

Heilung weckt unsere Sinne. Unsere Selbstwahrnehmungen beginnen sich zu verändern. Wir verlieren nicht notwendigerweise sozusagen „die alten Versionen unserer frühesten Videobänder". Es ist eher so, daß die neuen Wahrnehmungen in unserer Sicht dominanter werden. Stellen Sie sich einen großen Bildschirm vor. In einer seiner Ecken steht ein kleinerer Bildschirm: Der kleine Bildschirm ist die Vergangenheit, der nicht mehr länger den ganzen Bildschirm unserer vergrößerten Wahrnehmungen dominieren kann.

Nachdem Sie die Übung, die ich in Kapitel 7 empfohlen habe gemacht haben – nämlich Unvollständiges und Ablenkendes in Ihrem Leben festzuhalten und Ihre Erfahrungen im Tagebuch aufzuschreiben, eine Augenklappe zu tragen und beide Augen mit Ihren Handflächen abzudecken um zu entspannen – werden Sie entdecken, daß sich neues Gewahrsein in Ihnen entfaltet. Lesen Sie noch einmal Ihr persönliches Tagebuch und fassen Sie Themen, die Ihnen auffallen, zusammen. Durch Ihr erneuertes Sehvermögen sehen Sie bewußt Ihre früheren Verleugnungen, Ihre Unvollständigkeiten und die Aspekte Ihres Lebens, die Sie ausweiten möchten, bewußt. Dieses neue Gewahrsein befreit viele Gefühle und Emotionen; Sie mögen Zorn, Ärger, Schmerz und Schuld fühlen. Wahrgenommene Verleugnungen öffnen Ihre „Büchse der Pandora". Jetzt sehen Sie tatsächlich, was da ist und blicken Ihrer Wahrheit ins Antlitz. In Zeiten wie dieser tritt der Transformationsprozeß ein.

Joe

Joe wollte immer frei und ledig sein. Statt dessen hörte er auf seinen Vater und schrieb sich an der Universität ein, während seine Freunde auf Reisen gingen. Seine geheime Sehnsucht, mit dem Rucksack um die Welt zu reisen, blieb bestehen. Selbst durch die Filter seiner zornigen Haltung hindurch konnte er das erkennen. „Wenn mein Vater nicht gewesen wäre, hätte ich damals reisen können. Wenn ich nicht zuerst an meine Karriere gedacht hätte, wenn ich doch nur ledig geblieben wäre – dann wäre mein Traum wahr geworden." Diese Gedanken waren in seine psychische Videothek einprogrammiert. Obwohl Joe ernsthaft sein Leben ändern und seiner Leidenschaft folgen wollte, geschah ein Großteil dieser Debatte auf unbewußter Ebene, und er begann, Entscheidun-

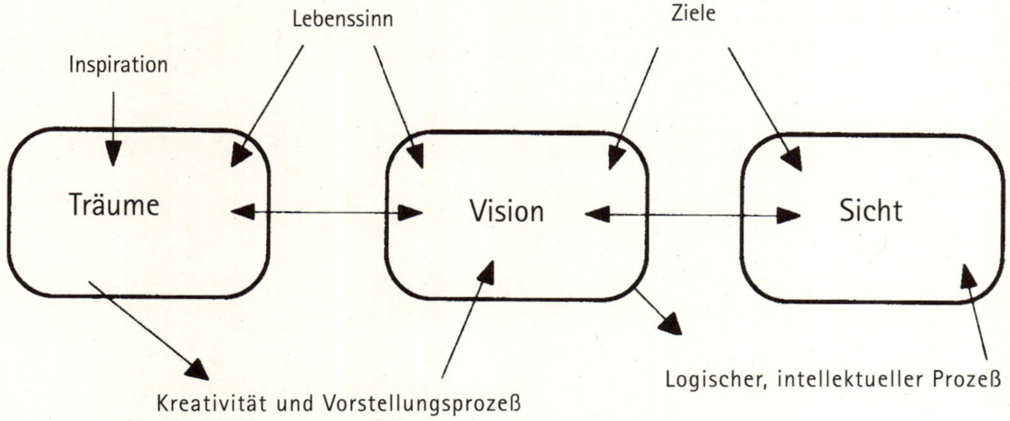

gen in seinem Leben zu treffen, die es möglich werden ließen, mit dem Rucksack um die Erde zu reisen.

Joe wurde wütend über seine Ehe und sabotierte seinen Beruf. Er war Mitte 40, als er seinen Job verlor und ihm am selben Tag seine Scheidungspapiere zugestellt wurden. Er war hochverschuldet und befand sich in einem geschwächten emotionalen Zustand. Als Joe anfing, täglich die Integrative Sehtherapie anzuwenden, entwickelten seine Wahrnehmungen durch seine beiden Augen einen größeren Grad der Einheit, und er ließ einen Großteil seiner genetischen Rebellenhaftigkeit und seiner Muster, manches zu verleugnen, los. Systematisch verwandelte er die Energie des Zorns in eine Sicht des Lebens durch klare Filter der Leidenschaft. Joe erinnerte sich seiner Liebe für das Kochen und für Fitneß. Innerhalb von sechs Jahren heiratete er erneut und reiste mit Frau und Rucksack um die Welt.

Als wir aufwuchsen, wurde bei vielen von uns wahrer Selbstausdruck nicht gefördert. Selbstausdruck und Blockaden können vom genetischen Selbst des Familienstammbaums stammen sowie von unserer Erfahrung während der Empfängnis, dem Einfluß in utero, den Umständen während der Geburt und den Wahrnehmungen als kleine Kinder. Unser kreatives Vermögen, unsere Kraft durch unsere Sinne hervorzubringen, wird eindeutig von den erzieherischen Fähigkeiten unserer Eltern beeinflußt. Als Kinder haben wir uns beständig gewünscht, unser wahres Selbst auszudrücken: Wir lernten über das Leben, indem wir niederfielen und sanft aufgehoben wurden, indem wir etwas Heißes berührten und uns verbrannten, bei einer Prüfung durchfielen und Zurückweisung erfuhren, indem wir einen Preis gewannen und uns stolz fühlten. Diese Lernerfahrungen können durch überbeschützende Eltern behindert oder unterbunden werden, das Endresultat ist ein Ersticken des Ausdrucks der Seele des Kindes.

Unsere Heilkraft zu suchen, führt uns als Erwachsene auf eine Entdeckungsreise. Mit auf höchstem Niveau angeregten Sinnen ganz lebendig zu sein bringt innere Kraft hervor. Eine solche Reise erfordert, daß wir die Bereiche, in welchen wir uns weigern, im Leben „wach" zu sein, anerkennen. Das Fenster zu unserer wahren Leidenschaft beginnt sich zu öffnen, und wir fangen an, auf Vervollständigung zu fokussieren, und wir beginnen nach innen zu gehen, um auf unser wahres Selbst zu schauen. Dieser Zustand des Seins kann das integrierte oder inspirierte Selbst genannt werden. Für einen kurzen Augenblick können wir Tun und Sein in einen Zustand der Integration und des Gleichgewichts bringen. Wenn wir auf unsere Lieben, unsere Kinder, unsere Ehegefährten schauen, fühlen wir uns verbunden. Wir sehen sie genau so wie sie sind. Wir sind frei von Voreingenommenheit und Urteil, Analyse und der Last unseres „kritischen" Selbst.

Ich biete meinen Patienten eine Übung an, um diese Form des Fokussierens zu erreichen: Stellen Sie sich vor, Sie haben soeben einen Gratisurlaub nach Hawaii gewonnen. Sie werden drei ruhige Tage in der warmen Sonne und am blaugrünen Wasser verbringen und sich entspannen. Eine Limousine wird Sie zu einer Villa mit Palmen bringen. Sie und Ihre Geliebte oder Ihr Geliebter ziehen Ihre Badeanzüge an und machen einen Spaziergang durch den feinen weißen Sand und in das einladende Meer. Sie setzen eine Taucherbrille mit Schnorchel auf und schweben im warmen Wasser und schauen hinunter zu den vielfältigen Farben und Formen. Um Sie herum schwimmen bunte Fische, und die Unterwasservegetation fasziniert Sie. Ihre Augen bewegen sich ohne Anstrengung und Sie sehen durch ein offenes Herz. Die Kraft hinter Ihren Augen wird von Inspiration getragen. Ihr Körper ist entspannt und Ihre Phantasie ist sehr angeregt. Sie sind stark, klar, entspannt und transformiert.

Das ist der bedeutungsvolle Zustand, in Ihrem Sehvermögen zu sein. Sie können jederzeit Zugang dazu bekommen – in der U-Bahn, im Supermarkt, während des Tankens, während der Arbeit, beim Autofahren, oder wenn Sie sich Zuhause entspannen. Diesen Zustand des Seins zu erlangen hängt davon ab, wie Sie Informationen von Ihrem Geist durch Ihre Augen filtern.

Die Kreativität in uns ist Sitz der Kraft. Die Art und Weise, wie wir uns selbst durch Bewegung, Schreiben, Zeichnen, Malen und Musik ausdrücken, diktiert den Grad, zu dem wir fähig sind, in einen inspirierten transformierten Zustand des Selbst zu kommen und dort zu bleiben. Wenn diese kreativen Komponenten unseres Seins unterdrückt werden, zieht das unseren Selbstwert stark in Mitleidenschaft – den Treibstoff unserer Kraft und unseres inneren Geistes. Zu oft werden diese kreativen Aktivitäten in einem Wettbewerbskontext angeboten, wie bei Sport- und Schulveranstaltungen, statt in Form einer inspirierenden Reise der Selbstentdeckung.

Ob wir zu Selbstausdruck finden können, hängt davon ab, wie sehr wir unser Sehen durch unseren Geist zensieren. Unser geistiger Schutz – das heißt unser Leben auf eine beschränkte Weise zu sehen – dient dazu, unsere emotionale Herzverbindung intakt und sicher zu halten. Als Überlebenstechnik filtern wir, was wir durch die Linsen unserer Ängste, Unzulänglichkeiten oder unserer Sehnsüchte sehen. (Zum Beispiel meine Angst, meine Tochter alleine auf die schnelle Rutsche zu lassen.)

In der Psychologie wird dieses Zensieren „Projektion" genannt. In der Fotografie können wir einen Filter vor das Objektiv setzen, um die Farben eines Sonnenunterganges zu verstärken. Es könnte mitten am Nachmittag sein, und doch würde das Bild mit einem Orangefilter vor dem Objektiv wie Abenddämmerung aussehen. Ähnlich kann unsere Persönlichkeit einen Wahrnehmungsfilter einsetzen, der uns nur das Negative in einer bestimmten Situation sehen läßt. Das macht es uns möglich, weiterhin den Finger auf die äußerliche Ursache unserer Probleme halten – etwas oder jemand außerhalb von uns kann nicht zur Rechenschaft gezogen werden – und so behalten wir unsere überhebliche Haltung der Selbstgerechtigkeit bei. Solange wir diese Form des beschränkten Sehens beibehalten, schließen wir unseren inspirierten Zustand aus und halten unseren kreativen Selbstausdruck zurück.

John und Maggie

John und Maggie waren seit drei Jahren verheiratet und hatten einen zweijährigen Sohn namens Matthew. Johns visueller Stil der Weitsichtigkeit und sein genetisches emotionales Muster, das ich durch die Irisinterpretation feststellte, paßte überhaupt nicht mit Maggies kurzsichtigem, astigmatischen Schauen und ihrem genetisch intellektuellen Muster zusammen. Dieses Ungleichgewicht schuf eine perfekte Anziehungskraft, um sie zusammenzubringen, um sie zu befähigen, in ihrem Leben eine Balance herzustellen.

Johns spezielle Filtergewohnheiten begannen bereits bei seiner Mutter, die eine kontrollierende, vom Intellekt bestimmte Person war. Sie beklagte sich beständig und sprach auf emotionale, überbeschützende Weise. Maggies Wahrnehmungsherausforderung begann bei ihrem Vater, der sie, als sie ein junges Mädchen war, sexuell ausgebeutet hatte.

Aufgrund von zurückgehaltenem Ärger und Zorn auf ihren Vater schaute Maggie Männer auf eine verzerrte, verbogene, (das heißt astigmatische) Weise an. Solange sie ihre Wahrnehmungen durch diesen Schutzvorgang filterte, würde sie von Männern emotional nicht verletzt werden. Sie fühlte sich sicher und unberührbar. John auf der anderen Seite mußte seine emotionalen Bedürfnisse durch Abdriften, durch Wegschieben von inneren Bildern und durch Entwickeln einer unfokussierten Art des Seins blockieren. Es schien, daß er, auch wenn er Maggie zuhörte, seine Augen tatsächlich auf einen Punkt, der hundert Meilen hinter Maggie lag, auf sein erstes weibliches Rollenmodell, seine Mutter, fokussierte. Seine einzigartige Filterstrategie führte schließlich zu dem Resultat, daß er Doppelbilder entwickelte.

Die liebevolle Anziehungskraft, die Sam und Maggie füreinander empfanden, wurde zur Grundlage, die jeweiligen Aspekte ihrer vergangenen Wahrnehmungsfilter zu heilen. Durch die Integrative Sehtherapie lernte John, sich seiner Projektion bewußt zu werden (seine projizierten, kritischen Urteile über seine Frau), und Maggie entfernte systematisch ihre Filter der Verteidigung und die Wahrnehmung, daß John sie angreifen wollte. John und Maggie konnten, indem sie ihr integriertes und inspiriertes Selbst annahmen, die Gegenwart genießen, statt Zuflucht zu den alten Projektionen zu nehmen.

Maggie gewann ihre Kraft wieder, indem sie eine sehr sorgfältig verschriebene Brille trug, die ihre astigmatische Verschwommenheit verstärkte. Jedes Mal, wenn sie ihre neue Brille aufsetzte, trat die Wirkung der Integrativen Sehtherapie wie die einer homöopathischen Medizin ein. Das Licht, das in einer speziell gelenkten Weise in ihr Auge strömte, aktivierte einen neuen speziellen Fokus und einen inspirierenden Standpunkt. Als nächstes erkannte sie an, daß sie ihren Zorn zurückgehalten hatte und wandelte so die Energie dieses Zorns in eine Konzentration auf ihre Rolle als fürsorgende Mutter ihres ersten Babys um. Sie entdeckte eine neue Leidenschaft: das Klavierspielen.

John lernte durch spezielle integrative Sehübungen, wie er fokussiert und im Moment anwesend sein konnte. Seine Herausforderung war zu lernen, mit dem, was er sah und fühlte, anwesend zu sein. Zuerst war sein Prozeß herausfordernd; er wurde ungeduldig, irritiert und es wurde ihm sogar ein wenig schlecht. Mit der Zeit jedoch konnte er ungefähr 20 Zentimeter von Maggie entfernt sitzen und wirklich mit ihr sein und sie so sehen, wie in der ersten Zeit nach ihrem Kennenlernen.

Als Erwachsene suchen wir Kurse und Seminare auf, die uns helfen sollen, das Mysterium der Imagination zu entfalten. Frederick Frank verwendet in seinem Buch *Zen in der Kunst des Sehens* das Zeichnen, um den Unterschied zwischen Schauen und Sehen zu lehren. In dem „Flow-Zustand“ des Zeichnens können wir zu dem werden, was wir anschauen. Ich habe die selbe Methode auf mein Fotografieren übertragen. Ich „sehe tief“, wie der *National Geographic* Fotograf Dewitt Jones das nennt, und verschmelze mit dem, was ich sehe. Das weckt mein Gefühl der Verbindung zum Leben.

Steven

Stevens Vater war ein dominierender Mann, der Stevens Seele jedesmal, wenn er seinen Mund öffnete, unterdrückte. Er war im Bankgewerbe tätig und hatte viele visuelle Filter von Prestige, Image und klarer Geschäftslogik; er wünschte sich auch, daß Steven in seine Fußstapfen träte. Steven arbeitete mit seinem Vater in der Bank, aber seine Irisbilder zeigten, daß er von seiner Mutter emotionale Sensitivität geerbt hatte. Er hatte jedoch seine Emotionen schon in einem sehr frühen Alter unterdrück und war schüchtern, vorsichtig und negativ. Dieses Nach-innen-ziehen zeigte sich äußerlich in Form von Kurzsichtigkeit.

Als mein Patient konnte Steven sein emotionales Selbst wieder erkennen und sich von ihm inspirieren lassen. Als er seine sensitive Seite mit dem Geschenk der Logik seines Vaters integrierte, konnte er sich damit beschäftigen, die Bank zu verlassen und einen neuen Beruf zu beginnen.

Als diese Entscheidung einmal gefallen war, konnte man Steven kaum wiedererkennen. Seine Augen leuchteten mit der Begeisterung eines zweijährigen Kindes. Seine Stimme klang spitzbübisch als er verkündete, daß er Pilot werden wollte. Das war ein großer Sprung für ihn, aber in dem integrierten Zustand hatte Steven die Inspiration und die Kraft hinter seinen Augen, um von der Startbahn direkt in ein neues Leben abzuheben.

Drastische Intervention

In den frühen 80er Jahren, als ich mein *21-Tage-Programm für die Erneuerung des Sehvermögens* entwickelte, wurde meine Methode für ziemlich drastisch gehalten:

RICHTLINIEN FÜR DAS 21-TAGE-PROGRAMM

- Erwerben Sie eine schwächere 20/40 Brille.
- Tragen Sie Ihre Brille nur in lebensbedrohenden Situationen.
- Eliminieren Sie rotes Fleisch und Milchprodukte aus Ihrer Ernährung
- Essen Sie keinen Zucker oder Lebensmittel mit Zucker.
- Verwenden Sie keine Produkte aus weißem Mehl.
- Trinken Sie keinen Alkohol und keine Getränke, die in Flaschen oder Dosen abgefüllt sind.
- Rauchen Sie keine Zigaretten, verwenden Sie keinen Tabak, Drogen, koffeinhaltige Getränke oder nicht notwendige Medikamente.
- Tragen Sie 21 Tage lang bis zu einem Maximum von vier Stunden pro Tag eine Augenklappe.
- Schauen Sie spät abends nicht mehr fern.
- Lesen Sie nicht zu Ihrem Vergnügen (Romane, Zeitschriften), lösen Sie keine Kreuzworträtsel.
- Fangen Sie an zu singen, zeichnen, malen, bildhauern oder schreiben.
- Machen Sie jeden Tag Sehspiele.
- Essen Sie Getreide, Gemüse, Hülsenfrüchte und andere gesunde Nahrung, die mit Algen wie *Kelp, Kombu, Wakame, Arame* und *Hizike* angereichert sind.
- Schreiben Sie täglich in Ihr Tagebuch.
- Turnen Sie oder bewegen Sie Ihren Körper jeden Tag mindestens 15 Minuten lang.

Die heutigen gesundheitsorientierten Konsumenten können diesen Plan leichter durchführen, für manche Menschen jedoch wird es einige Zeit dauern, um diese Schritte zur Gewohnheit werden zu lassen.

In meinen klinischen Beobachtungen bemerkte ich, daß die Menschen, die diesen Lebensstil einfach, buchstäblich über Nacht, annahmen, tägliche Unterstützung hatten. Wenn Sie für sich einen Sehtherapeuten auswählen oder einen Augenarzt, der Sehtherapie macht, stellen Sie sicher, daß Sie auch diese Unterstützung haben. Sie könnten den Wunsch haben, mit einem Berater, einem Geistlichen oder einem Freund über die Veränderungen, die während dieses Prozesses auftreten, zu sprechen.

Es wird nicht immer notwendig sein, eine so drastische Intervention wie das 21-Tage-Programm anzuwenden. Manchmal ist alles, was wir brauchen, eine durchgreifende Änderung in unserer Haltung. Achten Sie darauf, nicht in das Denken zu verfallen, daß der Prozeß, Ihr Sehvermögen zu integrieren, mehr Tun erfordert. Sehr oft in unserem Leben glauben wir, daß wir eine Menge an äußerlichem Fleiß benötigen, um innere Veränderungen zu erzielen. Nicht nur eine Person, die ich kenne, hat gedacht: „Ich halte für einen Monat Diät, mache intensiv Übungen, besuche Abendkurse und trinke keinen Kaffee mehr, um eine ganz gesunde Person zu werden.“ Integriertes Sehen ist eine natürliche Entwicklung, und jeder Schritt der Reise eine natürliche Entdeckung. Sie werden herausfinden, daß sogar eine Wahrnehmungsveränderung neues Lernen und Einsichten, die Sie gewahr werden lassen können, beinhalten kann.

John

John brauchte Brillen. Als Arzt mußte er scharf sehen können, wenn er operierte und Unterlagen las. Sein Augenarzt hatte ihm ein Brillenrezept für +2,75 Dioptrien geschrieben. Das Pluszeichen deutet auf Weitsichtigkeit. Das beunruhigte ihn stark, weil er gerne Flugzeuge flog. Er mußte sehr scharf schauen können, um fliegen zu können, genauso wie er eine scharfe präzise Sehkraft für seine Operationen brauchte.

Normalerweise würde die Antwort eines Augenarztes sehr einfach sein. Eine Gleitsichtbrille oder eine bifokale Brille, die John gestatten würde, scharf in verschiedenen Distanzen fokussieren zu können. Diese Methode scheint wirklich Sinn zu machen. Ich jedoch ging mit John als Person tiefer und verbrachte weitere fünfzehn Minuten mit ihm, indem ich ihm spezielle Fragen wie diese stellte:

Wann haben Sie das erste Mal bemerkt, daß Sie verschwommen sehen?

Auf einer Skala von 1 bis 10, wie glücklich sind Sie gerade jetzt mit Ihrem Leben?

Wie sieht Ihr täglicher Essensplan aus?

Was sind Ihre Hobbies?

Wie fühlen Sie sich dabei, Brillen zu tragen?

Diese Fragen entlockten ihm eine Unmenge an Informationen. John war 54 Jahre alt und hatte vor kurzem ein Körperbewegungsprogramm begonnen und wollte mehr über Fitneß für seine Augen und sein Sehvermögen wissen. Das erste Mal zeigte sich die Verschwommenheit während einer Zeit von emotionaler Aufruhr – dem Ende seiner zwölfjährigen Ehe. Nach seiner Scheidung hatte er eine sehr viel jüngere Frau geheiratet und hatte jetzt mit ihr eine zweijährige Tochter. Seine neue Frau war sehr interessiert an persönlichem Wachstum und hatte John dafür begeistert, sich für neue Ideen der Selbstentwicklung zu öffnen.

Jeden Dienstag besuchte John Beratungskurse an der örtlichen Universität, um seine Fähigkeit, mit Patienten umzugehen noch weiter zu entwickeln. John hatte auch angefangen, Krankheiten und Krankheitsbilder in einem neuen Licht zu sehen. Er wollte, daß seine Patienten bei ihrer Genesung eine aktivere Rolle spielten. Er hielt Krankheit nicht mehr länger für ein Todesurteil, sondern für eine Möglichkeit zu wachsen.

Mit dieser Information über John befand ich mich in einer starken Position, ein integratives Sehtherapie-Programm für ihn zusammenzustellen. Ich wählte die Zen-Methode. Diese ist im Westen als K.I.S.S. Prinzip – *Keep It Simple, Sunshine* (Halte es einfach, Sonnenschein) – bekannt. Ich empfahl John, eine +1,50 Brille bei all seinen Leseaktivitäten zu tragen, eine Brillenstärke, die fast der Hälfte seiner ersten Verschreibung entsprach.

Ich stellte fest, daß seine Sehfitneß hoch genug war, daß er die meisten seiner Aktivitäten, bei denen er in der Nähe sehen mußte, mit dieser schwächeren Verschreibung bewerkstelligen konnte. In 30 Minuten lehrte ich John, wie er üben konnte, seine Aufmerksamkeit zu schärfen, indem er von einem Buch in die Ferne schaute und seine Augen bewegten während er atmete und blinzelte. Zu dieser Zeit lag seine Sehfitneß für das Autofahren und das Fliegen ohne Brille, wenn beiden Augen offen waren, ungefähr bei 75 Prozent. John fuhr mit seiner Familie an die Ostküste in den Urlaub. Er kam nach einem Monat wieder zu mir und erzählte die folgende Geschichte: Während seines Urlaubes wurde er zu Visiten in ein Spital eingeladen und in bezug auf einen speziellen Fall zu Rate gezogen. An diesem Punkt wurde er gebeten, seine eigene, einzigartige Operationsmethode auszuführen. Sofort schoß ihm in den Kopf: „Ich habe meine +2,75 Lesebrille nicht dabei. Ich kann diese Operation unmöglich durchführen.“ Seine einzige Wahl war, sein Gewahrsein, das er durch die Integrative Sehtherapie gewonnen hatte, anzuwenden: Atmen, blinzeln, die Augen bewegen, beständig in die Ferne, die Nähe, die Ferne, die Nähe schauen und dabei die +1, 75 Lesebrille tragen.

Die Operation war ein Erfolg, ebenso seine Sehfitneß. In einem Monat hatte John schon 20 Prozent mehr Sehfitneß in der Ferne erreicht, das bedeutete, daß er ohne Brillen fliegen konnte. Seit damals hat er schon öfters mit seiner schwächeren Brille operiert.

Julie

Julie trug während der ganzen Zeit, in der sie wach war, Kontaktlinsen. Diese Kontaktlinsen brachten eine exzellente Sehkraft, doch ebenso begruben sie die Kraft hinter ihren Augen. Solange sie durch die Kraft ihrer Kontaktlinsen schaute (gleichgültig, wieviel Wachstum sich auch in ihrem Leben zeigte), steckte ihre eigene angeborene Kraft in der Falle eines süchtigen Vorganges. Die Kontaktlinsen fokussierten für sie, anstatt ihre innere Kraft aufblühen zu lassen.

Mit 40 hatte sie ihre Kontaktlinsen elf Jahre lang getragen. Ihre Stärke betrug -3,50 Dioptrien im rechten Auge und -3,75 Dioptrien im linken Auge. Julies Wahrnehmung durch ihr linkes Auge war beständig verschwommener als durch ihr rechtes Auge, obwohl der Unterschied in den Dioptrien nur ein Viertel ausmachte. Das bedeutete, daß ihre persönliche Kraft durch Sally geringer war als durch Harry, und möglicherweise waren die Einflüsse ihrer genetischen Vererbung von der mütterlichen Seite der Familie herausfordernder. Julie informierte mich, daß ihre Beziehung zu ihrer Mutter schwierig war. (Vergleicht man die Ergebnisse der Augenuntersuchung damit, wie Julie tatsächlich durch ihre Augen sah, so kann man erkennen, wie Wahrnehmungsanpassungen des Sehens die Hintergrundursachen von Augenproblemen erklären können.)

Ich schätzte, daß sie ihre äußere Linsenkraft ungefähr um +1,50 abschwächen konnte. Zusätzlich entschieden wir uns, die Verschreibung für das rechte Auge abzuschwächen, was mehr Verschwommenheit vor ihrem rechten Auge erzeugen würde. Das würde mehr Wahrnehmung durch das linke Auge aktivieren. Diese Form der Brillenverschreibung orientiert sich „therapeutisch", im Gegensatz zu einer normalen Brillenverschreibung, die sich an der „Sehfitneß" orientiert. Wenn Julie ihre neue Brille – rechts -0,50 und links -1,25 Dioptrien – aufsetzte, lag die therapeutische und homöopathische Wirkung darin, ihre Wahrnehmung durch das linke Auge anzuregen und so ihre weibliche Kraft aufzuwecken. (Achtung: Diese Methode wird nur angewandt, wenn ein Patient aktiv in die Integrative Sehtherapie eingebunden ist.) Zusätzlich zur Brille trug Julie Kontaktlinsen mit -1,25 Dioptrien – für das Gerätetauchen und für andere Aktivitäten im Freien.

Bevor Julie zu mir kam, hatte sie verschiedene Zustände von Angst und Depression erfahren und nahm das Antidepressivum *Prozac.* Julie pries das Medikament als ein Wunder, da es sie nachhaltig beruhigte. Sie hatte niemals zuvor solche Perioden von glückseligem Frieden gekannt.

Nachdem sie die Integrative Sehtherapie begonnen hatte, wurde Julie erneut wachgerüttelt. Auf einer Reise ins Ausland wurde sie körperlich bedroht und angegriffen und am linken Arm mit einem Messer verletzt. Nachdem sie niedergestochen worden war, ging ihr das Prozac aus und sie entschied sich, es nicht mehr zu nehmen. Wir diskutierten die metaphorische Verbindung zwischen dem linken Arm und dem linken Auge. Durch die Integrative Sehtherapie erreichte Julie den Punkt, dieselbe Ruhe durch ihre Augen zu erlangen, die sie durch das Medikament erfahren hatte. Sie beschrieb es so: „Ich kann jetzt Zugang zu einer natürlichen Ruhe finden, die ich zuvor nur durch Prozac finden konnte."

Julie hat jetzt in ihrer Brille -0,75 Dioptrien starke Gläser für jedes Auge und verwendet diese nur zum Autofahren. Ihre Sehfitneß ohne Brille liegt bei 78 Prozent. Das bedeutet eine 50--prozentige Verbesserung, und ihr Sehvermögen wird jeden Tag besser. Eine siebenmonatige Integrative Sehtherapie, gepaart mit vielen Jahren der persönlichen Entwicklung, brachten wunderbare Entwicklungen in ihrem Sehvermögen und in ihrem Leben hervor. Mit 40 öffnete sich ihr ganzes Leben vor ihren Augen. Sie hat mehr Selbstvertrauen und hat die Kraft hinter ihren Augen wiedererlangt. Bei ihrem letzten Besuch sagte sie: „Ohne Brille zu sein, ist mit mir zu sein. Ich verstecke mich nicht mehr."

Krisen klar sehen

Nehmen Sie sich einen Moment Zeit und überdenken Sie die verschiedenen Krisen, die Sie schon gemeistert haben. Das könnte folgendes beinhalten:

Tod
Emotionaler oder körperlicher Mißbrauch
Alkoholismus
Trennungen oder Scheidungen
Oftmaliger Umzug
Druck in der Schule
Rivalität unter Kameraden oder Geschwistern
Ein unpassender Beruf/Ehegefährte/Liebhaber
Zuwenig Geld
Krankheit
Mißbrauch des Vermögens
Workaholismus

Es ist normalerweise nicht einfach, während einer dieser wahrgenommenen Krisen klar zu sehen. Die Natur der Integrativen Sehtherapie ist es, diese Krisen ans Tageslicht zu bringen, besonders, wenn der unbewußte Teil Ihres Wesens sich verschließen mußte, um nicht emotional verletzt zu werden – die Persönlichkeit mußte Ihren verletzlichen Seelenteil beschützen.

Wenn Sie anfangen, eine integrierte Art des Seins durch Ihre Augen und Ihr Sehvermögen anzuregen, können Ihre alten Vermeidungsstrategien und Krisen an die Oberfläche treten. Mit Hilfe Ihrer integrierten Art des Sehens und indem Sie den Biofeedbackmechanismus Ihrer Augen verwenden, können Sie anfangen, diese Krisen klarer zu sehen.

Da ich in meinen ersten Schuljahren ein Lesemuffel war, erlebte ich eine Menge an Frustration und Spott. Es war für mich fast eine tägliche Krise, in die Schule zu gehen. Ich entwickelte sorgfältige Strategien, um meine Angst vor dem Versagen zu kompensieren. An Tagen, an denen ich aufgerufen wurde, vor der Klasse zu lesen, eine mündliche Präsentation zu machen oder etwas zu rezitieren, simulierte ich Krankheiten. Ich war noch nicht fähig, mich dem emotionalen Schmerz, mich unzulänglich und verschieden von meinen Kameraden zu fühlen, auszusetzen. Statt dessen konzentrierte ich mich auf jene Gebiete, in denen ich erfolgreich sein konnte – Fotografie und Freundschaften und meine Liebe zur Natur. Die negative Seite war, daß in späteren Jahren noch mehr Krisen auftraten, diesmal mit der Intensität eines Hurrikans.

Als Kind konnte ich erfolgreich unangenehme Situationen vermeiden, aber als Erwachsener mußte ich meinen Krisen ins Auge schauen, da sie lebensbedrohende Konsequenzen haben konnten. Finanzielle Sicherheit zu erlangen, Kinder großzuziehen und Erfüllung zu finden, waren Themen, die ich nicht vermeiden konnte, trotz meiner Angst zu versagen. Glücklicherweise wurde ich oft aufgerüttelt – das brachte mir reiche Lernerfahrungen, und ich umsegelte die Stürme. Ich entschied mich, Krisen als eine Möglichkeit zu sehen, mein Sehvermögen zu erneuern. Der *National Geographic*-Fotograf Dewitt Jones rät: „Wenn Sie etwas Schönes sehen, das Sie fotografieren wollen, betrachten Sie das Objekt oder den Ausblick von vielen Standpunkten aus. Es kann sogar fünf bis 15 geeignete Ansätze für das endgültige Foto geben. Es gibt viele kreative Lösungen, um zur endgültigen Wiedergabe zu kommen." Im Leben gibt es viele Wege, Krisen klar zu sehen. Es kommt darauf an, Ihre Augen für diese Möglichkeiten, für diese verschiedenen Standpunkte, zu öffnen.

Wahres Sehen reagiert auf dieses Geschenk und diese Herausforderung, die in jeder Krise liegen. Im Fluß zu sein wird zur Möglichkeit. Ein Großteil der Natur ist nach diesem Prinzip gestaltet. Als Fischer beobachte ich das Steigen und Fallen der Flut, als Fotograf erfreue ich mich an den Sonnenaufgängen und Sonnenuntergängen. Ich kann nicht die Zeit, wann die Sonne untergeht, planen, um das perfekte Bild zu erhalten. Ich muß – gemäß des Pfadfinder-Mottos – planen und allzeit bereit sein.

Mit Augenkrankheiten und Sehproblemen umzugehen, erfordert die gleiche Flexibilität. Meistens funktionieren die Methoden der Integrativen Sehtherapie, die ich empfohlen habe, gut. In anderen Situationen könnte eine Lösung, die mehr in die allopathische Richtung geht (eine, die eine Operation oder Medikamente miteinbezieht) notwendig sein. In der Regel verwende ich allopathische Formen der Sehheilkunde als Hilfe, spezifische Themen zu definieren, und dann wende ich die Integrative Sehtherapie an, um auf diese Themen einzugehen. Manchmal vermische ich die beiden Formen. Jede Situation ist einzigartig.

Mary

Mary hatte ihre Abhängigkeit von Brillen, um in die Ferne zu schauen, bereits vermindert. Als sie Ende 50 war, begann ihr Sehvermögen wieder schwach und verschwommen zu werden. Ihr Augenarzt diagnostizierte grauen Star in beiden Augen, und er empfahl eine Operation. Mary entschied sich, diese Operation machen zu lassen, bei der ein Linsenimplantat in jedes Auge eingesetzt wird. Sie entschied sich auch, bestimmte Bestandteile der Integrativen Sehtherapie vor und nach der Operation anzuwenden.

Ich unterstützte Mary bei der Gestaltung eines Selbstheiltonbandes, das sich mit all ihren Ängsten vor Blindheit befaßte, und lehrte sie, ihre eigene Selbstheilkraft zu aktivieren. Sie verwendete dieses Tonband, um die Heilung des Augengewebes, daß das Linsenimplantat umgab, zu erhöhen. Ihre Reaktion war hervorragend: In nur wenigen Wochen konnten ihre Augen sehr gut durch die Linsenimplantate sehen, und Marys visuelles Vertrauen und ihr Optimismus kehrten wieder.

Nadine

Als Nadine jung war, war ihr rechtes Auge schwachsichtig. Ihr Vater war fast während der ganzen Kindheit abwesend, und ihre Augen begannen einwärts zu schielen. Nadines Augen waren ihr wunder Punkt.

Als emotionaler Mensch war sie sehr zornig und voller Widerstand. Während ihrer Teenagerjahre ging sie den Unannehmlichkeiten, die ihre Augen ihr bereiteten, aus dem Weg. Doch die grundlegende Sehnsucht, eine ganze Person zu sein, präsentierte ihr immer wieder Augen-Botschaften. Zuerst waren diese minimal, aber so waren auch ihre Intentionen und Verpflichtungen. Sie achtete nur gelegentlich auf die subtilen Signale. Sie sah immer schlechter durch ihr rechtes Auge.

Als sie 25 war, begann Nadine Sehtherapiemaßnahmen anzuwenden, aber sie hatte sich noch nicht vollständig verpflichtet, ihren Lebensweg zu verändern. Erst als sie inmitten einer vollständigen Krise stand, begann sie, auf das zu reagieren, was ihr ihre Augen mitteilten. Der Augenarzt konnte keine spezielle Krankheit diagnostizieren, aber daß das rechte Auge immer schlechter sah, war Grund genug, um die Notwendigkeit einer Operation zu rechtfertigen, die helfen sollte, die möglicherweise bösartigen Ursachen der Krankheit aufzudecken.

Nach vielen Überlegungen entschied sich Nadine, dem Vorschlag des Arztes zu folgen. Die Operation und die nachfolgenden Tests zeigten keine Bösartigkeit, und in den folgenden Wochen wandte sie Farblicht und Palmieren an und ihre Augen heilten.

Nach einer Weile jedoch konzentrierte sich Nadine wieder auf ihre beruflichen Pläne. Sie fing an zu vergessen, für sich selbst zu sorgen und sich Zeit zu nehmen für die Bedürfnisse, die ihr auf metaphorische Weise durch ihr rechtes Auge reflektiert wurden. Ich riet ihr zurückzuschalten, sich ihrer selbst liebevoll anzunehmen, sich Zeit zu nehmen für die Beziehung mit ihrem Freund und ihr Herz für das zu öffnen, was ihr wichtig war, statt sich nur auf die Überlebensbedürfnisse zu konzentrieren. Nach wiederkehrenden Infektionen in ihrem Auge und kurzen Krankenhausaufenthalten entschied sie sich, die integrierte Einstellung, sich mehr Zeit zur Selbstheilung zu nehmen, anzunehmen. Sie gestaltete ein tägliches Programm, bei dem sie Farben verwendete, die Regeneration des Sehnervs imaginierte und ihr Sehfeld ausweitete. Sie setzte ihr neues Gewahrsein in die Tat um.

Stellen Sie sich visuelles Wohlbefinden vor

Sie können das folgende Material dazu verwenden, um für sich ein eigenes gesprochenes Tonband zu gestalten, um durch positive Bekräftigungen Ihre Heilung hervorzurufen. Schließen Sie passende Kommentare für Ihre speziellen Augenprobleme in Ihre Worte mit ein.

Machen Sie es sich gemütlich, legen Sie sich hin oder setzen Sie sich auf den Boden oder auf einen Sessel. Fangen Sie an, auf integrierte Weise zu atmen. Erlauben Sie Ihren Augen, sich zu schließen und Ihrem Körper, sich vollständig zu entspannen, wenn das Tonband beginnt. Hier ist ein Vorschlag für einen möglichen Text:

„Mit jedem Atemzug fühle ich mich mehr und mehr entspannt. Ich fühle, wie sich in meinem ganzen Körper alle Muskelspannung und Enge löst. Während ich atme, fühle ich, wie mein aktiver Geist ganz ruhig wird. Ich fühle Frieden in meinem ganzen Körper. Während ich atme, werde ich mir der Stille eines Sonnenunterganges bewußt. Ich höre Möwen über mir und das Plätschern der Wellen eines Ozeans. Mit jedem meiner Atemzüge sehe ich die strahlenden Farben der untergehenden

Sonne. Das Orange, Rot und Rosa sind farbenprächtig und voller Leben. Während ich atme, fühle ich mich mehr und mehr entspannt. Ich nutze dieses friedliche Gefühl, um alle täglichen Anforderungen loszulassen und um mein Sehvermögen wieder ins Gleichgewicht zu bringen. Mit jedem Atemzug, den ich nehme, fühle ich mich mehr und mehr entspannt. Ich fühle, wie die Spannung in den Muskeln meines Körpers schmilzt, wie Schnee an einem sonnigen Tag. Ich atme, atme, atme und lasse los. Es fühlt sich so gut an, einfach loszulassen. Mein Leben wird einfacher, während sich jede Muskelfaser in meinem Körper entspannt. Ich fühle, wie die Enge meiner kontrollierenden Persönlichkeit in der Ferne verschwindet, wie ein Adler, der ganz hoch oben am Himmel schwebt. Während ich atme, bringe ich dieses entspannte Gefühl zu meinen Augen. Ich fühle, wie sich die Muskeln rund um meine Augen entspannen, wie eine zusammengedrückte Feder, die losgelassen wird. Es fühlt sich wunderbar an, meine Augen ihre normale entspannte Haltung annehmen zu lassen. Ich fühle Wärme in meinen Augen; es ist so, als ob die Strahlen der Sommersonne auf sie scheinen. Mit jedem entspannten Atemzug fühle ich, wie die Vitalität und Lebendigkeit in meine Augen zurückkehrt. Meine Augen fühlen sich wunderschön und klar an."

Jetzt sollte Ihr Tonband eines oder mehrere der folgenden Bilder enthalten, um Sie bei Ihrem speziellen Augenproblem zu unterstützen. Bil-

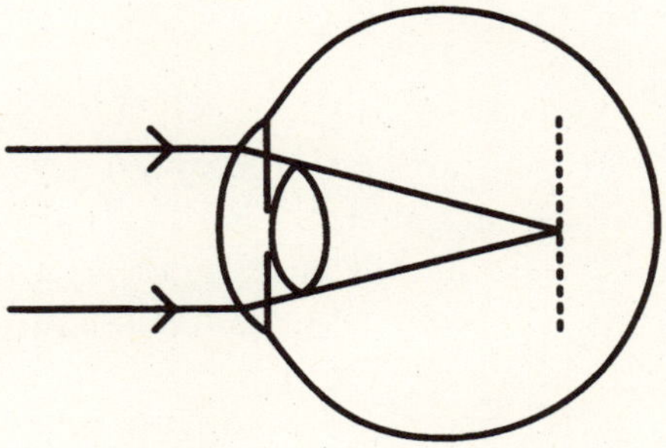

Für Kurzsichtigkeit

den Sie die Sätze in der ersten Person, fangen Sie mit „ich" an.
Stellen Sie sich vor, in Ihren Augapfel zu schauen, in dem sich die Muskulatur entspannt, Ihr Augapfel verkürzt und die Hornhaut flach wird. Visualisieren Sie, wie Ihre Augen hinaus in den Raum fokussieren.

Für Weitsichtigkeit

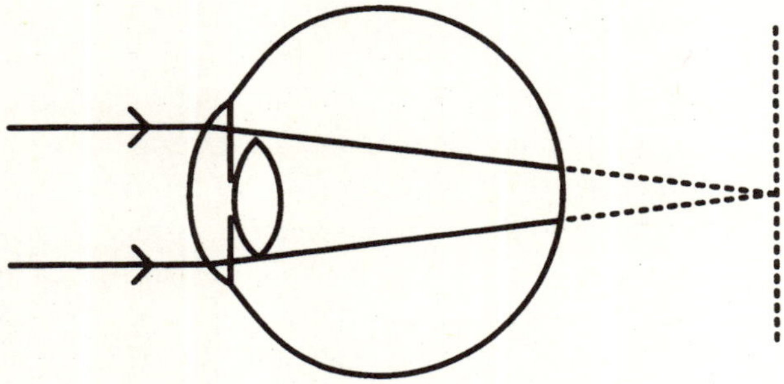

Stellen Sie sich vor, wie Ihr Augapfel länger wird und Ihr Fokusmuskel seine Form mit größerer Geschwindigkeit und Leichtigkeit verändern kann. Stellen Sie sich vor, leichter in der Nähe fokussieren zu können.

Für Astigmatismus

Stellen Sie sich eine Hornhaut vor, die kugelförmiger ist. Atmen Sie zu der Hornhaut und zur Linse hin, um so die Spannung der Muskeln, rund um Ihre Augen zu reduzieren.

Für schwachsichtige Augen

Stellen Sie sich gelbes und oranges Licht vor, wie es in Ihr schwachsichtiges Auge fällt. Lassen Sie die einschränkende Wahrnehmung, daß dieses Auge schwach ist, los. Lassen Sie das Licht den Hintergrund des Auges im Gebiet der Netzhaut, das als die Fovea bekannt ist, stimulieren. Stellen Sie sich vor, wie Sie sich in den Bereich des Hintergrunds des Auges, bekannt als die Makula, kuscheln. Fühlen Sie, wie die Makula und Fovea angeregt und wach werden.

Für schielende Augen

Visualisieren Sie, wie diese Muskeln ihre Spannung verändern, um den Augen zu erlauben, sich genau auszurichten. Stellen Sie sich vor, durch Ihre Augen zu schauen und die Welt mit beiden Augen zu sehen, geradeaus zu schauen, während beide Augen miteinander arbeiten.

Für beidäugiges Wahrnehmen

Wenn Sie Schwierigkeiten dabei hatten, zwei Daumen zu sehen, als Sie hinter Ihren ausgestreckten Daumen schauten, stellen Sie sich vor, daß es Ihnen gelingt, im Geiste zwei Daumen zu sehen. Atmen Sie weiterhin integriert und visualisieren Sie, wie die Netzhaut jedes Auges bereit ist, das hereinkommende Licht zu empfangen. Wecken Sie mit Ihrem Atem die Empfindlichkeit Ihrer Fovea und schicken Sie innige Liebesenergie zu den Foveas und den Netzhäuten jedes Auges, um Ihre Fähigkeit, mit beiden Augen zu schauen, zu erhöhen. Machen Sie sich ein Bild von den weiblichen und männlichen Aspekten Ihrer Natur, die Sie in Ihrem Leben manifestieren möchten.

Für eine Distrophie der Hornhaut

Stellen Sie sich vor, wie die lebenswichtigen Nährstoffe zur Hornhaut fließen und diese prachtvolle, wie die Biosphäre geformte Natur regeneriert. Machen Sie sich ein Bild davon, wie die Hornhaut immer klarer und klarer wird, wie ein frisch geputztes Fenster.

Für Keratokonus

Erschaffen Sie das Bild einer Halbkugel. Tun Sie so, als ob Sie Ihre Hornhaut wieder in diese perfekte runde Form zurückmassieren können, ohne Beschwerden oder Schmerzen. Fühlen Sie, wie die Kraft in Ihrem Herzen und in ihren Augen ansteigt.

Für ein Glaukom

Fühlen Sie die Leichtigkeit, mit der die wäßrige Flüssigkeit in Ihren Augen vom Vordergrund des Auges hinter der Hornhaut zum Hintergrund des Auges fließen kann. Lassen Sie allen Druck Ihres Lebens abfließen, während Sie atmen und sehr entspannt bleiben. Sehen Sie, wie sich Ihr Sehnerv durch die Nährstoffe der gesunden Nahrung, die Sie zu sich nehmen, regeneriert. Stellen Sie sich vor, wie der Druck in Ihren Augen jeden Tag sinkt, während Sie sich entspannen und das integrierte Sehvermögen in Ihr Leben zurückkehren lassen. Stellen Sie sich vor, daß Sie wieder in der Sprechstunde Ihres Augenarztes sind und bemerken Sie, wie er überrascht schaut, während er Ihnen mitteilt, daß der Druck in Ihren Augen gefallen ist. Lächeln Sie über Ihren Erfolg.

Für den grauen Star

Richten Sie Ihre Aufmerksamkeit auf die Linse Ihres Auges, der Struktur hinter der Pupille. Sehen Sie sich, wie Sie das letzte Mal ein Fenster geputzt haben. Ein grauer Star ist wie ein trübes, ungeputztes Fenster. Stellen Sie sich mit jedem Atemzug vor, daß das Fenster zu Ihrem Sehvermögen sauberer und transparenter wird. Stellen Sie sich vor, daß die Trümmer in Ihrer Linse das unaufgeräumte Gerümpel in Ihrem Leben repräsentieren. Wenn Sie unfertige Projekte Ihres Lebens beenden, können Sie die Klarheit Ihrer Linse wiederherstellen.

Bei Mückensehen

Denken Sie an den Glaskörper in Ihrem Auge, hinter der Linse und vor der Netzhaut. Nachdem Sie Projekte und Situationen, die immer noch unnötigerweise in Ihrem Leben umherschwirren, überprüft haben, machen Sie sich ein Bild, wie sich diese Mücken wie Butter in einer heißen Pfanne auflösen. Wenn Sie ein ernstes physisches Problem wie Diabetes haben, bei dem Mückensehen häufig vorkommt, lassen Sie während dieser Übung ein Gefühl von Wohlbefinden Ihren ganzen Körper durchdringen. Fühlen Sie, wie die energetisierenden Vitamine, Mineralstoffe und Antioxydantien Ihrer gesunden Ernährung Ihr ganzes Wohlbefinden fördern.

Für Netzhaut- oder Glaskörperabhebungen

Stellen Sie sich vor, daß die Abhebung wie eine Lasche ist, die sich nach oben gedreht hat. Während Sie sich weiterhin entspannt fühlen, stellen Sie sich vor, daß Sie diese Lasche nehmen und sie wieder an den richtigen Platz auf der Netzhaut oder am Glaskörper bewegen. Denken Sie darüber nach, wo Sie sich von lebenswichtigen Aspekten Ihres Lebens oder von Ihren Träumen und Visionen abgelöst haben. Wo hat sich Ihre Persönlichkeit, für die das Überleben das Wichtigste ist, von Ihrer Seele fort entwickelt?

Für andere Netzhauterkrankungen

Genießen Sie Ihre Entspannung und spüren Sie das Gefühl von wahrem Wohlbefinden. Sagen Sie: „Ich habe die Freiheit zu fühlen, fühlen, fühlen, fühlen, fühlen."

Stellen Sie sich vor, wie Ihr gesundes Blut große Mengen von Nährstoffen zu Ihrer Netzhaut transportiert. Spüren Sie, wie sich das zerstörte Gewebe in jedem Moment der Entspannung regeneriert. In diesem Zustand des Seins haben Sie das Potential, die außergewöhnlichen Kräfte Ihres Körpers und Geistes zu aktivieren. Fühlen Sie, wie das Gewebe Ihrer Netzhaut lebendig wird. Lassen Sie die bis jetzt inaktiven Stäbchen und Zapfen anfangen, mit erneuertem Lebensgeist und Enthusiasmus zu funktionieren.

Für Erkrankungen des Sehnervs

Fühlen Sie, wie Sie mit Leichtigkeit durch das Leben fließen. Treten Sie diese Reise in Ihrem Gehirn an, wo der Sehnerv seine kurvenreiche Reise nach unten durch die visuellen Strahlungen zum hinteren Teil des Auges beginnt. Stellen Sie sich diesen Weg als lange Skipiste vor. Während das Blut und die Nerven energetisch fließen, fühlen Sie, wie Ihre Sehnerven angeregt werden, so als ob sie von einem tiefen Schlaf erwachen würden. Wo in Ihrem Leben haben Sie Ihre Vorwärtsbewegung geopfert? Wo fühlen Sie, daß Sie stagnieren? Verpflichten Sie sich, diese Situationen aufzulösen, um Ihr natürliches, gesundes Sehvermögen wiederzuerlangen.

Für Makuladegeneration

Gehen Sie zu dem Hintergrund Ihrer Augen, zu der Vertiefung in der Mitte der Netzhaut. Atmen Sie und erkennen Sie, daß Sie Ihre Makula mit köstlichem Vollkorn wie z. B. braunem Reis oder Hirse aufladen. Dieses Getreide beinhaltet die notwendigen B-Komplex-Vitamine für die Makula. Welcher Teil Ihrer Existenz hat begonnen zu verfallen? Sehen Sie diese Situation wie sie wirklich ist, oder ist Ihre Wahrnehmung eine Illusion, die sich auf Angst gründet? Während Sie die Fähigkeit, sich ganz tief zu entspannen, weiterentwickeln, lassen Sie Ihren Geist weitere Möglichkeiten für diese Anforderungen entdecken.

Für alle entzündlichen Augenkrankheiten

Kommen Sie mit Ihrem versteckten Zorn und Ihren Frustrationen in Berührung. Gähnen Sie ordentlich und fühlen Sie, wie die Spannung aus Ihrem Körper, Ihrem Gesicht und Ihren Augenmuskeln wie Wölkchen am Himmel abziehen. Meditieren Sie über die Aspekte in Ihrem Leben, wo Sie anderen nicht vergeben haben. Fangen Sie an, Ihr Herz in diese Situationen zu bringen. Schließen Sie vergangene Ereignisse ab, die Sie heute noch an vergangenem Zorn festhalten lassen. Wenn der Zorn, den Sie fühlen, bedeutet, daß Sie andere bestrafen, fragen Sie sich, ob es wirklich diejenigen verletzt, oder ob es Sie nicht davon abhält, das Leben zu genießen?

Setzen Sie jetzt den Text fort:

„Ich bin mir klar darüber, daß in meinem liebenden, mitfühlenden Herzen die Fähigkeit liegt, meine Augen und mein Sehvermögen zu heilen. Ich kann fühlen, daß sich meine klare Absicht hier auf dem Planeten Erde manifestiert. Die Visionen meines Lebens werden jeden Tag immer klarer, während ich entspannt bleibe und meinen Augen erlaube, scharf zu sehen. Während ich atme, fühle ich Wärme von meinem Herzen zu meinen Augen fließen. Ich spüre eine tiefe Integration meiner Harry- und Sally-Wahrnehmungen."

Während Sie diese Meditation beenden, werden Sie sich langsam Ihres Körpers bewußt. Blinzeln Sie, öffnen Sie Ihre Augen und kommen Sie in den Raum zurück. Lassen Sie das Licht herein und fühlen Sie sich in Ihren Augen ganz erfrischt. Nehmen Sie sich ein paar Minuten Zeit, sich an Ihren entspannten Zustand zu gewöhnen, und setzen Sie dann Ihr Tagewerk fort. Ihre abenteuerliche Reise zu klarem Sehvermögen geht weiter.

Die Kraft zurückerlangen – Ihr nacktes Sehvermögen

Kontaktlinsen sind das Sehwunder des 20. Jahrhunderts. Seit ihrer Einführung, als die Anwender die Tragezeit noch Stück um Stück steigern mußten, bis hin zu der Annehmlichkeit der Wegwerfkontaktlinsen, haben Kontaktlinsen dem menschlichen Bewußtsein ihren Preis abverlangt. Je weniger wir die Aufmerksamkeit auf unser nacktes Sehvermögen lenken, desto geringer wird unser visuelles Bewußtsein. Die Rasierklingenschärfe, die durch Kontaktlinsen erzeugt wird, erzwingt einen forcierten Fokus. Die Kontaktlinsen agieren als externe Kraft, die uns die Gelegenheit, unser eigenes Sehvermögen zu erzeugen, rauben. Wir gehen von einem beschützten Platz hinter der Barriere der Linse aus, zwischen unseren Herzen und dem, was wir in der Welt sehen.

Kontaktlinsen sind die ausgeklügeltste Form von visuellem Unbewußtsein. Nachdem ich das gesagt habe, lassen Sie mich noch hinzufügen, daß ich nicht gegen Kontaktlinsen bin. Im Gegenteil, ich sehe alle Linsen auf die gleiche Weise: Sie müssen auf eine Art verschrieben sein, die die ganze Person berücksichtigt.

Denken Sie für einen Moment daran: In den meisten Fällen vermuten wir, daß etwas mit unseren Augen nicht in Ordnung ist. Wir geben unsere Kraft an den Augenarzt ab, der buchstäblich entscheidet, wie wir in Zukunft sehen werden. Die Voreingenommenheit und die Vorurteile des Arztes werden in die Verschreibung der Linsen induziert und nehmen uns auf diese Art unsere Entscheidungen ab. Meistens sind die Verschreibungen sowohl für Kontaktlinsen als auch für Brillen zu stark. Vielleicht sehen wir weniger, wenn wir scharf durch diese verschriebenen Linsen schauen, weil wir weniger partizipieren müssen. Unsere Augen müssen nicht scharf stellen, wir wiederum müssen uns nicht auf intime Weise mit uns selbst befassen. Das trifft besonders bei Kontaktlinsen zu. Wir setzen sie morgens ein, und den Rest des Tages leben wir betriebsam und denken nicht eine Sekunde lang an unser Sehvermögen. Brillen können wir wenigstens herunternehmen, unsere Augen ausruhen lassen und den Ängsten und Verleugnungen, die uns durch unser nacktes Sehvermögen präsentiert werden, ins Auge sehen.

Die Industrie der Augenheilkunde hat den Glauben lebendig erhalten, daß wir ein 20/20 Sehvermögen haben müssen, um Auto zu fahren und dabei keinen Unfall zu verursachen. Das ist eine sichere Einstellung. Die meisten Staaten und Provinzen jedoch erlauben einen 16prozentigen Spielraum für das Autofahren. Das bedeutet, daß wir mit 84 Prozent brauchbarem Sehvermögen fahren können. Ein Verlust von 16 Prozent Sehschärfe wirkt sich nicht dramatisch auf die Reaktionszeit beim Autofahren aus.

Die meisten Augenärzte behaupten, daß wir ein 20/20 Sehvermögen benötigen, um ein Kind die Straße überqueren zu sehen. Aber tatsächlich ist beim Einfangen von Bewegung am Rande unseres Sehfeldes das periphere Sehen der Netzhaut viel empfindlicher als die Fovea – speziell, wenn 16 Prozent Verschwommenheit vorhanden sind. Warum? Weil die leichte Verschwommenheit in der Sehkraft uns zwingt, über das Geschehene mehr aufmerksam und gewahr zu sein. Erinnern Sie sich daran, daß das Fokussieren des Lichtes auf die Netzhaut mehr Gefühle zuläßt. Das Gewahrsein, was um uns herum ist, weitet unsere Perspektive.

Der schwächende Effekt einer Linse, die zu stark ist, erschafft Trennung. Haben Sie jemals Ihre neue Brille aufgesetzt und sich so gefühlt, als ob die Welt weiter weg wäre? Oder die Oberfläche, auf der Sie gehen, scheint Sie anzuspringen, oder sich wie ein fliegender Teppich zu wellen? Diese anfängliche Wahrnehmung ist Ihr Gehirn, das sich gerade auf Ihre Art und Weise, durch die neue Brille zu schauen, einstellt. Durch diesen illusionären Schleier, erscheint die Welt klar. Das Herz kennt jedoch den Unterschied – die Welt fühlt sich noch immer unsicher an. Unsere Wahrnehmungen sind immer noch voller Angst, und wir ziehen uns weiterhin von unserer innewohnenden Kraft zurück. Wir sehen unsere Jobs, Beziehungen, unsere beruflichen Unternehmungen und unsere Verantwortung als Eltern durch unsere künstlichen Linsen von Vorurteil und Schutz.

Die Lösung liegt daran, schrittweise unsere eigene Kraft wieder aufleben zu lassen. Die Verschreibung der Linsen kann schrittweise abgeschwächt werden, so daß Sie Zeit haben, durch immer weniger äußeren Einfluß zu sehen. Sie fangen an, Ihre eigenen Entscheidungen zu treffen. Wenn Sie wieder Zugang zu der Kraft hinter Ihren Augen erlangen, scheint das Leben langsamer zu werden. Sie nehmen sich Zeit, den Duft der Blumen zu riechen und entdecken, daß Sie wirklich zuhören, was die Leute sagen. Das innere Selbstgespräch wird durch das Gefühl der Stille ersetzt, ganz wie bei einem Sonnenaufgang zeitig in der Früh. Ein friedliches Gefühl strahlt durch Ihren ganzen Körper.

Für diejenigen von uns, die viele Jahre lang Brillen oder Kontaktlinsen getragen haben, bietet das Erforschen unseres nackten Sehvermögens einen Zustand von Erleuchtung und eine intime Konzentration auf uns selbst. Dieses Nach-innen-schauen legt Verletzlichkeit und Ängste frei. Verbringen Sie Zeit Zuhause, in der Sie in Ihrem nackten Sehvermögen sind und es genießen. Viele von uns haben vergessen, wie sie das erfahren können, was einfach da ist – sich verletzlich zu fühlen, weniger zu tun, anzufangen, durch andere Körpersinne und Gefühle zu sehen. Lassen Sie die Muskeln rund um Ihre Augen entspannen, dann lassen Sie Ihre Hände ein bekanntes Objekt erforschen. Erfahren Sie es eher, als daß Sie denken, was es ist.

Je mehr wir unsere Kraft an jemanden oder etwas außerhalb von uns weggeben – an unseren Chef, an unsere Arbeit, die Firma, Ihre Ehefrau oder Ihren Ehemann, Mutter oder Vater – desto höher ist die Wahrscheinlichkeit, daß sich diese verzerrten Wahrnehmungen physisch in der Brechung der Augen zeigen.

Seit 1950 verwenden Sehtherapie-Optometristen ein spezielles Instrument, *Retinoskop* genannt, um diese Geist-Kraft-Einflüsse auf die Augen zu beobachten und zu messen. Während Sie über einen bestimmten Gedanken nachdenken, untersucht der Sehtherapie-Optometrist die Reflexion auf der Netzhaut, wie sie in der Pupille Ihres Auges gesehen wird. Ein einfacher Gedanke, ein Gefühl oder eine Emotion können die Intensität und den Grad dieser Reflexion mäßigen. Eine Angstreaktion kann den wahrgenommenen Reflex signifikant verändern.

Wenn Sie voller Angst in der Sprechstunde Ihres Augenarztes sitzen, wird die Verschreibung Ihrer neuen Brille wahrscheinlich diesen emotionalen Zustand, in dem Sie sich zu dieser Zeit befanden, reflektieren. Bitten Sie Ihren Arzt, Ihre Sehuntersuchung ohne Augentropfen zu machen, sie lähmen den Fokusmechanismus des Auges. (Wenn Ihre Kraft zu fokussieren während der Untersuchung gelähmt wird, führt das dazu, daß Sie eine stärkere, süchtig machende Brille tragen müssen und Sie sich weniger stark fühlen.)

Wieviel Ihrer Kraft haben Sie während der Augenuntersuchung an den Augenarzt übergeben? Waren Sie vollständig entspannt? Bevor Ihre nächste Augenuntersuchung stattfindet, nehmen Sie sich einige Minuten Zeit zu atmen und Ihren Fokus in verschiedene Richtungen zu bewegen. Machen Sie das auch während der Untersuchung. Bitten Sie um die schwächste Verschreibung für 20/20, oder noch besser, verwenden Sie eine 20/20 Verschreibung nur für das Autofahren oder andere gefährliche Aktivitäten. Wenn Sie einen Großteil des Tages damit verbringen, in der Nähe zu lesen, bitten Sie um eine 20/40 Verschreibung, das sind 84 Prozent Sehfitneß (oder 16 Prozent Verschwommenheit) oder 20/50, das sind 76 Prozent Sehfitneß (oder 24 Prozent Verschwommenheit).

Sie gehen zum Augenarzt, um Ihr Sehvermögen zu unterstützen und um Ihre visuelle Klarheit zurückzugewinnen. Augenärzte, die Sehtherapie anwenden, oder Verhaltensoptometristen sind in der Lage Ihnen manchmal mit einer ganzheitlicheren Methode zu helfen. Diese Ärzte werden die Messungen in Ihren Augen derart durchführen, daß Sie die Kraft hinter Ihren Augen wiedergewinnen oder zumindest wieder anregen können. Der wichtigste Schritt, die Gewohnheiten und Kontrollmechanismen jenes Teils der Persönlichkeit – den Ego-Überlebenszustand – zu durchbrechen, der Sie glauben läßt, daß Sie starke Brillen brauchen, um perfekt 20/20 sehen zu können und Ihre innere Fähigkeit untergräbt, sich selbst zu kontrollieren.

Sam

Der Augenarzt teilte Sam, der Anfang 20 war, mit, daß seine Sehkraft nicht ausreichte, um in die Polizeiakademie aufgenommen zu werden. Er war am Boden zerstört. Er hatte sehr gute Noten und sein Körper war fit, aber seine Augen waren nicht klar. Er begann, Forschungen über die Hornhautlaseroperationen zu lesen, mit dem Ziel, seine Kurzsichtigkeit zu „korrigieren", doch intuitiv wußte er, daß das nichts für ihn war. Zufällig ging er zu einem Augenarzt, mit dem ich zusammenarbeitete und hörte so von der Sehfitneßmethode, die ich anwende.

So wie in 80 bis 90 Prozent aller Fälle beinhaltete Sams Brillenrezept eine astigmatische Komponente. Ich las die verborgene Botschaft, die in seinem Brillenrezept lag. Sams Zustand, der von seiner Persönlichkeit angetrieben wurde – was sich darin zeigte, daß sich seine Wahrnehmung auf das rechte Auge (Harry) konzentrierte – dominierte zu sehr über seine Sally-Verbindung zu seinem Herzen. Sam setzte sich unter zu starken äußeren Druck, da er studierte und beständig seine Augen korrekt ausrichtete. Sein Leben war nicht im Gleichgewicht. Seine exzessive Arbeitslebensweise und der Anspruch, Polizist zu werden, trieben Sams Fokus zu sehr nach innen, auf Kosten eines kreativen Lebens.

Obwohl Sam äußerlich immer wieder Klarheit abverlangt wurde, verband er sich wieder mit seiner inneren Kraft, hielt sich selbst fokussiert, wandte die Augen-Geist-Entspannungsübungen an, indem er seine Augen bedeckte, er verwendete Vollspektrumlicht und ließ seine visuelle Aufmerksamkeit im Raum umherwandern. Diese Übungen führten schließlich zu einer verbesserter Sehkraft. Innerhalb von drei Monaten bestand Sam den Sehtest der Polizeiakademie. Nun studiert er, um Polizist zu werden.

Kurzsichtigkeit: Ohne Angst in die Zukunft blicken

Kurzsichtigkeit, auch als *Myopie* bekannt, beeinträchtigt nach einer Studie, die 1994 von Zadnik und Partnern gemacht wurde, 60 bis 80 Millionen Amerikaner. Schulmedizinisch definiert kommt die Kurzsichtigkeit von einem Augapfel, der zu lang ist und so das Licht schon vor der Netzhaut fokussieren läßt. Aus der Perspektive der Integrativen Sehtherapie ist Kurzsichtigkeit ein Nach-innen-ziehen der Wahrnehmungsrealität. Frühe Symptome beinhalten eine leicht verschwommene Sicht in der Ferne, sowie verschwommene Buchstaben auf der Tafel in der Schule, verschwommene Verkehrszeichen oder verschwommene Bilder auf der Kinoleinwand. Messungen des Augapfels selbst müssen noch keine Kurzsichtigkeit ergeben, da das Nach-innen-ziehen des Raumes mit dem Gedanken beginnt: „Ich weiß nicht, wie ich mit dem, was da draußen ist, umgehen soll – meine Welt ist zu verwirrend. Ich fühle zuviel, wenn ich über mich hinaus schaue. Ich kann mit dem, was da draußen ist, nicht fertig werden. Ich fühle mich sicher, wenn ich mich geistig nach innen richte. Ich werde weniger fühlen, wenn ich mehr denke. Gib mir ein Buch zu lesen. Ich werde dieses Computerprogramm meistern. Ich werde an der Universität studieren. Ich werde mich in der Schule selbst übertreffen."

Kurzsichtigkeit ist eine praktizierte Form des Schauens. Sie löst uns von unseren Gefühlen und unseren Verbindungen zu dem, was draußen passiert. Je mehr wir nach innen projizieren, desto mehr unaufgelöste Ängste bauen sich im Inneren auf. Durch kurzsichtiges Sehen und kompensierende Brillen oder Linsen erschaffen wir eine Komfortzone und definieren das als unser Leben.

Diesen Kreis zu unterbrechen bedeutet, unseren Ängsten ins Auge zu schauen und sich nach außen auszudehnen. Es könnte sein, daß Sie für Arbeiten in der Nähe wie Lesen, am Computer zu arbeiten oder Nähen eine Brille verwenden können, die schwächer als 20/40 ist. Fragen Sie Ihren Augenarzt. Lesen Sie für kurze Zeit ohne Brille. Verbringen Sie Zeit, in der Sie sich in Ihrem „nackten Sehen" sicher fühlen. Schauen Sie auf Ihre Umgebung, putzen Sie Ihr Haus oder machen Sie einen Spaziergang. Bewegen Sie sich in Ihrem Heim und erfahren Sie Ihre Verschwommenheit und erinnern Sie sich daran, daß die Verschwommenheit sich mit der Distanz zwischen Ihren Augen und dem Objekt das Sie anschauen, verändert. Die Augentest-Tafel ist eine hervorragende Möglichkeit, Ihren Grad der Verschwommenheit und Klarheit aufzuzeigen und zu beobachten, wie sich dieser Grad verändert. Diese sich verändernde Verschwommenheit ist ein Maß für Ihre Fähigkeit, Ihr gewohntes Muster des Schauens loszulassen. Ohne Brille können Sie sich trainieren, weitsichtig zu sein: Entspannen Sie sich, bewegen Sie sich aus Ihrer Komfortzone heraus, gehen Sie mit Ihren Ängsten und Frustrationen um, wenn sie sich zeigen. Wann immer Sie Druck in oder um Ihre Augen spüren, oder wenn Ihre Augen müde sind, palmieren Sie. Schreiben Sie in Ihrem Tagebuch über Ihre Erfahrungen.

Wenn Sie mit dem Leben in Ihrem nackten Sehvermögen experimentieren, werden Sie wahrscheinlich erstaunt sein, wieviel Sie tatsächlich sehen, besonders in einer gewohnten Umgebung wie Ihrem Zuhause. Sie erkennen Formen, Farben, Größen, Abstände und Strukturen. Solange Sie nicht auf Details fokussieren müssen, können Sie die Freiheit und Kraft Ihres nackten Sehvermögens genießen. Fangen Sie an, in Ihre Zukunft zu schauen, und machen Sie sich wieder mit dem Sehen mit dem Herzen vertraut.

Kurzsichtige Personen haben oft ähnliche charakteristische Merkmale. Die Karikatur einer intellektuellen, introvertierten und genauen Person fällt einem ein. Berufe wie Ingenieur, Buchhalter oder Computerwissenschaftler scheinen für kurzsichtige Persönlichkeiten geeignet zu sein. Doch was geschieht mit der Wahrnehmung von kurzsichtigen Personen der Arbeit und des Lebens, wenn sich ihre Wahrnehmungen und ihr Sehvermögen verbessern? Ziemlich oft wünschen sie sich, solche Aspekte ihres Lebens wie den Beruf oder die Beziehung, zu verändern. Das ist eine Erinnerung daran, daß die Kraft hinter Ihren Augen mehr ist als das, was bei der Verschreibung einer Brille gemessen wird. Ihr ganzes Sein ist die Kraft hinter Ihren Augen.

Weitsichtigkeit:
Konzentrieren Sie sich leidenschaftlich auf das Jetzt

Weitsichtigkeit wird auch *Hyperopie* genannt. Typischerweise kann eine weitsichtige Person auf weite Entfernung sehen, aber empfindet das Lesen kleiner Buchstaben als große Herausforderung. In vielen Fällen fangen weitsichtige Menschen zwischen 40 und 65 auch an, die Verschwommenheit entfernter Details zu bemerken (wie zum Beispiel Verkehrsschilder). Zu diesem Zeitpunkt empfiehlt der Augenarzt wahrscheinlich bifokale Brillen oder zwei verschiedene, eine für die Ferne und eine für die Nähe.

Aus einer westlichen medizinischen Perspektive betrachtet, bedeutet das, daß der Augapfel zu kurz ist – die Person kann das hereinkommende Licht weniger leicht auf der Netzhaut fokussieren. So wie die Kurzsichtigkeit ist auch die Weitsichtigkeit kein fixes oder andauerndes Phänomen. Aus einer Verhaltensperspektive betrachtet, verändert sich die Weitsichtigkeit je nach Aufmerksamkeit für das Detail (Konzentration des Geistes) und je nach Einwirkung von emotionalen und ernährungsspezifischen Faktoren. Es zeigt sich, daß zum Beispiel das Essen von Zucker grundlegenden Einfluß auf die Fähigkeit zu fokussieren einer weitsichtigen Person hat. Die integrative Art, mit Weitsichtigkeit umzugehen, ist, Aspekte des Intimlebens dieser Person wie Beziehungen, Familie und Beruf zu untersuchen. Die Weitsichtigkeit ist ein Geschenk, das eine Person befähigen kann, mit ungelöstem Zorn und Themen der Intimität umzugehen.

Wenn ich die Weitsichtigkeit beurteile, schaue ich, in welchen Bereichen diese Menschen gut zurechtkommen und wo sie herausgefordert werden. Sich auf die Aspekte des Lebens, die nahe und wichtig für diese Personen sind, zu konzentrieren, präsentiert die Möglichkeit zu wachsen. Wenn Sie weitsichtig sind, beginnen Sie, alle ungelösten nahen Aspekte Ihres Lebens zu identifizieren, während Sie eine schwächere Brille tragen oder Zeit in Ihrem nackten Sehvermögen verbringen. Schreiben Sie Ihre Frustrationen über spezielle Situationen auf.

Wenn Sie eine Sehhilfe verwenden, um in die Ferne zu schauen – wie zum Beispiel zum Fernsehen oder zum Autofahren – beginnen Sie, Ihr nacktes Sehvermögen zu trainieren, um den Fokus zu schärfen, und verwenden Sie die Augentest-Tafel für die Ferne, um Ihre Verbesserungen zu verifizieren. Wenn Sie eine Lesebrille verwenden, werden Sie bemerken, daß sie zu stark wird. Lassen Sie sich eine schwächere verschreiben. Diese Empfehlungen sind auch für das „Kurzer-Arm-Syndrom“ oder die Schwierigkeiten beim Lesen in der zweiten Lebenshälfte anwendbar.

Erinnern Sie sich, daß Sie sehr geschickt sind, mit viel Genuß und Leidenschaft das Leben zu meistern. Während Sie einen flexiblen Fokus auf die intimen Aspekte Ihres Lebens entwickeln, wird sich Ihre eigene Kraft wieder zeigen. Entscheidungen, die Sie früher in Ihrem Leben getroffen haben, scheinen jetzt vielleicht weniger wichtig und notwendig. Entdecken Sie die Freundlichkeit gegenüber allen Lebewesen dieser Erde, die Sie in Ihrem Herzen fühlen, wieder. Das ist die wahre Kraft des Sehens.

Astigmatismus

In den meisten Fällen tritt Astigmatismus gleichzeitig mit Weit- oder Kurzsichtigkeit auf. Behalten Sie bei Kurzsichtigkeit die Korrektur des Astigmatismus Ihrer ersten schwächeren Brille bei. Bei Weitsichtigkeit kann die Korrektur des Astigmatismus teilweise schon bei der ersten Veränderung der Brille reduziert werden.

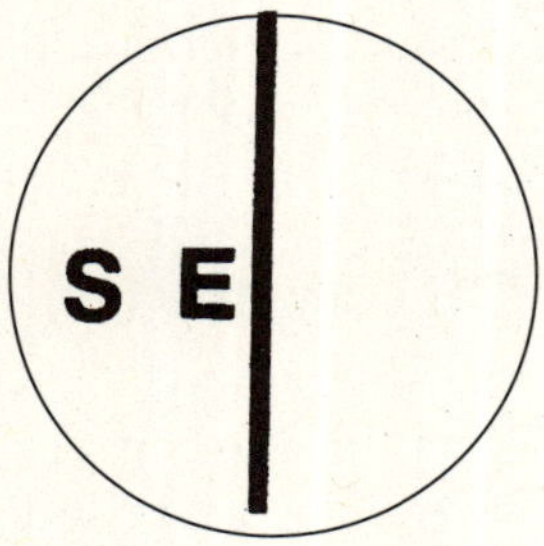

A

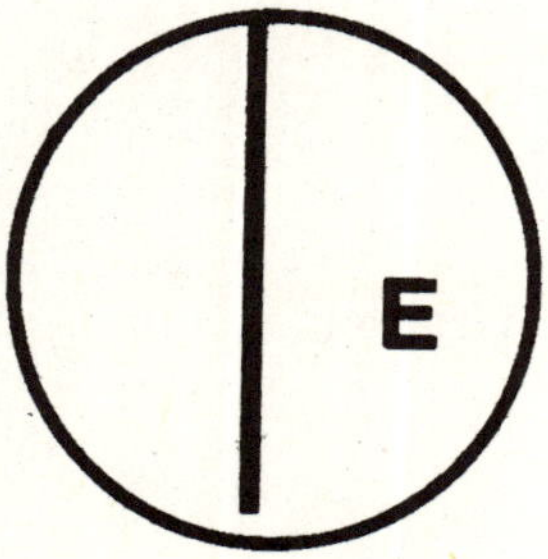

B

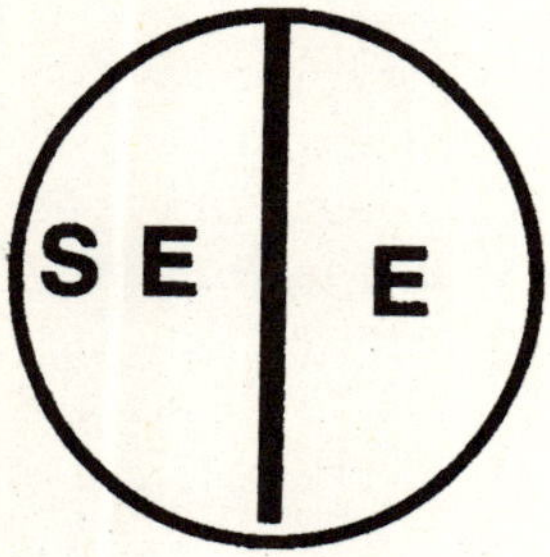

C

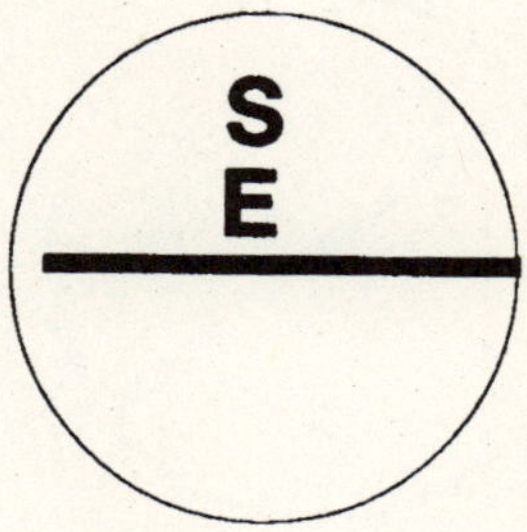

A

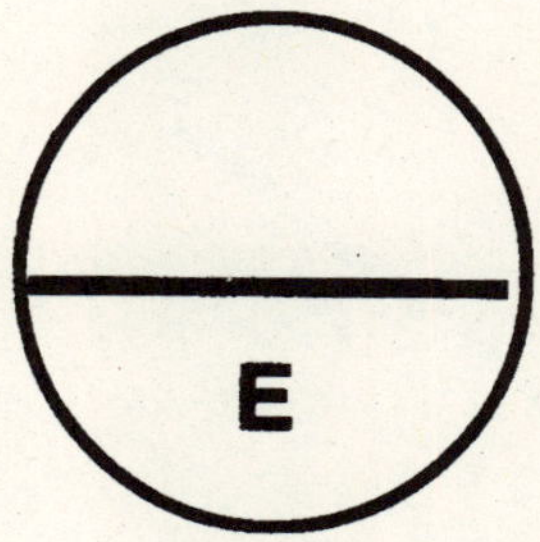

B

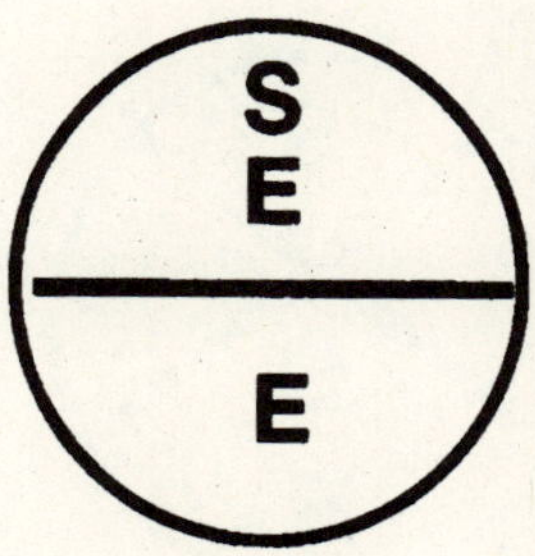

C

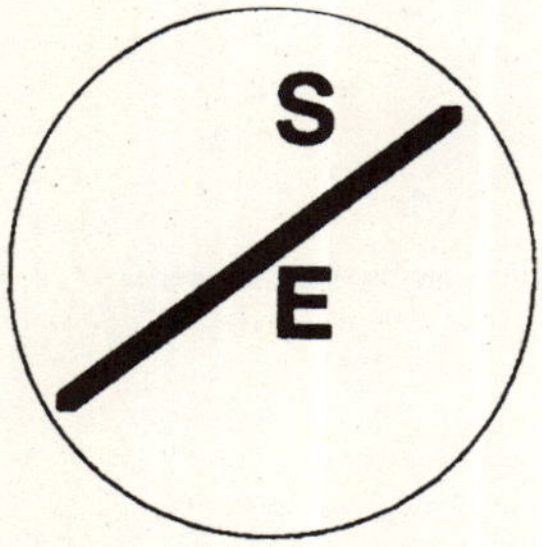

A

B

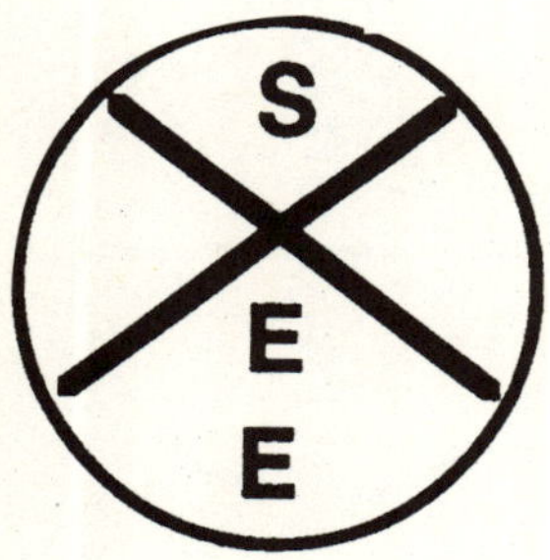

C

Für die drei Abbildungen der verschiedenen Astigmatismus-Typen richten Sie Ihre Augen einwärts und auswärts, wie in Kapitel 3 beschrieben. Bringen Sie die Abbildung A mit der Abbildung B zusammen und erzeugen Sie ein Bild wie in Abbildung C. Beginnen Sie mit den Abbildungen, die am leichtesten für Sie scheinen und machen Sie anschließend mit den schwierigeren weiter. Stellen Sie sicher, daß die Buchstaben und Linien so klar wie möglich sind.

Einwärts oder auswärts schielende Augen

Wenn ein Auge schielt, wird das *Strabismus* genannt. Vielleicht hören Sie Ihren Arzt nach innen schielende Augen *Esotropie* und auswärts schielende Augen *Exotropie* nennen. Geben Sie acht, daß Sie nicht der Annahme zum Opfer fallen, daß diese Zustände der Augen auf fehlerhafte Muskeln im Auge zurückzuführen sind. Ihr Geist versucht, Ihnen durch das Vehikel Ihrer Augen eine Botschaft über Ihr Sehvermögen zu vermitteln. Das nach innen gedrehte Augen ist ein nach innen Gehen der Wahrnehmung dieses Auges. Ein nach außen gehendes Auge ist ein Abwandern der Wahrnehmung dieses Auges. Beide Zustände machen es für Ihr Sehen schwierig, integriert mit beiden Augen wahrzunehmen.

Matthew

Matthew, 3 Jahre alt, wurde wegen eines merklich nach innen gedrehten rechten Auges (Harry-Auge) zu mir geschickt. Sie können raten, welcher Elternteil ihn zu mir brachte – richtig, seine Mutter. Der metaphorische „Ausdruck des Auges" über die väterliche Seite seiner Familie zeigte eine Tendenz, diese Beziehung auszuschließen. Seine Wahrnehmungsanpassung war ein Nach-innen-drehen seiner Gefühle von etwas, das er in der Beziehung mit Männern sah. Ich fragte seine Mutter nach Matthews Vater und sie informierte mich nonchalant darüber, daß er sie vor drei Wochen verlassen hatte. Das korrespondierte fast genau mit dem ersten Auftreten des nach innen gedrehten Auges bei Matthew. Sie könnten denken, daß der Zustand des Auges und die Abwesenheit des Vaters ein zu großer Zufall sind; ich habe jedoch viele Fälle wie diesen gesehen.

Ich möchte Sie aber darauf aufmerksam machen, daß sich nicht jeder Strabismus so unmittelbar auf Lebensereignisse bezieht. Die Veranlagung für diesen Augenzustand existiert wahrscheinlich schon lange bevor man das Auge abweichen sieht; die Lebenserfahrungen bilden einen Auslöser für das Nach-innen-drehen oder für das Nach-außen-abwandern. Das kann die Form eines Unfalls, einer Krankheit, eines emotionalen Ausbruchs oder eines zu großen Erfolgsdrucks annehmen. Jeder Fall ist einzigartig und voller Überraschungen.

Im Fall von Matthew wäre die Interpretation etwas unterschiedlich gewesen, wenn das rechte Auge nach außen gedreht gewesen wäre. Solch ein Auge würde sagen: „Ich lasse einfach los und schiebe diese Situation von mir weg." Das Kind mit dem nach innen gedrehten Auge würde wahrscheinlich introvertierter mit seinen tiefsten Gefühle umgehen und nicht viele Emotionen bei solch traumatischen Ereignissen wie dem Weggehen des Vaters von der Familie zeigen. Wenn das Auge sich nach außen dreht, könnte das Kind unverhohlen emotional auf diese Situation reagieren und sich ungebärdig verhalten.

In den meisten Fällen von nach innen oder außen schielenden Augen befürworten Augenärzte eine „Überlebensmethode" für die Korrektur des fehlerhaften Muskels. Diese übliche Behandlung besteht in diesem Fall entweder in einer operativen Verkürzung oder Verlängerung eines der sechs Muskeln eines jeden Auges oder in einer Kombination der Operation mit einem Übungsprogramm. Richard Kavner und andere Verhaltensoptometristen erkennen, daß eine Operation eine hohe Rate von kosmetischem Erfolg bringt, wobei das Auge gerader erscheint, aber keinen höheren Grad der beidäugigen Integration aufweist. Die Sehtherapie bietet alternativ die Möglichkeit, die Augen nicht nur ausgerichteter erscheinen zu lassen, sonder sie zudem dazu zu ermuntern, besser zusammenzuarbeiten. Augenärzte, die Sehtherapie praktizieren, werden ein Übungsprogramm entwerfen, um schielende Augen zu korrigieren. Um Ihr Sehvermögen im Falle von nach innen oder außen gerichteten Augen zu verbessern, können Sie Ihren Augenarzt bitten, die Verschreibung Ihrer Brille abzuschwächen, bis zu dem genauen Punkt, an dem Sie herausgefordert sind, beide Augen gemeinsam zu verwenden. Im Falle eines schwachsichtigen Auges wird die Verschreibung von 20/25 (oder das, was im Auge gemessen wird) aufrechterhalten, um Ihnen die maximale Chance zu geben, die Wahrnehmungen durch dieses Auge zu steigern. Verwenden Sie einen halb durchsichtigen Klebestreifen auf dem Brillenglas des anderen Auges; das fungiert als durchscheinende Augenklappe. Tragen Sie sie nie länger als vier Stunden und nur in ungefährlichen Situationen.

Die Resultate eines Programmes dieser Art können das Leben verändern. Verbesserungen beim beidäugigen Sehen haben Auswirkungen auf die gesamte Persönlichkeit eines Menschen und so auf sein Verhalten seiner Familie, seinen Lieben und der Welt gegenüber. Das beidäugige Sehen zu verbessern bedeutet viel mehr, als nur das gerade Ausrichten eines Augenpaares.

Was ist, wenn Sie schon eine 20/20-Sicht haben?

Ein perfektes 20/20 Sehvermögen garantiert nicht, daß die beiden Augen erfolgreich die Harry- und Sally-Wahrnehmung integrieren. Ich sehe viele Patienten, die eine hervorragende 20/20 Sehkraft haben – sie tragen keine Brillen und oberflächlich betrachtet scheinen sie ein gutes Sehvermögen zu haben – aber sie haben keine Tiefe des multidimensionalen Sehens, das ihre Seele und ihre Persönlichkeit miteinander verbindet. Diese Menschen manifestieren auch einen besonderen Sehstil, in dem sie sich mit der Welt verbinden. Sie werden leicht weitsichtig sein und eine nach außen gerichtete aggressive und künstlerische Natur haben. Einige von ihnen sind schlechte Leser, die eher dazu tendieren, in ihrem Beruf mit ihren Händen zu arbeiten. Das bedeutet nicht, daß sie weniger intellektuell als die kurzsichtigen Personen sind, die in akademischen Aktivitäten hervorragend sind. Der Unterschied liegt in der Art, wie sie visuelle Informationen verarbeiten.

Weitsichtige Menschen mit 20/20 Sehvermögen sehen globaler und finden es deshalb schwer, sich auf kleine Details zu konzentrieren. Wenn die soziale und politische Gemeinschaft das im großen und ganzen nicht versteht und akzeptiert, zeigen diese Menschen oft asoziales Verhalten. Sie könnten abhängige Lebensweisen annehmen. Im schlimmsten Fall könnten sie einen Ausweg in der Kriminalität suchen.

Die Verhaltensoptometristen Stan Kaseno, Roger Dowis, Joel Zaba und andere sind Pioniere einer inspirierenden Forschung, in der sie herausgefunden haben, daß jugendliche Straftäter, die sie beobachtet haben, im großen und ganzen dazu tendierten, eine gute Sehkraft, aber schlecht entwickelte Wahrnehmungsfähigkeiten zu haben. Sie hatten Schwierigkeiten, Formen und Größen zu unterscheiden und verbale und schriftliche Gedanken logisch zu verfolgen; und sie verwechselten oft links und rechts.

Die Ergebnisse zeigen, daß diese jungen Menschen eine eingeschränkte Art des Sehens entwickelt haben. Sie finden es schwer, ihre Standpunkte zu verändern, ihrem Sehvermögen mangelt es an Flexibilität und Synthese. Durch ihren Lernstil sind sie von einer traditionellen Art des Lernens getrennt, die sich in den Lehrplänen des Bildungssystems manifestiert. Sie lernen besser, indem sie vom Globalen zum Spezifischen arbeiten.

Kinder, die als „lernbehindert" bezeichnet werden, haben mit ähnlichen Schwierigkeiten zu kämpfen. Sie tendieren visuell dazu, ein bißchen weitsichtig zu sein und Buchstaben und Wörter zu vertauschen. Das sind *dyslektische* Verhaltensweisen. Dieses Erscheinungsbild mangelnder Konzentrationsfähigkeit ist bei „lernbehinderten" Kindern häufig, und sie behalten und verstehen nicht sehr gut. Diese Verhaltensweisen stehen alle mit einer unvollständigen oder verzerrten visuellen Wahrnehmung in Zusammenhang.

Wenn die Unterrichtsmethode abgewandelt wird, um Seh- und Lernstil dieser Kinder miteinander zu vereinbaren, wird das Lesen für sie viel leichter. Wenn sie zum Lernen gezwungen werden, ohne zuerst ihre Sehfähigkeiten entwickeln zu können, wird die Schule beschwerlich und ihre Selbstachtung leidet. Bei einem bedeutenden Prozentsatz von jugendlichen Kriminellen läßt sich eine Geschichte von Lernproblemen verfolgen. Man kann annehmen, daß das möglicherweise die Art der Jungen ist, Aufmerksamkeit zu erlangen. Sie fokussieren durch ihre Persönlichkeit und zeigen Zorn, Angst oder auch beides.

Stan Kaseno, ein Pionier auf dem Gebiet der Sehtherapie für jugendliche Straftäter mit Sehproblemen, fand heraus, daß der Stil der visuellen Verarbeitung erweitert werden könnte. Seine befriedigendste Entdeckung war die dramatisch niedrigere Rückfallrate nach der Anwendung eines Sehtherapie-Programmes. Junge Straffällige, die eine Sehtherapie erhielten, gerieten weniger leicht in Schwierigkeiten, nachdem sie aus der Strafanstalt entlassen wurden. Aus diesem Ergebnis kann man schließen, daß diese jungen Leute Verantwortung fühlten, als ihr Sehvermögen mit ihrem Herzen und ihren Gefühlen abgestimmt wurde. Sie fokussierten durch neue Augen auf das Leben. Das ist nur ein Beispiel, wie Menschen mit „guter Sehkraft“ von Sehtherapie profitiert haben.

Ihre Konzentration wird besser sein, Sie werden effizienter lesen und ein größeres Textverständnis erzielen, und sogar Ihre sportlichen Leistungen können sich verbessern, wenn Sie bei einem 20/20 Sehvermögen daran arbeiten, einen höheren Sehfitneßgrad zu erzielen. (Mit dem Aufkommen von Computerprogrammen, die *Random-Dot-Stereogramme* erstellen können, wächst das öffentliche Bewußtsein für multidimensionales Sehen.) Üben Sie die Augen einwärts und auswärts zu richten mit der Abbildung auf Seite 78 solange, bis sich das Bild vom Hintergrund abhebt. Es kann sehr hilfreich sein, Ausdauer in der Zusammenarbeit der Augen aufzubauen. Das ist in der Sehtherapie eine Standard-Übung, um die Kapazität des Gehirns zu vergrößern, unter wechselndem täglichem negativem Stress integriert zu bleiben.

Wenn Sie nun ein 20/20 Sehvermögen haben, werden Sie ohne Zweifel dieses scharfe Sehen in den zukünftigen Jahren beibehalten wollen. Trotz der steigenden Lebenserwartung teilen Augenärzte ihren Patienten weiterhin mit, daß Sehdefizite in mittleren Jahren oder im höheren Alter unvermeidlich sind. Diese negative Programmierung kann durch Augenaktivitäten ersetzt werden, um das 20/20 Sehvermögen beizubehalten. Regelmäßiges Training der Augenmuskeln und die Kontrolle durch das Gehirn können Wunder wirken. Vor allem, wenn Sie am Computer arbeiten oder viel Schreibtischarbeit erledigen. Sie können Ihre Augen so trainieren, wie Sie sich auch um andere Teile des Körpers kümmern: Je mehr Sie diese Muskeln anregen, desto besser wird Ihre Sehfitneß und umso mehr können Sie vollbringen. Fangen Sie an, die Sehspiele für beide Augen aus Kapitel 3 täglich zu praktizieren. Palmieren Sie Ihre Augen, wenn sie müde werden. Glauben Sie vor allem an Wohlbefinden und an die angeborene Fähigkeit Ihres Körpers, genau das, was er braucht, zu kommunizieren.

Augenkrankheiten: Was kann ich tun?

Der Ausbruch einer Augenkrankheit bedeutet normalerweise, daß Ihre Augen auf ein bestimmtes Kommando Ihrer Seele antworten. Ihre Seele sagt zu Ihrer dominierenden Persönlichkeit: „Bitte, laß mich dazugehören!" Wann werden Sie aufmerksam auf das rote Warnlämpchen? Warten Sie darauf, daß es verzweifelt aufblinken wird, bis daß Sie es bemerken? Vielleicht brauchen Sie ein Explosionslicht, wie das eine meiner Patientinnen kürzlich beschrieb. Sie war so besessen – einerseits von ihren Universitätsstudien und andererseits davon, sich in einem Anwaltssekretariatsjob zu halten – daß eine größere Katastrophe passieren mußte, bevor sie sah! Sie richtete ihre neue Halogenschreibtischlampe aus und schaute dabei für einen kurzen Moment auf die Birne. Die Intensität des Lichtes erzeugte Verbrennungen auf der Netzhaut und sie hatte massive Nachblitze und Feuerwerks-Erscheinungen in ihren Augen. Erst als sie sich die Zeit nahm, um tiefgründig auf ihre Lebenssituation zu schauen, sah sie die mangelnde Ausgeglichenheit – die Vorboten der Krankheit – in ihrem Leben. Sie gab ihr Studium auf und kündigte ihren Job, um eine frische Sicht auf ihre Visionen für die Zukunft zu bekommen.

20 Jahre lang habe ich die metaphorische Verbindung von Augenbeschwerden mit der Art, wie meine Patienten ihr Leben führten, aufgezeichnet. Ein Glaukom oder grüner Star ist nicht nur ein Anzeichen für zu starken Druck im Auge, sondern auch für geistigen Druck im Leben dieser Person. Netzhautablösungen können eine Mitteilung über die Ablösung dieser Person von bestimmten Aspekten des Lebens sein. Der Teil der Netzhaut, an dem die Ablösung passiert, könnte uns einen Anhaltspunkt für den Teil des Lebens geben, den derjenige nicht zu sehen wünscht oder an dem er nicht festhalten will. Ist die Ablösung wegen eines übermäßigen Festhaltens im Leben dieses Menschen notwendig?

Makuladegeneration ist ein Verlust des Fokus auf zentrale Lebensthemen. Ziemlich oft sieht man den Ausbruch dieser Krankheit ungefähr zu der Zeit, in der eine Person in das Pensionsalter eintritt. Die Patienten, die ich gesehen habe, tendierten dazu, ihren Lebenshunger zu verlieren. Die Krankheit tritt auch auf, wenn ein geliebter Mensch verloren wurde.

Vielleicht haben Sie eine Augenkrankheit, die eine Gefahr für das Augenlicht darstellt, oder Sie wurden gerade über eine schrecklich klingende Krankheit Ihrer Augen informiert. Ihr Verstand malt sofort das schlimmste Bild: „Ich werde blind!“ Die Ärzte empfehlen normalerweise eine Operation zur Rettung des Sehvermögens oder verschreiben Medikamente, die die Krankheit davon abhalten sollen, an den Punkt zu gelangen, an dem das Augengewebe zerstört ist. Es ist wichtig, sich selbst zu fragen: „Warum hat sich diese Krankheit überhaupt in meinen Augen manifestiert?“ „Was kann ich aus dieser Erfahrung lernen?“ Vermeiden Sie die Denkfalle, daß es allein darum geht, die Krankheit zu reparieren. Was auch immer das „Problem“ ist, eine hilfreiche Lösung kann Sie zu höheren Bewußtseinsebenen bringen – wenn Sie bereit sind.

Wie wird man bereit dazu, aus Augenkrankheiten zu lernen? Machen Sie sich zuerst mit dem Namen der Krankheit vertraut. Die häufigsten Augenbeschwerden sind in Tabelle 1 aufgelistet. Identifizieren Sie den Teil des Auges, der betroffen ist. Bei der Makuladegeneration zum Beispiel ist die Makula des Auges betroffen, die in dem Teil der Netzhaut liegt, der die Fovea umgibt.

Machen Sie sich mit Hilfe von Tabelle 2 ein Bild von der Anatomie des Auges, um einen Dialog mit diesem Teil Ihres Auges zu beginnen. Denken Sie an die potentielle metaphorische Verbindung zwischen der Augenkrankheit und der Botschaft, die Ihr Geist an Sie zu kommunizieren versucht. Schreiben Sie den Tag und die Zeit auf, als das erste Mal Symptome auftraten. Das können Verschwommenheit, Doppelbilder, Kopfschmerzen oder Sehverlust in bestimmten Bereichen Ihres Sehens sein: Wann hat der Doktor zum ersten Mal eine Diagnose gestellt? Was ging zu dieser Zeit in Ihrem Leben vor? Das Aufschreiben wird Ihnen helfen, die verschiedenen Zusammenhänge zu erkennen, die in Ihren Untersuchungen auftauchen. Ihre Augen versuchen, Sie zu einem neuen Gewahrsein aufzuwecken und unterstützen Sie dabei, visuell mehr präsent zu sein. Denken Sie an dieses Ziel, und Ihre Reise wird aufregender und wertvoller werden.

Jetzt, da Sie die Zusammenhänge im Lebensstil identifiziert haben und Sie die Anatomie des Augen und die Augenbeschwerden verstehen, sind Sie bereit, auch die Empfehlungen Ihres Augenarztes zu berücksichtigen. Für den Fall, daß Ihr Arzt meint, es könne nichts mehr für Ihre Augen getan werden, wird die Heilung hauptsächlich durch die Komplementärmethoden (der Integrativen Sehtherapie) bewirkt. In den Fällen von Augenkrankheiten, in denen Operationen oder Medikamente angezeigt sind, vergrößert die Komplementärmethode das Wohlbefinden.

Die Komplementärmethoden erlauben Ihnen, ein aktiverer Teilnehmer in Ihrem eigenen Heilprogramm zu sein. Andernfalls würden Sie sich gänzlich Ihrem Augenarzt ausgeliefert fühlen. Zum Beispiel wurde eine Patientin von mir kürzlich von ihrem Augenarzt informiert, daß ihr Glaukom so weit fortgeschritten war, daß es ihr Sehfeld beeinträchtigte und eine hohe Wahrscheinlichkeit bestand, auf diesem Auge zu erblinden. Wir begannen damit, komplementäre Maßnahmen anzuwenden – Farblichttherapie, Visualisation und therapeutische Nahrungsergänzung eingeschlossen – und der Verlust des Sehfeldes schritt, seit sie in ihr eigenes Heilprogramm involviert war, nicht weiter fort. Sie fühlte sich besser in bezug auf sich selbst und ihre Fähigkeit, die Selbstheilung fortzusetzen, aber auf Druck ihres Arztes entschied sie sich, die Operation durchführen zu lassen. Nach der Operation setzte die Patientin die Integrative Sehtherapie fort, um die Heilung ihrer Augen weiterhin schnell voranzutreiben.

Therapeutisches Essen

Beginnen Sie, frisches Obst und Gemüse zu essen, vorzugsweise aus organischem Anbau. Sie sollten den Ernährungswert maximieren, indem Sie Produkte verwenden, die nicht mit Pestiziden besprüht sind oder große Mengen an chemischen Rückständen aus dem Boden enthalten. Um eine gute Nahrungskombination zu erzielen, sollten Sie die Früchte zu anderen Zeiten zu sich nehmen als die Stärke. Essen Sie weniger tierisches Protein und ersetzen Sie es mit Sojaprodukten, Tofu oder Tempeh. Essen Sie Reisprodukte wie Reisnudeln und experimentieren Sie mit anderen Getreidesorten, wie *Quinoa, Dinkel* und *Kamut.* Gut zu essen hält Ihren Körper – Ihre Augen eingeschlossen – gesund.

Während dieser therapeutischen Phase der Selbstheilung ist es gut, Koffein, Tabak, Weißmehl und Zucker vollständig zu eliminieren. Es ist auch ratsam, entweder weniger Milchprodukte während dieser Phase zu essen, oder sie ganz wegzulassen. Ziehen Sie in Betracht wegen des großen Mineralstoffgehalts Meeresgemüse wie Arame, Hizike, Nori, Wakame oder Kombu zu essen. Wenn Sie dieses Basisernährungsprogramm befolgen, werden die meisten Augenbeschwerden mit der Verbesserung des funktionalen Sehens antworten. Sie können die Zufuhr von Vitaminen und Mineralstoffen erhöhen, indem Sie ein allgemeines Vitaminprogramm anwenden und spezielle Nährstoffe für Augenbeschwerden verwenden, wie in Tabelle 2 ersichtlich.

Imaginieren und Visualisieren

Fangen Sie an zu visualisieren, daß Ihre Augen gesünder werden, egal wie schlimm Sie über Ihre Augenkrankheit denken. Es ist wichtig, Wohlbefinden in den Teilen Ihrer Augen zu imaginieren, die von der Krankheit befallen sind. Diese Teile schreien nach Aufmerksamkeit und Liebe.

Vor kurzem konsultierte mich ein Mann wegen seines Glaukoms. Seine Idee, seine Kraft hinter seinen Augen zu entwickeln war, mehr Vita-

Tabelle 1: Der Zustand Ihrer Augen – „Das Geschenk"

	Traditionelle Diagnose	Was Ihr Geist und Ihre Augen versuchen, Ihnen mitzuteilen.
Kurzsichtigkeit	Augapfel zu lang, Hornhaut zu steil	Sie haben Angst zu sehen, was dort draußen ist. Sie ziehen sich zu weit in Ihr „Selbst" zurück.
Weitsichtigkeit	Augapfel zu kurz, Linse nicht stark genug.	Sie stoßen den Raum und die Menschen weg. Brechen Sie aus und seien Sie unabhängig.
Astigmatismus	Hornhaut (oder Linse) nicht gleichmäßig gekrümmt.	Eine Verzerrung in einem Teil Ihrer Realität.
Mückensehen	Ablagerungen im Glaskörper	Unvollständigkeiten schwirren in Ihrem Leben umher.
Glaukom (Grüner Star)	Druck in Ihrem Auge.	Es gibt einen inneren Druck.
Schielen	Schwache Augenmuskeln.	Das Leben ist für Sie zuviel, um es zu integrieren.
Makuladegeneration	Sie werden alt.	Sie sehen das Entscheidende des Lebens nicht mehr.
Netzhautablösung	Netzhaut hat sich abgehoben.	Sie fühlen sich abgesondert. Sie verlieren die Berührung mit der äußeren/ inneren Realität.
Katarakt (Grauer Star)	Trübe Linse.	Sie umwölken und blockieren – Sie vermeiden.
Hornhauterkrankungen	Schwäche.	Sie sehen Schmerz. Sie blockieren persönliche Kraft.
Sehnerv-Atrophie	„Toter" Nerv.	Sie sind gegen sich selbst zerstörerisch. Ein Teil von Ihnen und Ihres Lebens stirbt.
Regenbogenhautentzündung	Entzündung der Regenbogenhaut (Iris).	Sie sind zornig auf Familienmitglieder. Fühlen Sie, wie sich Ihr Herz öffnet. Lassen Sie die Liebe zu allen, die Sie sehen, fließen.

Neues Denken	**Komplementäre Handlungen**
Reichen Sie mit klarer Absicht hinaus. Fangen Sie an, Risiken einzugehen.	Verändertes Brillenrezept. Entspannung mit Sehspielen, die mehr das „Sein“ als das „Tun“ zulassen.
Fokussieren Sie, bleiben Sie bei sich und den Menschen und Situationen nahe. Lernen Sie Kooperation.	Verändertes Brillenrezept. Sehspiele zum Fokussieren und Zentrieren.
Beginnen Sie, vergangene, verborgene Wahrnehmungen zu identifizieren.	Konzentrieren Sie sich auf Sehspiele, um in speziellen visuellen Orientierungen zu sehen.
Lassen Sie die vergangenen, verbogenen Wahrnehmungen wegschmelzen.	Imaginieren und Farbbalance.
Ändern Sie Ihren Lebensstil, um mehr Entspannung und Erholung zu haben.	Farbbalance, Ernährung und Visualisation.
Heilen Sie Ihre Beziehung mit den Eltern und schauen Sie genau auf den Punkt.	Sehfitneßtraining, Lichttherapie.
Finden Sie Ihren Lebenssinn wieder. Entdecken Sie aufregende neue Möglichkeiten.	Farbbalance, Visualisation, Lichttherapie.
Fühlen Sie sich als Teil Ihres Familienlebens. Verpflichten Sie sich für spezielle Zukunftspläne. SEHEN Sie statt zu SCHAUEN.	Imaginieren, Ernährung, Lichttherapie.
Werden Sie sich der Einflüsse bewußt, die Ihr persönliches Sehvermögen blockieren.	Farbbalance, Visualisierung, Psycho-emotionale Entspannung.
Fühlen Sie sich von innen her stark – verbinden Sie sich mit der Kraft des Lebens.	Farblichttherapie, Bewegungsübungen.
Stimulieren Sie Ihre Lebendigkeit. Revitalisieren Sie die Visionen Ihres Lebens.	Lassen Sie Zorn mit speziellen Entspannungstechniken los.
Erlauben Sie dem Ärger, abzufließen.	Visualisierung.

Tabelle 2: Augenteile

	Lage und Funktion	Heilmetapher
Hornhaut	Vordere Oberfläche – verändert das Licht; die Tränen fließen darüber.	Kraft und/oder Kampf.
Pupille	Schwarzer Teil des Auges, reagiert auf Licht.	Fenster der Anregung/Entspannung – mit Licht umgehen.
Linse	Schmiegt sich hinter die Pupille, wenn ihre Form dicker wird, kann das Licht schärfer fokussiert werden.	Fokus und Absicht – Flexibilität und die Fähigkeit, das, was gesehen wird, umzusetzen.
Iris	Farbiger Teil des Auges. Ihre Muskelbewegungen unterstützen die Veränderung der Pupillengröße.	Landkarte der vorangegangenen Generationen – innerer Geist.
Zilliarmuskel	Mit Haltebändern an der Linse befestigt. Hilft beim Fokussieren in der Nähe.	Fähigkeit und Ausdauer, mit Veränderungen, Perspektive und Raum umzugehen.
Glaskörper	Gallertartige Masse zwischen der Netzhaut und der Linse, unterstützt Netzhaut und Linse.	Stabilität, Sensitivität und Festigkeit.
Netzhaut	Hintergrund des Auges: wie eine Satellitenschüssel, empfängt das Licht.	Offenes Sehen – Rezeptivität und Umgang mit der verschwommenen und dunkleren Seite.
Fovea	Kleine Vertiefung in der Netzhaut, in der das 20/20-Sehen auftritt.	Zentrierungspunkt – Ausrichtung im Leben.
Sehnerv	Bringt Blut vom Gehirn und sorgt für die Nervenversorgung.	Bewegung und Fluß
Sklera (Lederhaut)	Das Weiße im Auge, unterstützt und hält die anderen Strukturen auf ihrem Platz.	Starrheit.
Augenmuskeln	Sechs große Muskeln, die an der Lederhaut befestigt sind.	Spannung.

Vitamine, Mineralstoffe und Kräuter	Ernährung
Vitamin A und gesunde Tränen.	Dunkelgrüne und gelbe Früchte und Gemüse, Eigelb.
Vollspektrumlicht.	Sonnenlicht, Vollspektrumlicht aus-Leuchtstoffröhren oder farbkorrigierte Glühbirnen.
Glutathion und Lysin, Superoxid-dismutase, Vitamin B_1, B_2, B_6, C, D, Selen Zink.	Zitrusfrüchte, grüner Paprika, weißer Fisch. Hülsenfrüchte, Melonen, dunkelgrünes Gemüse, Sprossen, Eier, Gemüse, Öle, Sonnenlicht.
Vollspektrumlicht.	Sonnenlicht, Vollspektrumlicht aus Leuchtstoffröhren oder farbkorrigierte Glühbirnen.
Chrom.	Sesamöl, Vollkorn, Getreideflocken. Vermeiden Sie Zucker!
Eiweißpräparate, Selen, Vitamin A (Betakarotin), Vitamin B-Komplex, C, E und Zink.	Frisches Obst und Gemüse, Karotten, Yamwurzeln, Melonen.
Vitamin A, D, C, B, E, Zink, Kalzium, Magnesium, Superoxid-Dismutase.	Fischleberöl, Milch, Hefe, Meeresfrüchte. Sojabohnen, Spinat, Sonnenblumenkerne, Pilze, Sonnenlicht.
Vitamin B-Komplex, B_6, B_2, B_3.	Gemüse,Vollkorn, grünes Blattgemüse, Nüsse, Rohmelasse, Hülsenfrüchte, Meeresfrüchte, Sonnenblumenkerne.
Vitamin B-Komplex, A; C, D, E	Alfalfa-Sprossen und andere gekeimte Körner oder Samen.
Zink, Selen, Kalzium, Magnesium. Vermeiden Sie Koffein.	Mandeln, Feigen, grünes Blattgemüse, Rüben, Getreide, Sesam und Kürbiskerne, Brokkoli, Spargel, Linsen, Knoblauch, Pilze, Weizenkeime, Meeresgemüse (Arame, Hizike, Kombu, Nori, Wakame).
Vermeiden Sie Koffein, Tabak, Alkohol und besonders Medikamente gegen Infektionen.	Augentrost, Gotu Kola, Klettenwurzel, Schwarzwurzel, Löwenzahn, Chapparal, Echinacea, Hagebutten.

min C zu sich zu nehmen und zu hoffen, daß der Druck sich senken würde. Ich fragte ihn immer wieder während der Konsultation: „Was versuchen Ihre Augen, Ihnen mitzuteilen?" Als er mein Büro verließ, war diese Frage tief in seinem Bewußtsein verankert.

Ich dachte, daß ich ihn nie wieder sehen würde. Ungefähr zwei Monate später rief er mich an und sagte, daß die Krankheit jetzt so schlimm wäre, daß der Arzt eine Operation angeordnet hätte. Mein Patient wollte sich dieser Operation nicht unterziehen und kam wieder zu mir. Er sagte, daß er bereit wäre, tiefer auf die Botschaft einzugehen, seinen Druck zu senken und sein Leben zu verändern.

In der nächsten Konsultation befaßten wir uns damit herauszufinden, welchen Druck er auf sich selbst ausübte. Er nahm ein Selbstheiltonband mit Imaginationen und speziell heilenden Aussagen mit nach Hause. Nach einem Monat senkte er den Druck in seinen Augen, um die Operation zu vermeiden. Er wird mit diesem Programm noch eine lange Zeit fortfahren müssen. Mindestens so lange, bis er das, was er über seinen Lebensstil gelernt hat, anzuwenden weiß. Er muß lernen, anders zu leben – er muß es sich leichter machen, weniger arbeiten und seinen Sinn für Humor wiederentdecken.

Farbe und Licht

Eine der stärksten Heilkräfte, die uns zur Verfügung stehen, ist die Sonne und damit das volle Spektrum des weißen Lichtes, das auf uns scheint. Jede Farbe entstammt dem weißen Licht und wirkt sich auf jede Zelle unseres Körpers aus. Die Augen brauchen auch verschiedene Farbfrequenzen für ihre anhaltende Funktion. Versuchen Sie jeden Tag 20 bis 60 Minuten mit unbedeckten Augen im Vollspektrumlicht zu verbringen. Am besten ist die Zeit vor 10 Uhr vormittags oder nach 16 Uhr nachmittags geeignet, aber natürlich hängt die Intensität des Sonnenlichtes auch davon ab, in welchem Teil der Welt Sie leben. In der nördlichen Hemisphäre, besonders in Kanada, kann man die Sonne während der Wintermonate den ganzen Tag lang genießen, da sie niedrig am Himmel steht und nicht sehr intensiv ist.

Wann immer Sie einen Moment Zeit erübrigen können, praktizieren Sie „Farbe in Ihre Augen zu atmen". Wählen Sie eine spezielle Farbe aus dem Spektrum: violett, blau, grün, gelb, orange oder rot.

Violett ist ein tiefes Entspannungs-Heilmittel, das angewendet werden kann, um Spannungen abzubauen. Blau ist ein mildes Relaxans. Grün ist eine balancierende Farbe, die angewendet werden kann, um Harmonie und Frieden zu visualisieren. Gelb ist ein mildes Stimulans, das zum Tragen kommt, wenn Teile der Augenfunktionen aufgeweckt werden sollen. Orange ist ein leicht stärkeres Stimulans, das auf die gleiche Weise wie gelb verwendet werden kann. Rot ist das stärkste Stimulans, es wird verwendet, um die Heilung des Gewebes, den Blutstrom und das Aktivieren der Funktion des Auges zu visualisieren. Farben, die im Farbrad nebeneinander liegen, können auch kombiniert werden: gelb/grün, blau/grün, gelb/orange, rot/violett. Stellen Sie sich die Farben in Ihrem Geiste tanzend vor oder besser, verwenden Sie Gelatinefilter, wie sie im Theater verwendet werden, durch die Sie jeweils zehn Minuten schauen können. Wenn Sie die erwünschte Farbe einmal im Geiste sehen können, visualisieren Sie, daß Sie sie in Ihre Augen einatmen und dirigieren Sie die Farbe zu dem speziellen Teil Ihres Auges, den Sie heilen möchten. Wenn Sie Ihre volle entspannte Aufmerksamkeit auf einen speziellen Teil Ihres Auges fokussieren, wird diese Struktur gänzlich aufgeweckt. Fühlen Sie, wie Wohlbefinden zu Ihren Augen zurückkehrt. Ihre Augen werden die Aufmerksamkeit lieben.

Nehmen Sie Ihre ausgestreckten Finger und bewegen Sie sie langsam vor Ihren Augen, um den Effekt eines Blitzlichtes zu erzeugen. Wenn Sie die Finger bewegen, erschaffen Sie die An- und Abwesenheit des Lichtes vor Ihren Augen, so als ob Sie das Licht an- und ausschalten würden. Erinnern Sie sich, daß Ihr Gewahrsein Ihrer Gefühle ähnlich „an- oder ausgeschaltet" ist. Erlauben Sie dem Licht auf diese Weise Ihre Inspiration, Ihre spirituelle Entwicklung anzuregen, indem Sie an den Lichtstrahl denken, als wäre er ein Blitzlicht, das gleichzeitig auf viele Aspekte Ihres Seins scheint.

Das „Kurzer-Arm-Syndrom": Ich werde weise!

Es kommt eine Zeit, in der die meisten von uns enttäuscht werden: bei dem Versuch, eine Nadel einzufädeln, bei dem Versuch, festzustellen, welche delikaten Mahlzeiten auf der Speisekarte stehen oder beim Lesen der kleinen Schrift auf einer Packung im Supermarkt. Zuerst können wir die Schwierigkeiten, beim Lesen kleiner Schrift überwinden, indem wir den Gegenstand weiter von uns weg halten. Schließlich kommt eine Zeit, in der unsere Arme definitiv zu kurz erscheinen. Die gute Nachricht: Einfache Brillen, die man ohne Rezept im Supermarkt kaufen kann, können normalerweise das Problem abschwächen. Das ist sicherlich besser, als den Arm zu transplantieren.

In unseren jüngeren Tagen mußten wir nicht einmal über das Fokussieren nachdenken und schafften es, die kleinsten Details zu sehen. Aber die Mitte des Lebens ist das Alter, in dem wir weise werden, und klar zu fokussieren wird eine begleitende Lernerfahrung. Wir sind aufgerufen, mehr darauf zu achten, flexibel in unserem Umgang mit Zeit und Raum zu sein.

Unser unmittelbarer Raum wird wertvoller, und wir bemerken, daß wir Zeit alleine verbringen wollen, um uns klar zu werden, was für uns als Individuum wichtig ist. Vielleicht ist diese Suche die Entdeckung des inneren Geistes in uns. Ich habe bemerkt, daß meine Patienten um die 40 ziemlich oft neue Berufe beginnen, darauf fokussieren, ihre Beziehungen neu zu definieren und Unabhängigkeit von der starken Kontrolle ihrer Eltern beanspruchen.

Im Kontext der Integrativen Sehtherapie ist das „Kurzer-Arm-Syndrom" eine Zeit der Selbstentdeckung. Wenn meine Patienten das verstehen, lehre ich sie, wie sie in der Nähe fokussierter sehen können. Beginnen Sie zuerst eine schwächere Brille zu tragen. In ihrer einfachsten Form geht man mit der Weitsichtigkeit derart um, daß man eine Lesebrille mit einer Pluslinse trägt. Sie werden bemerken, daß die Lesebrillen im Supermarkt kleine Ziffern auf dem Etikett stehen haben. Die Spanne ist normalerweise von +1.00 bis +3.00. Je niedriger die Ziffer, desto schwächer ist die Linse.

Suchen Sie die schwächste Linse, mit der Sie die kleinste Schrift ungefähr auf Armlänge lesen können. Damit fangen Sie an, zu trainieren noch effizienter zu fokussieren. Dann können Sie eine noch schwächere Brille erwerben. Schließlich werden Sie kleinere und immer kleinere Details ohne Brille sehen können. Das erfordert einfach Übung, Disziplin und die Entwicklung neuer Gewohnheiten des Schauens und Sehens.

Atmen und „Posaunen"

Nehmen Sie irgendeine Seite mit kleinem Druck und wählen Sie einen Platz, an dem Sie auf das weiße Papier und nicht auf die schwarzen Buchstaben fokussieren können. Beginnen Sie, ein- und auszuatmen, und achten Sie mehr auf das Einatmen und die Zeit zwischen dem Ein- und Ausatmen. Machen Sie das fünf Atemzüge lang, um sich wieder mit dem Atmen und der Tatsache, klarer zu sehen vertraut zu machen, und während Sie ein wenig einatmen, bewegen Sie die Buchstaben und den weißen Hintergrund an Ihre Augen heran. Erinnern Sie sich, auf das „Nichts" auf dem weißen Hintergrund zu fokussieren. Machen Sie das fünf Mal und schauen Sie dann auf die Buchstaben und bemerken, ob diese klarer geworden sind. Dieses Sehspiel nennt man „Posaunen". Es ist sehr effektiv, um die Fokusmuskeln des Auges in Bewegung zu bringen. Es könnte sein, daß Sie feststellen, daß Sie Ihre Lesebrille seltener brauchen, während Sie Ihre innere Kraft nach außen fokussieren. Genießen Sie diese neu entdeckte Kontrolle Ihrer eigenen Kraft.

Licht machen

Erhöhen Sie die Stärke der Beleuchtung an Ihrem Arbeitsplatz und an den Stellen, an denen Sie Zuhause lesen, wann immer es möglich ist. Licht erzeugt eine Verengung der Pupille, was zu einem schärferen Fokus führt. Verbringen Sie Zeit im Freien und setzen Sie Ihre geschlossenen Augen dem natürlichen Licht aus. Machen Sie Pausen beim Arbeiten und lassen Sie das Licht einer Leselampe auf Ihre geschlossenen Augen scheinen. Fühlen Sie die Wärme und stellen Sie sich vor, daß Sie unter der tropischen Sonne liegen und ihre heilenden Strahlen aufsaugen.

Immer, wenn Ihre Augen Ihnen das Feedback von verschwommenem Sehen geben, legen Sie eine Pause ein und palmieren Sie Ihre Augen. Diese Entspannung des Geistes und Ihrer Augen wird in den meisten Fällen zu klarerem Sehen führen, wenn Sie wieder auf Ihren Lesestoff schauen.

Hilfe für das Sehvermögen Ihrer Kinder

Mit den Jahren haben Sehtherapie-Optometristen bemerkt, daß die Zahl der Kinder, die eine Brille brauchen, stark ansteigt. Die Augen unserer Jugend kommunizieren etwas sehr Wichtiges sehr klar: Das Schlimmste, was Eltern tun können ist, dem einschränkenden Glauben zu erliegen, daß traditionelle kompensierende Brillen für ein 20/20 Sehvermögen die Probleme ihres Kindes lösen werden. Wenn überhaupt, machen kompensierende Brillen abhängig und Sie und Ihr Kind werden nicht von dem, was das Auge kommuniziert, profitieren. Alles, was eine Brille macht, ist das Symptom von angestrengtem oder verschwommenem Sehen zu eliminieren, aber es kuriert nicht das zugrundeliegende Problem.

Sehtherapie-Optometristen verschreiben das, was stressvermindernde oder Entwicklungslinsen genannt wird. Im Idealfall und mit einem begleitenden Sehtraining wird das Gehirn angeleitet, gesündere Sehentscheidungen zu treffen, was sich auch in der Messung der Augen zeigt. In manchen Fällen ist danach das Bedürfnis nach kompensierenden Linsen geringer. Bei Kindern ist die Aufgabe, das Sehvermögen umzuschulen viel leichter, weil ihre visuelle Entwicklung noch immer flexibel und formbar ist. Das Wichtigste ist, daß, egal welche Linsen benutzt werden, der Patient in den Prozeß der Rehabilitation involviert sein muß.

Vorbeugung und Erhaltung

Wenn Ihrem Kind mitgeteilt wurde, daß es eine Brille tragen muß, ziehen Sie in Betracht, eine zweite Meinung einzuholen. Noch besser, konsultieren Sie einen Sehtherapie-Optometristen und finden Sie heraus, welche Techniken Sie lernen können, um die Heilung Ihres Kindes zu initiieren. Ihr Ziel wird sein, Ihrem Kind zu helfen, keine kompensierende, stark verkrüppelnde Brillen tragen zu müssen. Bevor Ihr Kind anfängt, eine Brille zu tragen, ziehen Sie ein Sehtherapie-Programm in Betracht, um seine visuellen Fähigkeiten zu steigern. Das kann auch

Sehproblemen vorbeugen. Hier ist ein Basisvorsorge- und Unterstützungsprogramm für ein Sehtraining, das Sie Ihrem Kind leicht vermitteln können:

- Alle 15 Minuten palmieren, fünf bis zehn Atemzüge lang.
- Im Freien die Augen schließen und den Sonnenschein zehn bis zwanzig Atemzüge lang auf die Augenlider scheinen lassen.
- Alle fünfzehn Minuten die Augen und die Aufmerksamkeit auf ein Poster oder ein Bild in der Ferne fokussieren. Das ist dann besonders gut, wenn das Kind liest, fernsieht oder Video spielt.
- Die Augen einwärts richten. Augen einwärts zu richten macht Spaß und ist eine sehr intensive Sehstärkung. Ihr Kind sollte die Verdopplung der Objekte in der Ferne bemerken können, wenn es seine Augen einwärts richtet. Machen Sie diese Übungen mit Ihrem Kind, Sie werden auch davon profitieren.

Operation

Eltern fühlen sich oft in Alarmbereitschaft versetzt und hilflos, wenn ihnen mitgeteilt wird, daß ihr Kind eine Operation benötigt. Operative Vorgänge sind im großen und ganzen im Falle schielender Augen hauptsächlich kosmetischer Natur. Es scheint vernünftig, zu glauben, daß, wenn die Augen nach einer Operation gerade sind, das Sehen durch beide Augen gut funktioniert und im Gehirn integriert wird. Bestenfalls passiert das in 30 Prozent aller Fälle – es ist nicht ungewöhnlich, daß der operative Eingriff zu einem späteren Zeitpunkt noch einmal wiederholt werden muß. Oft entwickeln sich nach einiger Zeit gegenteilige Beschwerden. Zum Beispiel, wenn die Operation ausgeführt wurde, um ein nach innen schielendes Auge zu richten, kann das Auge später nach außen wandern.

Wenn Sie gehört haben, daß Ihr Kind eine Augenoperation benötigt, ist das erste, das Sie tun sollten, eine zweite Meinung einzuholen, wiederum vorzugsweise von einem Sehtherapie-Optometristen. Ziehen Sie wenigstens ein Sehtherapie-Programm in Betracht, bei dem beidäugiges Sehen in seiner eigenen Zeit umgeschult werden kann. Ihre Familie erhält vielleicht einige sehr wichtige Informationen über Ihre Beziehungen; ich finde häufig, daß die Familiensituation zu den Augenbeschwerden des Kindes beiträgt. Wenn ich mit einem Kind oder einem jungen Erwachsenen arbeite, beziehe ich die Eltern oft in das Training mit ein.

Lern-„Probleme"

Nach Gary Bachara und dem Augenarzt Joel Zaba haben zwischen 16 und 20 Prozent der Schüler Schwierigkeiten, gemäß des traditionellen Lehrplanmodells lesen zu lernen und mit den anderen Kindern mitzuhalten. Die klinischen Forschungen, die in Optometrie- und Pädadogik-Zeitschriften veröffentlicht wurden, zeigen, daß starke Zusammenhänge zwischen der visuellen Wahrnehmung, wie die beiden Augen zusammenarbeiten, dem Lesen-Lernen und einem guten Textverständnis bestehen. Überraschenderweise verfügen diese Kinder über eine 20/20 Sehkraft. Die Gefahr ist, daß einige der traditionelleren Augenärzte sagen könnten, daß, wenn das Kind 20/20 sehen kann, seine Augen gesund sind und daß daher kein Zusammenhang zwischen den Leseschwierigkeiten des Kindes und dem Sehvermögen besteht. Als Elternteil können Sie durch diese unterschiedlichen professionellen Meinungen sehr verwirrt werden. Mein Rat ist wiederum, einen angesehenen Sehtherapie-Optometristen in Ihrer Gegend zu konsultieren.

Fragen Sie Freunde nach einem Augenarzt, den sie empfehlen können und treffen Sie eine Entscheidung, die mit Ihrer persönlichen Lebensphilosophie übereinstimmt. Meine persönliche Erfahrung und Meinung ist, komplementäre, ergänzende Prozesse, wo immer es möglich ist, miteinzubeziehen. Die neue Schule für integrative Sehtherapeuten besteht aus Personen, die einen Schritt über die traditionelle Augenheilkunde hinaus gemacht haben. Sie haben selbst an ihrer persönlichen Entwicklung gearbeitet, und das macht sie noch empfänglicher für die speziellen Sehbedürfnisse Ihres Kindes.

Da Sehen einem Entwicklungsweg folgt, fördern Sie Augen- und Handaktivitäten, die für das Alter Ihres Kindes passend sind. Beteiligen Sie es an körperlicher Bewegung und Ballspielen. Was noch besser ist, lassen Sie Ihr Kind auf einem mittelgroßen Trampolin springen und währenddessen seinen Geist mit Buchstabieren oder Rechenaufgaben beschäftigen. Ein bunter Ball, der an einer Schnur hängt, kann ein wunderbares Spielzeug sein.

Lassen Sie das Kind den Ball mit beiden Händen abwechselnd schlagen, während es Farben, Formen oder Namen von Obst- oder Gemüsesorten nennt. Dem Ball mit den Augen zu folgen lehrt das Kind, beide Gehirnhälften zu integrieren. Sie können die Wirksamkeit beobachten, indem Sie schauen, ob sich die Augen des Kindes symmetrisch miteinander bewegen. Wenn nicht, bedecken Sie das bevorzugte Auge, und wiederholen Sie das Spiel. Erinnern Sie sich daran, wenn Ihr Kind gelangweilt ist oder unfähig scheint, die Aktivität auszuführen, es seine Augen fünf Atemzüge lang palmieren zu lassen. Diese Entspannung gibt dem Kind die Möglichkeit, seinen Fokus zu erholen.

Kapitel 10

Ihr alltägliches Sehvermōgen leben

Unser tiefstes Verstehen teilt uns mit, daß ein wahrlich entwickeltes Wesen eines ist, das andere mehr schätzt als sich selbst und Liebe mehr schätzt als die Werte der physischen Welt und was in dieser Welt ist.
GARY ZUKAV

Sie haben viel dafür getan, die Verantwortung für Ihr Sehvermögen zu übernehmen. Sie verstehen, daß Sehvermögen mehr ist als das physische Funktionieren Ihrer Augen. Sie wissen nun, daß Sie die Verantwortung für Ihr Leben übernehmen können und die Visionen, die Sie sich wünschen, erschaffen können. Lesen Sie die Notizen, die Sie sich über frühere Kapitel gemacht haben noch einmal durch. Welche Schritte beabsichtigen Sie zu machen, um Ihr Programm in die Tat umzusetzen?

Wenn Sie zu Ihrem Augenarzt gehen, werden Sie von nun an bestärkt sein, ein gleichwertiger Partner zu sein. Ihr neues Wissen und die größere Erfahrung über das, was Ihr Sehvermögen klar macht, wird Sie dabei

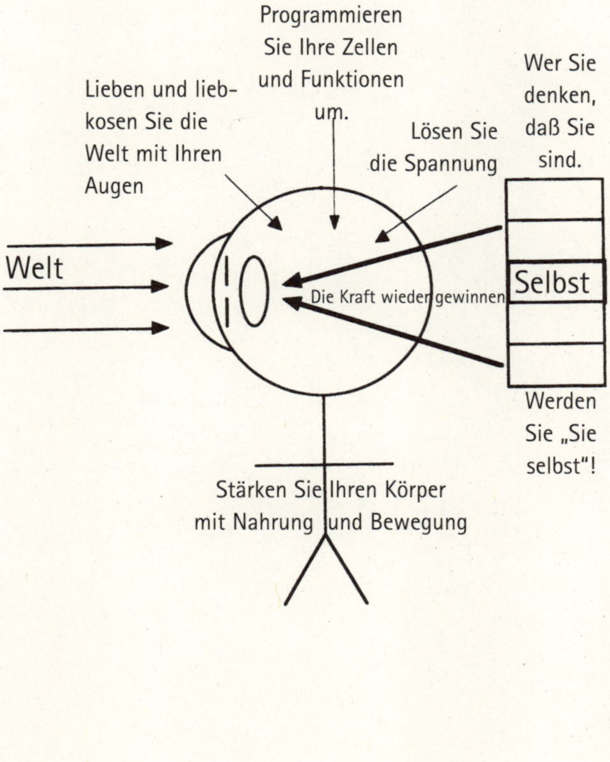

Ihre Kraft wiedergewinnen: Wie Sie sehen

unterstützen, Ihren Augenarzt nach dem zu fragen, was Sie brauchen und wollen. So viele von uns knabbern an der Speisekarte des Sehvermögens, indem sie denken, daß die einzig möglichen Wahlmöglichkeiten die der traditionellen Sehkraftbestimmung und Augenheilkunde sind. Die Integrative Sehtherapie hat Ihnen die Türen weit geöffnet und Ihren neuen Wahrnehmungen gestattet, aufzublühen.

Jeder Moment des Lebens wird zu einer therapeutischen Möglichkeit, neue Visionen zu erzeugen. In meiner Küche Zuhause zu sein kann eine Erfahrung von großer Kreativität für mich sein. In den Kühlschrank zu schauen und mir eine Mahlzeit vorzustellen ist eine genauso nützliche Sehübung wie meine Augen wandern zu lassen oder auf die Augentest-Tafel zu schauen. Ein Bündel Karotten, das ich gerade frisch aus dem Garten geholt habe, zu waschen, ist auch eine solche Übung. Ihre Sehreise ist wie das Zubereiten einer Mahlzeit in der Küche. Sie suchen die einsichtigsten Zutaten aus, die Sie brauchen werden, würzen sie mit etwas Phantasie und lassen all das eine Weile köcheln. Dann präsentieren Sie Ihre Kreation der Welt, damit sie langsam genossen werden kann.

Ihren Augen Gesundheit und Klarheit zu bringen erfordert, daß Sie Ihr Sehmenü mit Phantasie planen. Was regt Ihre individuelle Phantasie an? Bei einem Fotografieseminar auf der Insel Molokai, eine der hawaiianischen Inseln, fotografierten etwa 15 von uns einen großartigen Sonnenuntergang mit einer Gruppe von Palmen als Silhouette im Vordergrund. Zwei Tage später sah sich die ganze Gruppe die Dias an. Obwohl wir alle dieselbe Szene fotografiert hatten, waren unsere Dias erstaunlich einzigartig. Die jeweils individuelle Phantasie erschuf eine leicht unterschiedliche Vision dessen, wie wir dieses Schauspiel sahen. Ich genoß die unterschiedlichen Wahrnehmungsarten anderer, die sehen konnten, was ich nicht sah. Es gibt so viele mögliche Arten, die individuelle Sicht des Lebens zu formen. Dieses Beispiel motivierte mich, mich noch weiter für das zu öffnen, was meine Augen mir zu sehen ermöglichen.

Patty

Patty war 70 Jahre jung als sie das erste Mal zu mir kam. Sie trug eine bifokale Brille, hauptsächlich zum Lesen. Ein Freund hatte ihr empfohlen wegen ihrer Doppelbilder und ihrer Verwirrung zu mir zu kommen. Patty war verwitwet; kurz nachdem sie Witwe geworden war, platzte eine Arterie in ihrem Gehirn, was dazu führte, daß sie vier Wochen im Koma lag. Danach hatte sie hohen Blutdruck. Patty beschrieb das, was sie mit dem linken Auge sah als „etwas wackelig“: Das Auge wanderte etwas nach außen, und der Test der Netzhaut und der Makula (mit Farbstoff) zeigte sehr wenig brauchbares Sehvermögen. Die Netzhaut war nicht sehr stark in Verwendung, und ein Abbau der Makula hatte stattgefunden.

Wenn sie las, bedeckte Patty ihr linkes Auge, um die Doppelbilder zu eliminieren. Ihre Harry-Wahrnehmungsseite war perfekt. Patty schien eine emotional starke Frau zu sein. Trotz ihrer Doppelbilder, für die sie auch eine kompensierende Prismenlinse verwendete, fuhr sie Auto und spielte Golf.

Wie sollte ich Patty führen, damit sie den Zustand ihrer Augen erkennen konnte? Ich ließ sie zuerst ihr rechtes Auge abdecken und leitete sie langsam an, durch Sally zu schauen. Ich war überrascht, wie wenig sie durch ihr linkes Auge sehen konnte. Sie empfand nicht viele Emotionen.

Innerhalb weniger Monate begannen ihre Wahrnehmungen durch das linke Auge aufzuwachen. Die Integrative Sehtherapie schritt fort, und Patty erwähnte ihren letzten Ehemann. Sie sprach über ihn, als ob er immer noch anwesend wäre. Sogar als Patty ein neues Auto kaufte, erzählte sie, daß sie ihn gefragt hätte, wie er über den Kauf dachte. Ich gewann den Verdacht, daß der Zustand ihres linken Auges mit ihrem Festhalten an der Vergangenheit verbunden war. Ich glaubte nicht, daß sie das Verschwinden ihres Mannes voll akzeptiert hatte. Patty verleugnete den Schmerz, den sie zu dieser Zeit fühlte und schlüpfte statt dessen in eine harte männliche Rolle. So konnte sie leben. Sie bewahrte eine unerschütterliche Haltung und ließ sich vom Tod ihres Mannes nicht berühren. Pattys vergrabene Gefühle hatten wahrscheinlich zu der Zerstörung der Netzhaut und der Makula beigetragen. Sie setzte ihr Leben so fort, als ob nichts Ernstes passiert wäre, war weiterhin geschäftig, um die Realität über den Zustand ihrer Augen und über ihr neues Leben ohne Partner zu vermeiden.

Als wir miteinander arbeiteten, interessierte sich Patty zunehmend für ihre Gesundheit. Sie begann, freiwillig Menschen zu helfen, die an schwächenden Krankheiten starben. Patty begann, ohne ihre Brille Golf zu spielen und hörte auf, die Prismenlinse zu tragen, die ihre Doppelbilder ausgeglichen hatten.

Trotz ihrer Doppelbilder fuhr sie weiterhin ohne Anstrengung Auto. „Ich fühle mich jetzt mit dem zweiten Bild viel wohler. Ich weiß, wo es ist“, meinte Patty in einer unserer Sitzungen. Ich wartete bis zum siebenten Monat ihres Programms der Integrativen Sehtherapie, bevor ich die Frage über ihren geheimen Lebenssinn stellte. Ich bat Patty, sich hinzulegen und strahlte rotes Licht in ihr linkes Auge. Die Farbe rot ist ein kräftiges Stimulans und aktiviert den Blutstrom und die Regeneration von Gewebe. Rot kann Emotionen von Zorn, Verleugnung und Frustration hervorrufen. Patty wandte das integrierte Atmen an und war ziemlich entspannt. Ich begann, mit einer sehr leisen Stimme zu ihr zu sprechen:

„Es scheint, daß die Krankheit ihres linken Auges mit dem vollständigen Anerkennen von Leben und Tod in ihrem Leben zu tun hat. Es ist jetzt Zeit für sie, wahrzunehmen, wann der Tod eintritt und wann das Leben beginnt. Was bedeutet das für sie? Der Zustand ihres Auges bietet ihnen die Chance, für einige andere Aspekte ihres Lebens jetzt und in der Zukunft aufzuwachen. Denken sie an ihr zukünftiges Leben und daran, wie sie sich in bezug auf das Sterben fühlen. Betrachten sie ihr Leben in der Vergangenheit, betrachten sie heute und betrachten sie, was sie gerne in Zukunft hätten. Wie kann ihnen der Zustand ihres Auges dienen, für andere Möglichkeiten in ihrem Leben aufzuwachen? Während sie die alten Wahrnehmungen durch ihr linkes Auges aufwecken, erforschen sie, wie sie ihr Leben durch ein erneuertes Sehvermögen zu sehen wünschen. Kann sich jetzt ein geheimer Lebenssinn, der anders ist, als er in der Vergangenheit war, zeigen? Müssen sie alte Wahrnehmungen loslassen, um Raum zu schaffen für tiefere Gefühle, um ihre Visionen darüber, was sie in ihren verbleibenden Tagen erreichen wollen, zu transformieren? Wie fühlen sie sich in bezug auf das Sterben? Können sie einen Todesprozeß erschaffen, der friedlich und frei von Schmerzen ist, indem sie ein Leben führen, das mit ihrem Lebenssinn in Einklang steht? Ihre Augenkrankheit signalisiert ein Aufwachen ihres inneren Geistes. Das bedeutet, den echten Wahrnehmungen ihrer miteinander verschmolzenen Seele und Persönlichkeit ins Auge zu schauen. Das Gewahrsein das daraus entsteht, steht sowohl für die lebenden als auch für die sterbenden Teile ihres Lebens zur Verfügung. Sich nach dem Sinn ihres Lebens auszurichten und ihre Visionen zu leben, bereitet sie besser auf das Sterben vor. Bereiten Sie sich auf die Fortsetzung ihrer Seelenreise vor. Schauen sie weiterhin auf die Fortschritte, die sie machen, während ihre Augen gesünder werden."

Patty atmete weiter und ich suggerierte ihr, daß, während sie fühlte, wie das Blut in ihr linkes Auge floß und gesunde Nährstoffe mitbrachte, vielleicht ihr Leben freier fließen würde. Ich ließ sie überlegen, daß das Licht, das in ihr Auge schien, den Blutstrom und die Regeneration anregte, und das war gleichzeitig mit einem größeren Fluß an Veränderungen für alle Menschen dieser Welt verbunden. Die Verantwortung für ihr linkes Auge zu übernehmen regte intuitive Vorgänge in dem, was wir „kollektives Bewußtsein" der Bewohner unseres Planeten nennen, an. Als Patty ihre Gefühle und ihre emotionalen Qualitäten entwickelte, trug sie zu einer Veränderung von all jenen Menschen bei, mit denen sie Kontakt hatte. Da sie lernte, mehr in ihrem Leben zu empfangen, würde sie auch diese Aspekte in anderen Menschen aktivieren. Vielleicht würde Patty auch die Liebe wieder in ihr Leben einbeziehen.

Als sich die Auswirkungen der Integrativen Sehtherapie zeigten, begann Patty anders zu fühlen. „Ich höre den Menschen mehr zu. Das ist etwas, das ich vorher nicht getan habe. Früher habe ich manche Menschen gar nicht wahrgenommen", informierte sie mich. Das Sehvermögen ihres linken Auges begann, schärfer zu werden und verlor den verschwommenen Rand. Patty begann, sich ihre Sonnenbrillen abzugewöhnen. Das Farblicht, das sie gelernt hatte, durch ihr linkes Auge zu empfangen, hatte ihr Gehirn so programmiert, daß es Licht effektiver hereinließ. Das führte dazu, daß sie mehr fühlen konnte. Die emotionale Entsprechung der Frequenz des roten Lichtes, das in ihr linkes Auge schien, wurde erfolgreich in ihr Bewußtsein integriert. Diese spezielle Lichtfrequenz hatte den Teil von Pattys Emotionen geöffnet und es ihr ermöglicht, ihren Lebenssinn zu sehen.

Betty

Mit 24 wurde bei Betty eine Erkrankung der Netzhaut und der Aderhaut (der Struktur unter der Netzhaut) des linken Auges diagnostiziert. Das führte zu einem Verlust ihrer zentralen fovealen Sicht, ihres Hinschauens und ihres Sehfeldes. Ein prominenter englischer Professor der Augenheilkunde sagte, daß ihre Prognose unsicher wäre, obwohl eine spontane Heilung möglich sei.

Als ich sie das erste Mal traf, zwei Jahre nach der Diagnose, war noch keine Besserung eingetreten. Wie in vielen Krankheitsfällen hatte Betty einen hohen Grad an Kurzsichtigkeit. Sie litt unter Übergewicht, teilte mir aber auch stolz mit, daß sie jetzt nur noch zwei Päckchen Zigaretten pro Woche rauchte. Bevor der Verlust des Sehvermögens ihres linken Auges eingesetzt hatte, wurde Betty von schlimmen Kopfschmerzen gequält. Sie wachte in der Früh damit auf und verließ ihre Wohnung niemals ohne Schmerztabletten. Betty war Pianistin und Lehrerin. Sie berichtete, daß ihre Kopfschmerzen nach einer Vorstellung schlimmer wurden. Sie war süchtig nach ihren Klavierproben. „Ich vermeide beim Üben die Realität!“ gab sie offen bei ihrem ersten Besuch zu.

Mein erster Schritt der Integrativen Sehtherapie war, ihr rechtes Auge abzudecken. Sie mußte vollständig in die Erfahrung eintauchen, wieder durch das linke Auge zu sehen. Als wir die Therapie begannen, war ihr funktionales Sehvermögen durch dieses Auge kaum vorhanden.

Als ich ein helles rotes Licht auf ihr linkes Auge richtete, konnte sie nur die Röte auf der rechten Seite erkennen. Sie fühlte sich mit der Augenklappe sehr verletzlich. „Das ist keine Rolle, die mir angenehm ist“, sagte sie. Plötzlich erinnerte sich Betty an einen Besuch bei einem chinesischen Arzt in England, der sie über den Zusammenhang der Funktion ihrer Leber und der Augenkrankheit informiert hatte. Er hat ihre Leber als trocken und durstig beschrieben. Er hatte sofort die Corticostereoide, die ein anderer Arzt ihr verschrieben hatte, abgesetzt und chinesische Kräuter verwendet, um die Balance in der Leber wieder herzustellen. Seit Tausenden von Jahren wissen die Chinesen, daß die Funktion der Leber und der Augen mit den selben Akkupunkturmeridianen zusammenhängen. Wenn die Leber gestört ist, ist die Funktionsfähigkeit der Augen beeinträchtigt.

Ebenso ist die Leber nach der traditionellen chinesischen Medizin der Sitz des Zorns. Wenn der Zorn entladen wird, verbessert sich die Gesundheit und die Augen werden eine hellere und klarere Erscheinung haben.

Betty beschrieb, daß sie in ihrer Kindheit ein Wildfang gewesen war. Die Verbindung zu ihrer Wahrnehmung, ein Wildfang gewesen zu sein, entsprach einer Sehweise, die durch Harry dominiert war – ein männlich orientierte Verhalten. Betty hatte eine schwierige Kindheit gehabt.

Ihre Mutter, Anne, hatte Darmkrebs und einen gereizten Darm. Sie war eine Workaholikerin. Es war anstrengend, sie dazu zu bringen zurückzuschalten. Betty beschrieb, daß Anne sich ungeliebt fühlte. Das zeigte sich in Bettys Kindheit. Betty fühlte sich von ihrer Mutter, die besitzen und kontrollieren wollte, erdrückt und erstickt. Als Betty die Augenklappe trug, setzten Kopfschmerzen ein, und sie erzählte, daß ihre Mutter ein Kopfschmerz war.

Ich war neugierig, ihre Iris anzuschauen und wollte wissen, ob es irgendwelche strukturellen Muster gab, die ihrer Netzhauterkrankung entsprachen, die genealogisch von der mütterlichen Seite der Familie übertragen wurden. Wie das bei vielen Patienten der Fall ist, hatte Betty einen großen braunen Fleck in der Vier-Uhr Position des Auges. Entsprechend der Rayid-Methode der Irisdiagnose gab es ungelösten Zorn im mütterlichen Familienstammbaum. Da ihre Mutter nicht effektiv mit dieser Tendenz zum Zorn umging, mußte sich Betty entscheiden, entweder den Zorn auszuagieren oder Leidenschaft für irgendetwas in ihrem Leben zu entwickeln. Sie war klarer und dominanter durch ihr rechtes Auge.

Als Betty das zweite Mal kam, bedeckte ich ihr rechtes Auge und bat sie zu beschreiben, was sie sehen konnte. Sie beschrieb, wie sie bei künstlichem Licht ein Nachbild des Lichtes der Situation zu behalten schien. Sie hatte die Augenklappe während des vergangenen Monats ziemlich oft getragen, doch die Sicht durch ihr linkes Auge war gräulich und bewölkt. Als ich ein rotes Blitzlicht in ihr linkes Auge richtete, konnte Betty Punkte des Lichtes auf der rechten Seite erkennen. Ich setzte diesen Vorgang fort, während ich mit leiser Stimme Fragen stellte. Als die Sehtherapie Wirkung zeigte, ermutigte ich Betty, über ihre Gefühle zu sprechen. Sie begann zu weinen, und sie berichtete, daß sie sich traurig fühlte. Die vier Jahre vor dem Verlust ihres linksäugigen Sehvermögens waren eine Zeit zwanghafter Arbeit gewesen. Betty war vor emotionalen Problemen mit Freunden davongelaufen. Sie stand einer Frau namens Frances nahe. Zu dieser Zeit wurde Bettys Zimmergefährtin wahnsinnig eifersüchtig auf ihre Freundschaft mit Frances. Als Frances einen Mann kennenlernte, blieb Betty ohne Freundin zurück. Sie beschrieb diese Zeit als eine, in der sie „der Sache die Krone aufsetzte". Betty wurde sehr krank und hatte einen „Miniaturnervenzusammenbruch", gerade bevor ihre Sehkraft zu versagen begann. Sie fuhr fort: „Diese drei Jahre waren trostlos. Ich zog mich nach innen zurück, nahm keine Arbeit mehr an und haßte es, mit mir alleine zu sein. Ich war eine sehr unglückliche Person."

Ich ließ Betty auf einem Trampolin auf- und abspringen, während sie bei jedem Sprung die Zahlen von eins bis zehn vorwärts und rückwärts aufsagte. Ich fügte neue Anweisungen hinzu, als sie geschickter wurde. Zuerst sollte Betty bei fünf in die Hände klatschen und die Zahl sagen; dann sollte sie die Zahl acht durch das Wort „Mama" ersetzen und weiterhin bei fünf Klatschen. Das steigerte sich bis sie ihre Grenze erreichte und Zeugin wurde, wie sie Verwirrung und Gedächtnisverlust vertuschen wollte. Ich ergriff die Gelegenheit, sie zu unterstützen, präsent zu bleiben, ihrem Gedächtnis zu vertrauen und in Fluß zu geraten. Ihre größte Herausforderung bestand darin, im Geist sehen zu können, indem sie die aufgetragene Folge eher visualisierte, als sie auswendig zu lernen. Dann ließ ich sie ihr körperliches Gleichgewicht erneut erproben, wieder deckte ich ihr rechtes Auge ab.

Als sie die Folge gemeistert hatte und das Gelernte und die Erfahrung transferieren konnte, ließ ich sie ausruhen und stimulierte ihr linkes Auge mit rotem Blitzlicht. Die Frequenz des Lichtes paßte zum Gehirnwellenmuster, das wir als Alpha-Wellen kennen, ungefähr acht bis dreizehn Blitze pro Sekunde. Diese Frequenz fördert die Helligkeit des Lichtes, das die Netzhaut berührt, und stimuliert die Verbindung des Sehnervs zum Gehirn. Das war besonders wichtig, da sie sich so fühlte, als ob sie einem Nervenzusammenbruch nahe wäre.

Betty entspannte sich und begann, ihre Wahrnehmung über die schwierige Phase ihres Lebens umzuformulieren. Das schloß eine neue Beziehung zwischen Betty und dem Licht mit ein. Wenn wir eine Krankheit erleben, sind wir weniger fähig, Licht hereinzulassen. Sonnenlicht wird eine allergische Reaktion hervorrufen, normalerweise in Form von Überempfindlichkeit. Betty hatte an den meisten Tagen eine Sonnenbrille getragen, aber jetzt sagte sie: „Ich weiß, wie positiv die Sonne ist, sie ist kein Feind." Sie meinte weiter: „Die Zeit ist vergangen ... Ich habe etwas losgelassen ... Ich brauche die Droge einer abhängigen Beziehung nicht mehr .... Ich habe einfach das Bedürfnis, geliebt zu werden." Diese Aussagen zeigten das Auftauchen der Kraft, die die Heilung ihrer Sally-Netzhaut entfachen würde.

Betty mußte ihre früheren negativen Wahrnehmungen verändern, damit ihre Augen auf eine gesunde und klare Weise funktionieren konnten. Ihre Absicht war klar, sie wollte Klavier spielen, auftreten und lehren. Ihre Art, diese Vision auszudrücken war jedoch nicht im Gleichgewicht. Betty war es noch immer ein Rätsel, wie sie in ihrem hektischen Lebensstil Harmonie bewahren konnte.

Als sie ging, leuchtete Bettys Gesicht in einem jugendlichen Glanz. Ihre Abschiedsworte zeigten die Veränderung in ihrer Wahrnehmung: „Ich wäre nicht da, wo ich jetzt bin, wenn diese unangenehme Erfahrung und diese Augenkrankheit nicht gewesen wären."

Die tibetische Tradition betont, daß – gleich, wie viele Übungen Sie auch in Ihrem Leben machen – sie nicht helfen werden, bis daß Sie wirklich der Klarheit verpflichtet sind. Eine meiner Patientinnen wandte ein Ritual an, um ihre Sicht auf eine klare Visionen zu richten: „Als ich meine Brille verbrannte, mußte ich meine alten Wahrnehmungen hinter mir lassen und neue entwickeln", sagte sie. „Ich mußte fühlen, um zu sehen."

Wie klären Sie Ihren Geist und wie beginnen Sie zu fühlen? Erinnern Sie sich an die Entspannungsschritte, die ich weiter vorne beschrieben habe! Verbringen Sie Zeit in der Natur! Entspannen Sie sich in Ihrem Lieblingssessel! Lassen Sie sich massieren oder gönnen Sie sich eine Fußmassage! Machen Sie Übungen oder springen Sie auf einem Trampolin! Legen Sie sich in die warme Badewanne oder entspannen Sie sich in der Sauna! Erinnern Sie sich an Sam, der den großen Wunsch hatte, in die Polizeiakademie aufgenommen zu werden? Er mußte seine emotionale Seite mehr öffnen. Ich empfahl, ihm, mit seiner Mutter zu sprechen und mehr über seine Geburt herauszufinden. Er schaute mich ratlos an und sagte: „Das ist eindeutig Material für die heiße Badewanne." Er meinte, daß er am besten in der Badewanne seine vormals abhängigen Beziehungen mit seinem linken Auge erforschen würde. Die buddhistischen Mönche finden Achtsamkeit durch stille Kontemplation, der Maler dadurch, daß er die Leinwand mit Bildern bemalt, die Geschäftsperson durch die Tätigung neuer Abschlüsse. Auch Sie können Ihren Geist klären: Durch Gartenarbeit oder Fischen. Erzählen Sie Kindern eine Geschichte oder plaudern Sie mit älteren Menschen! Beobachten Sie sich während dieser Zeit selbst. Seien Sie achtsam.

Die Herausforderung klar zu sein, legt die Last auf Sie. Sie müssen für jede Aktion und jede Handlung, die Sie beobachten, verantwortlich sein. Wenn Sie auch nur einen Moment in visuelle Unbewußtheit verfallen, verringern Sie Ihre Kraft als Mensch. Sagen Sie Ihrem Augenarzt, daß Sie sich an Ihrem visuellen Wohlbefinden beteiligen wollen. Die Zahnärzte haben uns gelehrt, zwischen den Zahnarztbesuchen auf unsere Zähne zu achten. Ein scharfes Sehvermögen kann durch die Verwendung der Augentest-Tafel und durch eine schwächere Brille, durch positives Sprechen und durch das Tragen einer Augenklappe erreicht werden. Palmieren Sie, schauen Sie auf die Nase, richten Sie die Augen einwärts, gähnen Sie und atmen Sie integriert, während Sie auf eine Kerze schauen! Durch die Sprache können Sie Ihre klaren Wünsche und Vorstellungen ausdrücken. Klares Sehvermögen bedarf einer aktiven Seele. Wie wollen Sie diese Empfehlungen auf sich selbst anwenden?

Den größten Teil Ihres Lebens haben Sie Entscheidungen getroffen, die von anderen beeinflußt wurden. Es ist Zeit, Ihre Gewohnheiten zu durchbrechen. Zajonc sagt: „Die Gewohnheiten unserer Kultur, die Dogmen unserer Erziehung hemmen unsere Sicht." Wir sind so beschäftigt, die meiste Zeit herumzurasen, daß wir diese speziellen Seelenmomente verpassen. An welchen Gewohnheiten halten Sie immer noch fest, die Ihre Fähigkeit, neue Wahrnehmungen heraufzubeschwören, beschränken? Lernen Sie Ihren Körper kennen! Yogaübungen z. B. können Ihre Wahrnehmung schärfen, so daß Sie Einschränkungen in Ihrem Körper spüren können. Körperspannung und Stress stehen sehr oft mit visuellen Einschränkungen in Zusammenhang. Mit Yoga und anderen Formen von Übungen können Sie die Bereiche Ihres Widerstandes kennenlernen. Wie ein tibetischer Lehrer sagt: „Gehen Sie in den Schmerz hinein!" Sie müssen nicht Schmerzen in Ihren Augen fühlen, um Klarheit zu bekommen. Finden Sie Ihren geheimen Lebenssinn. Gehen Sie an Ihre Grenzen. Bewältigen Sie Ihre Verschwommenheit und sehen Sie, wie die Buchstaben auf der Augentest-Tafel anfangen, in den Fokus zu springen. Bald werden Sie ein perfektes 20/20 Sehvermögen durch Ihre schwächere Brille erlangen. Dann können Sie erneut zu Ihrem Augenarzt gehen, um ihn um die nächste Reduktion zu bitten.

Alte Rituale können an diesem Punkt Ihres Prozesses nützlich werden. Meine Patientinnen Rosanne und Lorna verwendeten Zeremonien als eine Möglichkeit, ihre alten Wahrnehmungen und die Abhängigkeit von ihren Brillen aufzugeben. Als Rosanne bereit war, eine schwächere Brille zu tragen, ging sie zum Meer, stellte sich an ein Dock und warf feierlich ihre Brille ins Wasser. Ihre Brille war wie ein Widerhaken der Vergangenheit und dieser Prozeß erlaubte ihr, ein neues Leben und neue Visionen in Angriff zu nehmen. Lorna entschied sich, die heiße Energie des Feuers zu verwenden, um ihre Brillen zu verbrennen. Sie beobachtete das Verbrennen ihrer gestylten 1000-Mark-Brille und verpflichtete sich, eine neue Art des Schauens und Sehens zu beginnen.

Ein letztes Beispiel

Ich hörte von einem Arzt, der gelangweilt war, Medizin zu praktizieren. Seine Leidenschaft war es, im Freien zu campieren. Er entschloß sich, seine Praxis zu schließen und dem Lebenssinn seiner Seele zu folgen. Er fand eine Firma für Campingausrüstung, die einen Tester für ihre Produkte suchte. Er wurde Berater dieser Firma und verbringt jetzt seine Zeit mit reisen, wandern und zelten. Sie könnten ihn eines Tages treffen, wenn Sie in den Bergen von Colorado wandern.

Empfohlene Literatur

Ackerman, D. A Natural History ofthe Senses. New York: Random House, 1991.

Bates, W H. Rechtes Sehen ohne Brille. Heilung fehlerhaften Sehens durch Behandlung ohne Brille.Rohm, 1991

Berendt,J.E. Das dritte Ohr.Vom Hören der Welt, Rohwolt.

Berger, J. Ways of Seeing. New York: Penguin Books, 1972.

Berne, 5. Creating Your Personal Vision. Santa Fe, N.M.: Golor Stone Press, 1994.

Bowers, K. 5. Hypnosis for the Seriously Curious. New York: Jason Aronson, Inc., 1977.

Brennan, B. A. Lichtarbeit. Das große Handbuch der Heilung mit körpereigenen Energiefeldern. Goldmann,1989

Bryant, D. The Kin of Ata Are Waiting for You. New York: Random House, 1971.

Burroughs, 5. Healing for the Age of Enlightenment. Auburn, Gal.f.: Selfpublished, 1976.

Chödrön, P. Open Heart, Clear Mind. Ithaca, N.Y: Snow Lion Publications, 1990.

Chopra, D. Länger leben und jung bleiben, your ageless body. Lange Media, 1995

Chopra, D. Die Rückkehr des Rishi. Ein Arzt auf der Suche nach dem, was uns letztendlich heilt. Junfermann, 1990

Csikszentmihalyi, M. Flow, Das Geheimnis des Glücks. Klett, 1998

DeRohan, C. Right Use of Will: Healing and Evolving the Emotional Body. Santa Fe, N.M.: Four Winds Publications, 1984.

Dominguez, J., and V. Robin, Your Money or Your Life. New York: Penguin, 1992.

Donahue, P. The Human Animal. New York: Simon and Schuster, 1985.

Epstein, G. Gesund durch die Kraft der Vorstellung. Ein Übungsbuch. Kösel, 1992

Exeter, M. Living at the Heart of Creation: Practical Wisdomfor Extraordinary Times. Loveland, Colo.: Foundation House Publications, 1990.

Forrest, E. B. Stress and Vision. Santa Ana, Calif.: Optometric Extension Program Foundation, 1988.

Franck, F. Zen in der Kunst des Sehens. Ariston, 1998

Gimbel, T. Form, Sound, Colour and Healing. Essex, England: The C.W Daniel Company Limited, 1987.

Goodrich,J. Natürlich besser sehen. VAK-Verlag, 1998

Greenwood, M., and P. Nunn. Paradox and Healing: Medicine, Mythology and Transformation. Victoria, B.C., Canada: Meridian House, 1992.

Gregory, R. L. Auge und Gehirn. Psychologie des Sehens. Rohwolt, 1999

Gyaltsen, S. T. Heart Drops of Dharmakaya. New York: Snow Lion Publications, 1993.

Harrison, J. Love Your Disease: Its Keeping ron Healthy! Norta Ride, N.S.W, Australia: Angus & Robertson, 1984.

Hendricks, G., and K. Hendncks. Centering and the Art oflntimacy. New Jersey: Prentice-Hall, mc, 1985.

Hetzel, R. The New Physician: Tapping the Potential for True Health. Wantima South, Victoria, Australia: Houghton Mifflin, 1991.

Hoffman, H. S. Vision and the Art of Drawing. Englewood Cliffs, N.J.: Prentice-Hall, Inc, 1989.

Huxley, A. Die Kunst des Sehens. Was wir für unsere Augen tun können. Piper.

Jampolsky G.G. Lieben heißt die Angst verlieren. Goldmann, 1996

Jeffers, S. Feel The Fear and Do It Anyway. New York: Fawcett, 1987.

Johnson, D. What the Eye Reveals: An Introduction to the Rayid Method of Iris Interpretation. Goleta, Galif.: Rayid Publications, 1984.

Joudry, P. Sound Therapy for the Walk Man. Dalmeny, Sask., Canada: Steele and Steele, 1989.

Kabat-Zinn, J. Stressbewältigung durch die Praxis der Achtsamkeit. 1999

Kaplan, R. M. Seeing Without Glasses (formerly Seeing Beyond 20/20). Hillsboro, Oreg.: Beyond Words, 1994.

Keleman, S. Verkörperte Gefühle. Der anatomische Ursprung unserer Erfahrungen und Einstellungen. Kösel, 1995

Krieger, D. The Therapeutic Touch: Die Helikraft unserer Hände. Bauer, 1995

Kushi, M. Natürliche Heilung mit Makrobiotik. Ost-West-Verlag, 1995

Laborde, G. Z. Influencing with Integrity: Management Skills For Communication and Negotiation. Palo Alto, Calif.: Syntony Inc. Publishing Co., 1984.

Lad, V. Ayurveda: The Science of Self-Healing. Santa Fe, N.M.: Lotus Press, 1984.

Leviton, R. Seven Steps to Better Vision. Brookline, Mass.: East West/Natural Health Books, 1992.

Liberman,J. Take 0ff Your Glasses and See: How to Heal Your Eyesight and Expand Your Insight. New York: Crown Publishers, 1995.

Liberman, J. Light Medicine of the Future. Santa Fe, N.M.: Bear & Company, 1991.

Liedloff,J. The Continuum Concept: Allowing Human Nature to Work Successfully. New York: Addison-Wesley, 1977.

Long, M. E. „The Sense of Sight“ National Geographic 3, no. 41, 1992.

Lusseyran, J. Das wiedergefundene Licht.

Marshall, E. Eye Language: Understanding the Eloquent Eye. New York: New Trend, 1983.

Melina, V., B. David, and V. Harrison. Becoming Vegetarian: The Complete Guide to Adopting a Healthy Vegetarian Diet. Toronto: Macmillan Canada, 1994.

Mendelsohn, R. S. Wie Ihr Kind gesund aufwachsen kann, auch ohne Doktor. Mahajiva, 1995

Millman, D. Der Weg des friedvollen Kriegers. Anata, 1997

Mindell, A. The Dreambody. Krankheit und Individuation. Bonz, 1991

Mindell, A., and A. Mindell. Riding the Horse Backwards: Process Work in Theory and Practice. London: Penguin, 1992.

Morningstar, A., and V. Desai. Die Ajurveda-Küche. Eine harmonische Ernährungsweise zur Stärkung des Energiesystems.

N. E. Thing Enterprises. Magic Eye: A New Way of Looking at the World. Kansas City: Andrews and MeMell, 1993.

Ohashi, W. Do-It-Yourself Shiatsu: How to Perform the Ancient Japanese Art ofAcupuncture without Needles. New York: E. P. Dutton, 1976.

Ornish, D. Program for Reversing Heart Disease. New York: Random House, 1990.

Padus, E., and the editors of Prevention Magazine. The Complete Guide to Your Emotions and Your Health. Emmaus, Penn.: Rodale Press, 1986.

Patterson, F. Photography and the Art of Seeing. Toronto: Key Porter Books, 1985.

Pearce, J. C. Der nächste Schritt der Menschheit. Freiamt, Arbor Verlag, 1994

Rinpoche, S. Das tibetische Buch vom Leben und vom Sterben. Ein Schlüssel zum tieferen Verständnis von Leben und Tod. Scherz, 1998

Rotte, J., and K. Yamamoto. Vision: A Holistic Guide to Healing the Eyesight. New York: Japan Publications, 1986.

Schaef, A. W. Im Zeitalter der Sucht. Wege aus der Abhängigkeit. DTV.

Schneider, M. Self Healing: My L~fr and Vision. New York: Routledge & Kegan Paul Inc, 1987.

Schwarz, J. Human Energy Systems. New York: E. P. Dutton, 1980.

Seiderman, A. S., and S. E. Mareus. 20/20 Is Not Enough: The New World of Vision. New York: Ballantine Books, 1989.

Selby, J. Das Gesundheitsbuch für die Augen. Behebung von Sehschwäche, Verbesserung des Sehvermögens und Heilung von Augenkrankheiten. Scherz, 1994

Selye, H. Stress without Distress, New York: J. B. Lippincott, 1974.

Shankman, A. L. Vision Enhancement Training. Santa Ana, Calif.: Optometric Extension Program Foundation, 1988.

Trachtman, J. N. The Etiology of Vision Disorders: A Neuroscience Model. Santa Ana, Calif.: Optometric Extension Program Foundation, 1990.

Vernon, M. D. The Psychology of Perception. Middlesex, England: Penguin, 1962.

Verny, T., and J. Kelly. Das Seelenleben des Ungeborenen. Wie Mütter und Väter schon vor der Geburt Persönlichkeit und Glück ihres Kindes fordern können. Ullstein.

Von Senden, M. Space and Sight: The Perception of Space and Shape in the Congenitally Blind Before and After Operation, Trans. Peter Heath. Glencoe, Ill.: The Free Press, 1960.

Walker, M. Tke Power of Color: Tke Art and Science ofMaking Colors Work for You. New York: Avery Publishing Group, 1991.

Wood, B. The Healing Power of Color: How to Use Golor to Improve Your Mental, Physical and Spiritual Well-being. Rochester, Vt.: Destiny Books, 1992.

Yatri. Unknown Man: The Mysterious Birth of a New Species. New York: Simon and Schuster, 1988.

Zajone, A. Catching the Light: The Entwined History ofLight and Mind. New York: Bantam, 1993.

Zukav, G. The Seat of the Soul. New York: Simon & Schuster, 1989.

Quellenangaben

Bachara, G. H., J. N. Zaba, and L. M. Raskin. 1975-76. Human figure drawings and LD children. Academic Therapy 6(2):217-222.

Bachara, G. H., andJ. N. Zaba. 1976. Psychological Affects of Visual Training. Academic Therapy 12(1):99-104.

Baker, R. S., and M. M. Steed. 1990. Restoration of function in paralytic strabismus: alternative methods of therapy. Binocular Vision Quarterly 5(4):203-2 11.

Bracewell, R. M., and H. M. Stein. 1990. Specialization of the right hemisphere for visuomotor control. Neurology 40:284-292.

Carr, D., T. W. Jackson, and D.J. Madden. 1992. The effect of age on driving skills. Journal ofthe American Geriatrics Society. 40(6):567-73.

Collins, F. L.,J. A. Ricci, and J. A. Burkett. 1981. Behavioral training for myopia: long term maintenance of improved acuity. Behaviour Research and Therapy 19(3):265-268.

Cool, S.J. 1993. Clinicians should be open-minded and explore the clinical value of new therapies or myth and metaphor, fact and datum in the art and science of dinical care. Journal of Behavioral Optometry 4:119-121.

Filatov, V. P., and V. A. Verbitska. 1946. Treatment ofretinitis pigmentosa. American Review of Soviet Medicine 3:385-480.

Gallop, S. 1994. Myopia reduction. Journal of Behavioral Optometry 5(5):1 15-120.

Goss, D. A., and R. L. Winkler. 1983. Progression of myopia in youth: age of cessation. American Journal of Optometry and Physiological Optics 60:651-658.

Greene, P. R. 1980. Mechanical considerations in myopia: relative effects of accommodation, accominodative convergence, intraocular pressure and extra-ocular muscles. American Journal of Optometry and Physiological Optics 47:902-914.

Hall, S. 5., and B. C. Wick. 1991. The relationship betwen ocular functions and reading achievement. Journal of Pediatric Ophthalmology and Strabismus 28:17-19.

Johnson, R., and J. N. Zaba. 1994. The link: vision and ihiteracy. Journal of Behavioral Optometry 5(2):41.

Kane, M. 1992. Vision therapy: Its impact on intelligence tests. Journal of Optometric Vision Development 23:39-41.

Kaplan, R. M. 1976. The interdisciplinary team approach – a case study. Journal ofthe American Optometric Association 47(9): 1153-1166.

Kaplan, R. M. 1976. The intermodality relationship of auditory and vision perception. Journal of the American Optometric Association 47:29-32.

Kaplan, R. M. 1977. A comparison of left and right eye speed of recognition values in average and below readers. Optometric Extension Program Papers 30(2).

Kaplan, R. M. 1977. Orthoptics or surgery? A case report. Optometric Weekly 68(39):33-66.

Kaplan, R. M. 1978. Hypnosis – new horizons for optometry. Review of Optometry 115(1):53-58.

Kaplan, R. M. 1983. Changes in form visual fields in reading disabled children, produced by syntonic (colored light) stimulation. The International Journal of Biosocial Research 5(1):20-33.

Kaplan, R. M. 1994. Beyond 20/20 vision. Insight: Rayid International Newsletter 3:6-7.

Kaplan, R. M. 1994. Enhancing vision with herbs. Journal of the Canadian Association of Herbal Practitioners 32(1):5.

Lane, B. C. 1982. Myopia prevention and reversal: new data confirms the interaction of accommodative stress and deficit-inducing nutrition. Journal ofthe International Academy ofPreventive Medicine 7(3): 17-30.

Ogle, K.N.,TG. Martens, and J.A. Dyer. 1967. Oculomotor imbalance in binocular vision and fixation disparity. Philadelphia: Lea and Febiger, 39-73.

Orfield, A. 1994. Seeing space: undergoing brain re-programming to reduce myopia. Journal of Behavioral Optometry 5(5): 123-131.

Ott, J. N. 1985. Color and light: Their effects on plants, animals and people. The International Journal of Biosocial Research 7:1-35.

Passo, M. S., et al. 1991. Exercise training reduces intraocular pressure among subjects suspected of having glaucoma. Archives of Ophthalmology 109:1096-1098.

Roscoe, S. N., and D. H. Couchman. 1987. Improving visual performance through volitional focus control. Human Factors 29(3):3 11-325.

Rosen, R. C., H. R. Schiffman, and A. S. Cohen. 1984. Behavior modification and the treatment of myopia. Behavior Modification 8(2): 131-154.

Rosenfield, M., and B. Gilmartin. 1987. Effect of a near vision task on the response AC/A of a myopic population. Ophthalmic and Physiological Optics 7:2256233.

Sakai, T., M. Murata, and T. Amemiya. 1992. Effect of long-term treatment of glaucoma with Vitamin B12. Glaucoma 14:167-170.

Shapiro, F. 1989. Eye movement desensitization: a new treatment for post-traumatic stress disorder. Journal ofBehavioral Therapy and Experimental Psychiatry 20(3):211-217.

Shapiro, F. 1989. Efficacy of the eye movement desensitization procedure in the treatment of traumatic memories. Journal of Traumatic Stress 2(2):199-223.

Sherman, A. 1993. Myopia can often be prevented, controlled or eliminated. Journal of Behavioral Optometry 4:16.

Shotwell, A. J. 1981. Plus lenses, prisms and bifocal effects on myopia progression in military students. American Journal of Optometry and Physiological Optics 58:349-354.

Shotwell, A. J. 1984. Plus lenses, prism and bifocal effects on myopia progression in military students. Part II. American Journal of Optometry and Physiological Optics 61:112-117.

Siderov, J., and L. DiGuglielmo. 1991. Binocular accommodative facility in prepresbyopic adults and its relation to symptoms. Optometry and Vision Science 68:49-53.

Sperduto, R. D., D. Seigel, J. Roberts, M. Rowland. 1983. Prevalence of myopia in the United States. Archives of Ophthalmology 101:405-407.

Trachtman, J. N., 1987. Biofeedback of accommodation to reduce myopia – a review. American Journal of Optometry and Physiological Optics 64(8): 6396643.

Trachtman, J., V. Giambalvo, and V. Feldman. 1981. Biofeedback of accommodation to reduce functional myopia. Biofeedback-Self-Regul. 6(4):547-562.

Trachtman, J. and V. Giambalvo. 1991. The Baltimore myopia study 40 years later. Journal ofBehavioral Optometry 2:47-50.

Velasco e Cruz, A. A. 1990. Historical roots of 20/20 as a (wrong) standard value of normal visual acuity. Optometric and Vision Science 67(8):661.

Wiggins, N., and K. Daum. 1991. Visual discomfort and astigmatic refractive errors in VDT use. Journal of the American Optometric Association 68:680-684.

Wilson, M. E. J. 1992. Adult amblyopia reversed by contralateral cataract formation. Pediatric Ophthalmology and Strabismus 29(2):100-102.

Young, F. A. 1963. The effect of restricted visual space on the refractive error of the young monkey eye. Investigative Ophthalmology 2:571-577.

Young, F. A., G. A. Leary, W. R. Baldwin, D. C. West, R. A. Bos, E. Harrie, and C. Johnson. 1969. The transmission of refractive errors within Eskimo families. Archives of the American Academy of Optometry 49:676-685.

Zadnick, K., et al. 1994. The effect of parental history of myopia on children's eye size. Journal of the American Medical Association 27(17): 1323-1327.

Zeki, 5. 1992. The visual image in mind and brain. Scientific American 267(3):69-76

Ergänzende Unterstützung und Programme

Zur Unterstützung der Kraft hinter Ihren Augen und zur Verbesserung Ihres Sehvermögens gibt es Selbstheil-CDs zu verschiedenen Themen: Kurzsichtigkeit, Weitsichtigkeit, Loslassen, Regenerieren und zur Selbsthilfe bei Augenkrankheiten.
Der Autor steht für persönliche Konsultationen, Seminare und professionelle Ausbildungen mit den Kaplan - Methoden der Integrativen Sehtherapie und Irisinterpretation zur Verfügung.

NORDAMERIKA
Roberto Kaplan, Post Office Box 68,
Roberts Creek, B.C. V0N 2W0, Kanada
Fax: 001 (604) 608-3519
E-mail: robertokap@sunshine.net
http://www.robertokaplan.at

EUROPA
Deutschland
Frankfurter Ring e.V.
Oeder Weg 43
60318 Frankfurt
Tel.: 069 51 15 55, Fax: 069 51 22 20
e-mail: info@frankfurter-ring.de
www.frankfurter-ring.de

Österreich
Gabriela Kaplan
(bietet ebenfalls Konsultationen und Workshops an)
Fünkhgasse 11/5, A-3021 Pressbaum, Tel.:+43 (0)664 410 34 31
E-mail: gabriela.kaplan@happyandhealthy.at
www.happyandhealthy.at

Weitere Bücher aus dem Arbor Verlag

Jon Kabat-Zinn & Ulrike Kesper-Grossman

Stressbewältigung durch die Praxis der Achtsamkeit

Die Praxis der Achtsamkeit ist ein wertvolles Hilfsmittel, uns zu regenerieren und unser inneres Gleichgewicht wiederzufinden. Sie befähigt uns, jeden Augenblick unseres Lebens mit größerer Wachheit, Klarheit und Akzeptanz zu leben. Gleichzeitig hilft sie, Ruhe und Lebensfreude, auch inmitten alltäglicher Stress-Situationen und im Angesicht körperlicher oder seelischer Schmerzen, wiederzufinden.
Diese CD mit Begleitbuch enthält eine Anleitung zur Achtsamkeitsmeditation und zum Body-Scan, wie sie von Dr. Jon Kabat- Zinn in der *Stress Reduction Clinic* entwickelt wurden. Den deutschen Text spricht Ulrike Kesper-Grossman, die mehrere Jahre an der Stress Reduction Clinic mitarbeitete und heute in freier Praxis in Freiburg tätig ist.

Buch mit CD, ISBN 3-924195-57-9

Saki Santorelli

Zerbrochen und doch ganz

Saki Santorelli erinnert uns an eine Art von innerer Heilung, die in der westlichen Medizin beinahe vergessen ist. Anhand zahlreicher praktischer Beschreibungen bietet dieses Buch Einsichten und effektive Methoden an, um Achtsamkeit im täglichen Leben zu fördern.
Dr. Saki F. Santorelli ist Leiter der in den gesamten Vereinigten Staaten anerkannten Stress-Reduction-Clinic der Universität von Massachusetts. Dr. Santorelli leitet zudem die klinischen und pädagogischen Dienste im Zentrum für Achtsamkeit in Medizin, Gesundheitsvorsorge und Gesellschaft. Dr. Santorelli ist seit zwanzig Jahren im Bereich der Geist-Körper-Medizin sowie der integrativen Medizin tätig.

Einfach ein sehr schönes Buch! Ein vollständiger Körper-Geist-Herzkontakt zwischen dem, was innen heilt und dem, was noch weiter drinnen jene Heilung fördert. Ein äußerst notwendiges Buch für jeden Medizinstudenten und jede Bibliothek mit Werken über das Heilen.

Steven Levine

220 Seiten, ISBN 3-924195-58-7

Rachel Naomi Remen

Aus Liebe zum Leben

Geschichten, die der Seele gut tun

Es sind die alltäglichen, oftmals sogar unbemerkten Segnungen, um die sich Remens Erzählungen ranken - jene Wohltaten, die in einer Geste, einem Wort oder einer unvermuteten Tat ins Leben treten können. Remen erinnert uns daran, daß hinter allen Geschichten eine Geschichte steht. Diese eine große Geschichte handelt von unserer wahren Identität, davon, wer wir sind, warum wir hier sind und was uns trägt. So ist jede Geschichte ein überzeugendes Plädoyer für das Leben.

Durch ihre vitale, heilende Kraft offenbaren uns die Geschichten von *Aus Liebe zum Leben* Rachel Naomi Remen nicht nur als eine der großen Geschichtenerzählerinnen unserer Zeit, sondern vor allem als eine Heilerin des Herzens.

Zur Autorin
Rachel Naomi Remen ist ausgebildete Kinderärztin. Sie verzichtete jedoch auf eine große Karriere an der Stanford University und gründete stattdessen ein inzwischen zwanzig Jahre bestehendes und hoch angesehenes Krebshilfezentrum in Bolinas, Kalifornien, das sie noch heute leitet. Daneben hat sie eine Professur an der University of California und führt eine Praxis als Psycho-Onkologin.

"Rachel Naomi Remen ist ein Geschenk des Himmels, eine Kennerin der schwer zu fassenden und doch so wesentlichen Kräfte des menschlichen Herzens. Sie lehrt uns unendlich viel über Heilung, Liebe und das Leben."
Daniel Goleman

"Der Triumph des Herzens. Ein Buch, das schon während des Lesens heilt und inspiriert. Eine Schatzkammer voller Geschenke der Liebe."
Jack Kornfield

416 Seiten • ISBN 3-924195-82-X